공자에서
다산 정약용까지

유교 인문학의 동서철학적 성찰

공자에서 다산 정약용까지

– 유교 인문학의 동서철학적 성찰

2019년 7월 15일 초판 1쇄 인쇄
2019년 7월 20일 초판 1쇄 발행

지은이 | 임헌규
펴낸이 | 김태화
펴낸곳 | 파라아카데미(파라북스)
기획 · 편집 | 전지영
일러스트 | 김영민
디자인 | 김현제

등록번호 | 제313－2004－000003호
등록일자 | 2004년 1월 7일
주소 | 서울 특별시 마포구 와우산로 29가길 83 (서교동)
전화 | 02) 322－5353   팩스 | 070) 4103－5353

ISBN 979－11－88509－25－6 (93150)

* 이 도서의 국립중앙서관 출판예정도서목록(CIP)은 서지정보유통지원시스템 홈페이지(http://seoji.nl.go.kr)와 국가자료종합목록 구축시스템(http://kolis-net.nl.go.kr)에서 이용하실 수 있습니다. (CIP제어번호 : CIP2019025489)

* 파라아카데미는 파라북스의 학술 관련 전문 브랜드입니다.

* 값은 표지 뒷면에 있습니다.

유교 인문학의 동서철학적 성찰

공자에서
다산 정약용까지

임헌규 지음

파라아카데미

"철학(지혜사랑)이란 체계적 지식이나 객관적 인식행위를 뜻하는 것이 아니라, 그것은 '단적으로 존재에 대한 태도'를 지시한다. 지혜를 사랑함은 '존재의 열림 속에 들어가서 존재의 나타남을 언어에로 깃들게하는 행위'를 뜻한다.

여기서 '존재'란 (유교적으로 말한다면) '천명' 또한 본성·본심을 말하는 바, 따라서 유교 철학이란 천명에 순응하고 자연에 따르면서 본래 마음, 즉 근본으로 태어나오는 한 마음(성性=心+生)·본마음 또는 큰마음에 화동하여(솔성지위도率性之謂道) 기거하여 그 길을 가는 것(거인유의居仁由義)을 뜻한다. 천명·자연·본성·본심은 자기 밖의 그 무엇(존재자)이 아니라, 모든 것이 바로 그것이 되게 하는 원천적 조명인 자기 자신·자기 본성일 뿐이다. 그리고 이러한 원천적 조명이 곧 지혜이며, 이러한 지혜에 따름이 바로 유교 철학이다.

천명으로 부여받은 자연·본성을 따르는 길이 천도·자연이며(천명지위성天命之謂性), 이 길을 가는 행위 자체가 바로 지혜사랑으로서 철학함이며, 이 길을 닦고 가는 것이 바로 유교적 학문의 길이다(수도지위교修道之謂敎).”[1]

지난번에 출간한『유교인문학의 이념과 방법』에 이어, 필자의 두 번째 철학적 연구의 기록물을『공자에서 다산 정약용까지: 유교 인문학의 동서철학적 성찰』이라는 제목으로 출간한다. 여기서는 창시자인 공자에서 한국의 다산 정약용에 이르기까지 유교의 인간 및 그 본성·본심에 대한 관점을 그 자체적으로 서술하고, 동시에 현대 현상학적 철학운동의 창시자인 후설E. Husserl의 현상학적 심리학 및 선험현상학의 방법론과의 이념적 비교를 통해 상호보완을 시도하였다. 그리고 이러한 유교적 인간 이해는 서양의 실체이원론 및 과학주의 물리일원론의 대안이 될 수 있을 뿐만 아니라, 4차 산업시대 인간의 새로운 복명을 위한 단초가 된다고 주장하였다.

이 책은 모두 9편의 글로 구성되어 있다.

먼저 제1장에서는 공자가 최초로 (금수와 구별되는) 인간의 고유본성(‘성性’ 개념)을 문제시하여 인본주의의 토대를 마련했으며, 인간됨의 도리인 인仁과 인간 이념인 군자 개념을 정립하여 유교의 인도·인문주의의 기틀을 마련했음을 기술하였다. 나아가 그는 이러한 인문주의의 기치아래『시』·『서』·『역』으로 대표되는 인문학 교재를 직접 산

---

1. 신오현,『철학의철학』, 문학과지성, 1988, 2~3쪽. 원문을 다소 변형시켰음.

정·교육하여, 모든 인간이 자신의 본성을 정립하여 보편적 인간해방(가르침이 완성되면 차별이 없다: 유교무류有教無類)의 이념을 제창했다고 하였다.

제2장은 유가의 아성 맹자가 인간됨의 의미를 생물학적 신체(양주의 위아주의)와 공리적 계산(목적의 겸애주의)에 찾는 양 극단을 비판하고, 인간에게 무조건적·자발적으로 우러나는 순선한 마음이 있다는 사실을 통해 인간 본성의 존재를 증명함으로써, 공자 학설을 옹호했다는 것에 초점을 두었다. 여기서는 맹자가 인간 본성의 정립에서 사용한 방법론적 특징을 후설의 현상학적 심리학의 이념으로 보완하고, 나아가 맹자 심성론이 현대 4차 산업시대 위기의 인간 혹은 인간의 위기를 극복할 단서를 제시한다고 주장했다.

제3장은 신유학의 집대성자인 주자의 '심통성정론心統性情論'의 논리를 삼중구조로 분석·제시했다. 주자의 심성론은 존재론으로서 리기·체용론을, 그리고 실존적으로 마음이 본성·감정을 갖추고 주재(통어)할 때의 역할 등 삼중구조로 파악해야 한다는 것이다. 여기서는 심통성정론을 통해 정립된 주자의 심성론이 마음의 기능(역할)에만 주목하는 현대 기능주의를 비판하는 준거가 됨을 증시하였다. 나아가 「보론」으로 주자 형이상학의서 '천리天理'기념은 현대 철학사의 새로운 장을 개척한 하이데거M. Heidegger가 주장한 형이상학과 연관하여 볼때, 새롭게 재구성될 수 있는 중요한 단서가 있음을 간략하게 서술하였다.

제4장은 명대 유학의 새로운 장을 개척한 왕양명의 용장오도龍場悟道를 보편적 철학의 패러다임으로 정위하면서 선험 현상학적으로 해

석한 것이다. 여기서 필자는 양명의 용장오도는 철학의 전형이며, 그가 깨달아 제시한 "심즉리心卽理"는 현대 후설의 선험 현상학의 이념과 정확히 일치하는 영구철학임을 증시하고자 했다.

다음으로 한국유학을 살피면서 먼저 남명 조식의 유학을 '위기지학爲己之學'의 이념으로 재구성하였다(제5장). 그 동안 남명이 남긴『전집』과『학기유편』등을 토대로 그의 학문과 그 특징에 대해서는 다양한 해석이 있어 왔다. 그런데 필자는 남명의 학문은 보편적 유학, 즉 공자가 제창한 위기지학의 이념으로 재구성했을 때, 그 본성과 특징이 가장 선명하게 드러날 수 있다고 생각하고, 이에 대한 시론적 해석을 시도하였다.

"퇴계와 고봉의 사단칠정논쟁"으로 제목이 붙여진 제6장은 한국 유학사에서 가장 중요한 논쟁으로 손꼽히는 사단 · 칠정 논쟁을 그 배경, 경과과정 그리고 그 결과를 퇴계와 고봉이 주고받은 서간들을 근거로 하여 제시하고, 그것이 지니는 인간학적 · 윤리학적 의미를 현대적으로 평가하였다.

제7장의 "율곡의 심성론과 심신수반 테제"에서는 한국 성리학사에서 가장 뛰어난 독자적 이론을 정립한 율곡의 기발리승일도氣發理乘一途, 리통기국理通氣局, 심 · 성 · 정 · 의일로心性情意一路 및 경계설境界說의 논리를 고찰 · 평가하였다. 나아가 율곡의 심성론은 현대 심리철학 가운데 '심신수반 테제'와 가장 유사한 입장이라는 데에 착안하여, 그와 연관한 특징을 서술하였다.

제8장의 "데카르트적 철학의 범형과 다산의 유학이념"에서는 근세철학을 개창한 데카르트의『성찰』에 제시된 지혜사랑의 보편적 범형

으로 삼아, 기존 유학을 비판적으로 종합·극복하고, 근본 유학의 이념(소사상제지학昭事上帝之學)을 복명하는 동시에 새로운 시대를 예비하고자 했던 다산 정약용의 학문이념과 방법론을 단계적으로 서술하였다. 여기서는 다산이 허위의식의 비판으로 당시 오학五學을 어떻게 규정하였으며, 나아가 성리학적 여러 개념들(리기, 태극, 음양오행, 인, 서)을 무엇으로 비판·극복하여 절대絕對(상제上帝)의 인식으로 나아갔으며, 이러한 인식을 바탕으로 절대와 인간의 관계를 어떻게 정립하였으며, 나아가 이러한 정립을 바탕으로 어떠한 인륜 이념을 주장하였는지에 대해 서술하였다.

마지막 결론(제9장)에서는 서양의 전형적인 심신관계론인 '실체이원론'과 '현대 물리주의 일원론'의 특징을 서술·평가하면서, 그 대안으로 유교 심성론의 이념을 제창했다. 여기서 필자는 실체론의 '형이상학적 전제'나 과학주의자들의 '이론의 세계' 이전에 우리가 마음을 쓰고 생활하는 '인간의 직접 체험의 실존의 장', 나아가 이론적 도식에 의해 마음과 신체를 나누기 이전의 '본래의 근원적―통일적 인간'이 온전한 인간 존재라고 주장하면서, 유교 심신관계론은 이러한 인간관에 입각해 있다고 주장하면서, 그 재구성을 제안했다.

이 책 또한 앞의 저서와 마찬가지로 처음부터 하나의 단행본으로 기획된 것이 아니라, 저자가 20여 년간 이 분야에 연찬한 기록들을 모은 것이다. 따라서 구성하는 부분들 간의 중복이 있고 반드시 다루어야 할 것이 빠져 있는 등, 전체적인 구조적 체계성 또한 부족한 것은 사실이다. 그러나 이 책 전체를 관통하는 메시지는 시종 일관된다고 생각된다.

이 책을 세상에 내놓으면서도 또한 여러 소중한 인연들에 감사한다. 나를 낳아주시고 언제나 나를 위해 기도해 주신 부모님과 철학의 세계로 인도해 주신 낙도재 신오현 선생님께 우러러 사모하는 마음을 올린다. 그리고 엄밀한 현상학적 철학의 세계로 인도해 주시고 학문의 전형을 보여주신 서울대의 이남인 교수님과 심리철학에 대한 관심을 환기시켜 주셨던 한국학대학원의 정해창 교수님의 높으신 학덕에 많은 영향과 은혜를 입었음을 고백한다. 나아가 항상 나를 지켜주고 인고해 준 사랑하는 가족들과 강의를 들어준 학생들, 그리고 난삽한 이 원고를 아담한 책으로 세상에 내놓게 해주신 파라북스 김태화 대표님과 편집부 직원들께 다시 한 번 감사의 뜻을 전한다. 더욱 정진함으로 보답할 따름이다.

2019년 6월
강남대 천은관에서 임헌규 손모음

9장 심신관계론과 한국철학의 연구 방향

1장

공자의 인본, 인도
그리고 인문주의의 창시

공자의 생애[1]

　공자는 추인鄒人(읍재邑宰) 숙양흘叔梁紇(당시 66세로 본부인 시씨施氏 사이에 딸 9명, 둘째부인에게서 장애 남아가 있었다)과 안징재顔徵在 (15세)가 야합野合하고 니구산尼丘山에 기도한 끝에, 노魯나라 창평향昌平鄕 추읍에서 탄생했다(BC 551년). 그는 태어날 때부터 머리 위쪽이 움푹 패어 있어 '구丘'(자字는 중니仲尼)라고 불렸다. 아버지 숙량흘이 공자 나이 3세(노양공 24년, BC 549년) 때에 세상을 떠나자, 어머니(당시 18세)는 공씨 집안에서 나와 노나라 수도인 곡부曲阜 궐리闕里로 이주하여, 유년시절 공자는 홀어머니 슬하에서 어렵게 살았다. 공자는 "유년기 아이들과 놀이할 때면 항상 제기를 진설하고, 흡사 예禮를 행하는 듯하였다"고 전하고 있고, 스스로 "어려서 비천했기 때문에 비루한 일을 할 줄 안다"[2]고 술회했듯, 경건하며, 예의바르고, 또한 다재다능한 소년이었다. 그런데 그의 어머니마저도 공자 나이 17세에 세상을 등지고 만다.

　당시에 공자의 모국 노나라는 나락의 길을 걷고 있었다. 노나라는 주周나라의 전장제도를 정립·예악의 토대를 정립하여 『시경』「대

---

1. 필자의 다음 논문을 요약하였다. 임헌규, 「공자 생애와 학문여정−위정1:4에 대한 주석을 중심으로」, 『온지논총』 58, 2019.
2. 『논어』 9:6. "吾少也賤 故多能鄙事."

아」·「주송」·「노송」 등에서 찬미된 유덕자 주공에 의해 개국되어 "주례를 온전히 보존한 예악의 나라"[3]라고 칭송되었지만, 당시 춘추 오패五霸(제환공齊桓公, 진문공陳文公, 초장공礎莊公, 오부차吳夫差, 월구천越句踐)에 둘려 싸여 퇴락을 거듭했다. 사전私田이 합법화되고(공자 탄생 43년 전, BC 594), 삼환三桓(맹손씨, 중손씨, 계손씨)이 병권을 나눠 갖고(BC 562년) 정권을 독점한 가운데 군권은 미약했다. 급기야 노나라의 궁정 악사들마저도 모두 흩어져 버려, 이른바 예악이 몰락해 버린 것이 바로 당시 노나라의 상황이었다.[4] 이른바 "가문과 모국의 이중의 영광과 몰락" 상황에서 공자는 탄생했다.

공자의 학문여정은 두 시기(하학과 상달)를 나누어볼 수 있는데, 먼저 하학의 시기(지우학~불혹)이다.

공자는 15세부터 학문에 뜻을 두고(지우학志于學)고 서른에 자립하여(이립而立), 마흔에 "사물의 당연한 바에 의심할 것이 전혀 없으면, 앎이 밝아져서 지킴에 종사할 필요가 없는 불혹不惑의 경지에 도달했다. 이 시기(지우학~이립~불혹) 공자에게 실제 일어났던 사건 및 연관된 언명을 살펴보자. 이 과정에서 일어났던 주요 사건은 다음과 같다.

17~19세. 어머니 상喪을 마치고 조상의 모국인 송나라로 가서 예禮를 배우고, 견관씨幵官氏와 결혼하다.

20~21세. 송나라에서 귀국하고, 아들(이름은 리鯉, 자는 백어伯魚)을 낳

---

3. 『좌전』 「소공2년」 "周禮盡在魯矣."

4. 『논어』 18:9 참조.

으니, 소공이 잉어를 하사하자 영광스럽게 생각하다. 계손씨의 위리_{委吏}(창고관리), 사직사_{司職史}(가축관리)를 지냈다('태묘문례_{太廟問禮}'도 이 과정에서 있었을 것이다).

27세. 담_郯 군주가 노나라를 방문하니, 가르침을 청해 고대관직의 유래를 배우다.

29세. 사양자_{師襄子}에게 거문고를 배우다.

30세. 제경공_{齊景公}과 안영_{晏嬰}이 노나라를 방문하자 "목공_{穆公}이 패자가 될 수 있는 이유"에 답하다. 계씨의 가신을 사임하고 사학_{私學}을 열다. 대부(맹의자와 남궁경숙_{南宮敬叔})들도 사사하다(정자산_{鄭子産}에게 배우다).

34세. 남구경숙과 함께 주_周나라에 가서 노자에게 예를 묻고(문례노담_{問禮老聃}), 장홍에게 악에 관한 자문(방악장홍_{訪樂萇弘})하고, 그리고 주나라의 사당(관주명당_{觀周明堂})과 동상의 격언을 보다.

35세. 노나라로 귀국하다. 팔일무_{八佾舞}사건이 발생하고, 소공이 삼환과의 전쟁에서 패해 제나라로 망명하자, 공자 역시 제나라로 가다. 태산을 지나다가 "가혹한 정치는 호랑이보다 사납다(苛政猛於虎也)"는 현실을 경험하다(태산문정_{泰山問政}). 제경공이 정치에 대해 묻고 등용하고자 했지만, 안영의 반대로 무산되다. 순임금의 음악을 듣고(聞韶), 석 달 동안 고기 맛을 잊다.

37~51세. 노나라에 귀국하여, 벼슬하지 않으면서 행단을 이끌면서(행단강학_{杏亶講學}) 교학상장하다. 『시』·『서』를 편수하다(퇴수시서_{退修詩書}). 47세 때 양화의 관직제의를 완곡히 거절하다.

공자는 "내가 일찍이 종일토록 먹지 않고 밤새도록 자지 않고 사색

(思)했지만 유익함이 없었다. 학문(學)하는 것만 못했다"[5]고 술회하였는데, 이 과정에서 학문에 뜻을 두면서 평생 호학자로 자부했다. 공자는 학문과정에서 여러 사람들의 자문을 받았지만, "세 사람 정도(소수가) 길을 가도, 반드시 나의 스승이 거기에 있다"[6]는 자세로 삶이 곧 앎이라는 자세로(生而知之) 모든 사람과 모든 곳에서 깨우침의 삶을 살았다고 하겠다. 주자朱子의 해석처럼, 이 당시 공자는 특히 예악에 대해 자문을 구하면서 이론정립과 교육에 열중했다.[7] 그런데 이때 이미 공자는 "예로다, 예로다 하는 것이 옥백玉帛을 말하는 것이겠는가? 악이로다, 악이로다 하는 것이 종고를 말하는 것이겠는가?"[8]라고 묻고 있다. 그리고 그는 "사람이 되어 인仁하지 못하다면 예가 무슨 소용이 있으며, 사람이 되어 인하지 못하면 악이 무슨 소용이 있겠는가?"[9]라고 반문했다. 즉 예악이라는 형식보다는 인간 내면의 덕으로 자기완성을 기하는 것이 중시했다. 요컨대 공자는 이제 춘추시대의 예악사조를 비판적으로 계승·발전시키면서, 예악의 근본인 인을 핵심으로 하는 체계로 나아간다.[10]

다음은 상달의 시기로 지천명知天命, 이순耳順, 그리고 존재와 당위

---

5. 『논어』 15:30, 子曰 : "吾嘗終日不食, 終夜不寢, 以思, 無益, 不如學也."
6. 『논어』 7:21. "子曰 三人行 必有我師焉 擇其善者而從之 其不善者而改之."
7. 『논어』에서 '禮'자는 도합 75회 출현한다.
8. 『논어』 17:11. "子曰 禮云禮云 玉帛云乎哉 樂云樂云 鐘鼓云乎哉."
9. 『논어』 3:3. "子曰 人而不仁 如禮何 人而不仁 如樂何."
10. 『춘추좌전』에서는 禮자는 462번 나오지만 仁자는 단지 33번 출현하는 데에 그쳤다. 그런데 『논어』에서는 禮자는 75번, 仁자가 109번 출현하며, 仁이 禮의 근본 혹은 완성이 된다.

가 일치한 완성의 단계(종심소욕불유구從心所欲慾不踰矩)이다. 이때 주
요 사건들을 살펴보자.

51(정공 9년)~55세. 중도재中都宰로 관직 시작.

52세. 소사공小司空, 대사구大司寇, 행섭상사行攝相事(협곡회맹) 역임.

54세. 예타삼도禮墮三都(후·비·성읍)정책 시행(주례에 의한 정치질서 회
복, 공실公室강화)

55세. 사직하고 노나라를 떠나 이후 14년간 주유열국(위衛·조曹·송宋·
정鄭·진陳·채蔡·초礎 등 7국) 시작

56세. 위나라에서 영공과 부인 남자를 만나다.

57(?)세. 광 땅에서 포위되어 경계하다(광인해위匡人解圍).

60세. 송나라를 지나면서 환퇴桓魋의 위협을 받고(송인벌목宋人伐木), 정나
라로 가다 상갓집 개(상가지구喪家之狗)와 같은 형상이라는 말을 듣
다(미복송과微服宋過).

63세. 진陳·채蔡 사이에서 곤액厄을 당하다(재진절량在陳絶糧).

67세. 부인 사망

68세. 계강자의 청으로 주유열국을 멈추고 노나라로 귀국. 교학과 고대
문헌정리. 아들(리鯉) 사망.

71세. 안회顏回 사망. 노의 군주가 기린을 포획하자,『춘추』 집필 중단.

72세. 자로子路 전사.

73세(기원전 479년, 애공 156년). 사망. 제자들은 3년 복상했고, 자공은
홀로 묘를 지키다.

지명천을 맞이한 공자는 '하학이상달下學而上達'이라는 말로 인사人

事에 관한 지식(지자불혹知者不惑)과 천리(덕德)에의 통달(지천명) 간의 관계를 표현하였다.[11] 그 다음 해(51세, 정공 9년) 공자는 드디어 중도재中都宰에 임명된다. 부임하자 공자는 예절을 정비하고, 장유長幼에 따라 음식을 나누어 주고, 능력에 따라는 소임을 배분하니, 고을이 일신되어 사방의 제후들이 그 제도를 모방하기에 이르렀다.[12] 이에 소사공小司空, 대사구大司寇, 행섭상사行攝相事 등으로 연이어 승진하여 3년간 사법에 교화적 인도주의를 적용하는 전형을 제시했다. 그는 다음과 같이 말한다.

> "이끌기를 법제금령으로써 하고, 가지런히 하기를 형벌로써 하면, 백성들은 면하되 부끄러움이 없다. 이끌기를 덕으로써 하고, 가지런히 하기를 예로써 하면, 부끄러워 할 줄 알고 또한 선에 이를 것이다(감회될 것이다)."[13]

공자의 예치이념은 이른바 예타삼도禮墮三都라고 하는 공실公室강화 정책으로 나타났는데, 그것은 바로 권력을 대부로부터 인군에게 되돌리는 시도(정치질서회복)였다(54세). 그러나 공자의 이 정책은 현실의 장벽에 부딪혀 성공하지 못하자 결국 사직하고, 모국 노나라를 떠나

---

11. 바오펑산(이연도 역), 『공자전』, 나무의철학, 2013, 202쪽. 한편 『사기』 「공자세가」에는 이 말이 공자가 죽기 바로 2년 전인 노나라 애공 14년(BC 481년)의 일로 기록되어 있다. 그렇지만 이 구절이 지천명과 가장 중요한 연권관계를 맺는 구절임은 틀림없다.

12. 『공자가어』 「相魯」편 참조. 『공자성적도』 98~9쪽.

13. 『논어』 2:3. 子曰 : "道之以政, 齊之以刑, 民免而無恥. 道之以德, 齊之以禮, 有恥且格."

기약 없는 주유열국에 들어간다(55세). 공자의 주유열국은 천명을 자각하고 그 명에 따라 무너진 인도人道를 세우려는 공자의 순수 사명감과 역사의식에서 비롯되었다.

그리고 천명을 자각하고 이순을 넘어 성인의 모든 체단을 종합적으로 완성한 성지시자聖之時者에 도달한 공자는 "인은 멀리 있는가? 나는 인을 의욕하면 인이 이른다."[14]고 하였다. 존재·당위가 일치하는 경지에 도달하고 소명을 자각한 공자는 위급할 때마다 천명의 사명이 자신에게 있다고 말한다. 이렇게 공자는 천명에 대한 자각을 바탕으로 인도와 왕도를 세우기 위해 주유열국을 했다.

공자는 애공 11년(BC 484, 68세)에 14년간의 유랑생활을 마치고 모국으로 귀향한다. 국로國老로서 공자는 여전히 정치에 관심을 보였지만,[15] 애공과 계강자의 정치적 자문에 몇 번 응했을 뿐, 오로지 문헌정리와 후학 교육에만 열중했다. 이때 공자는 "내가 위나라에서 노나라로 되돌아온 뒤에, 음악이 바르게 되었고, 「아·송」이 각각 제자리를 얻었다."[16]고 말했다.

공자의 말년은 사랑하는 이들과 이별의 연속이었다. 귀국직전에는 부인, 그 후 아들(70세), 그 다음은 제자 안회(71세)·자로(72세)와 이별했다. 제자의 죽음 앞에 공자는 "아! 하늘이 나를 버렸구나!" 하고 탄식했고, 심지어는 "하늘이 나를 저주하는구나!"라고 애통했다. 공자의 최후는 영웅의 장렬한 전사가 아니라, 오히려 감정을 지닌 한 인간의

---

14. 『논어』 7:29. "仁遠乎哉 我欲仁 斯仁 至矣."

15. 『논어』 13:14. 冉子退朝. 子曰 : "何晏也?" 對曰 : "有政" 子曰 : "其事也,如有政, 雖不吾以, 吾其與聞之."

16. 『논어』 9:15. "子曰 吾自衛反魯 然後樂正 雅頌各得其所."

애절한 죽음으로 우리에게 다가와 심금을 울린다.

당시 가장 한미한 가정환경에서 태어나, 끊임없이 호학정신으로 마침내 존재·당위가 일치하는 경지에 올랐던 공자가 마지막으로 "나의 시조는 은인이다"는 유언을 남기고 돌아가셨다는 것은 무엇을 상징하는가? 그것은 바로 원형회복原型回復이다. 학문을 좋아하여 성인이 되고자 하는 인간은 언제나 '현재 사실로서의 인간'과 '미래 완성된 이상'의 사이에서 삶을 영위한다. 인간의 이상이 동경의 대상이 되려면 어떤 내용을 지니고 일정한 경지에 도달해야 하며, 그 내용과 경지가 이미 주어져 있다는 측면에서 보면 인간의 이상은 언제나 과거의 형태를 갖지 않을 수 없다. 인간의 미래적 자기완성은 과거의 본래 자기의 회복일 수밖에 없다. 유교가 미래 도래해야 할 지선의 공동체를 과거 당우唐虞시대 정치를 회복하는 데 있다고 말한 것 또한 바로 이런 이유에서이다. 과거 성인의 후예였지만, 당시 가장 한미한 환경에서 태어났던 공자가 끊임없는 호학을 통해 마침내 성인의 경지에 도달하여 죽음을 맞이한 것은 과거 조상의 원형회복을 보여주고 있다고 하겠다. 플라톤 이래 "철학이란 영원한 향수를 가슴에 품고 고향을 찾아가는 것이다"라고 하듯이, 지혜사랑으로 철학의 원의는 진선미眞善美의 통일자인 지혜에 대한 에로스적 희구, 즉 "완전한 정신을 이루기 위한 불안전한 정신의 자기초월적 귀향편력이다."[17] 공자의 삶은 바로 이러한 철학적 생명의 전형을 보여주는 것이 아닐까?

---

17. 신오현, 「유가철학의 교학이념」『철학의 철학』, 문학과지성, 1987, 385쪽.

공자는 인간에 근본을 두고 인간의 도를 세워 궁극적으로 동양적 인문주의를 구현하는 이념을 실질적으로 창시·정립하였으며, 또한 이른바 유교적 인문교과인 『시』·『서』·『예』·『악』·『역』을 산정·교육함으로써 동양적 인문교육의 전범典範을 형성했다.

　유교적 인본·인도·인문주의의 주창자로서 공자는 "형이상학적인 도가 인간을 넓히는 것이 아니라, 인간이 능히 도를 넓히는 것이다."는 관점에서, 먼저 '인간이란 무엇인가?'(인간의 자기정체성)라는 물음의 단서를 제공하는 성性 개념을 최초로 제시하였다. 둘째로 '인간은 어떻게 살아야 하는가'라는 당위의 문제에서, 인간은 공동체적·관계적·유적 존재이기 때문에 함께 인간다운 본성인 '인仁'을 구현하며 살아야 한다고 하였다. 셋째로 인간다운 본성을 구현하는 인간 이상으로 '군자君子' 개념을 정립하였다. 여기서 우리는 공자의 성性 개념 제시, 그리고 인 및 군자 개념의 정립이 인문주의 이념제창에 어떤 의미를 지니는가 하는 점에 대해 주의를 기울여 살펴보고자 한다.

다음으로 공자는 인문주의 이념을 이른바 인문 · 교양 교육을 통해 실제로 구현하려고 했다는 점에 대해 살피고자 한다. 공자는 『시』·『서』·『예』·『악』·『역』 등으로 대표되는 유교적 인문교재들을 직접 산정 · 교육했을 뿐만 아니라, 거기에 각각 고유한 목적과 기능을 부가하여 궁극적으로는 학습자들에게 인간의 도리를 배우고 익혀 인간다운 인간이 되는데 기여하도록 설계했다. 여기서 우리는 『논어』 등에 산재되어 나타나는 공자의 『시』·『서』·『예』·『악』·『역』에 대한 언명들을 종합 · 체계화하는 방식으로 이러한 점들을 살펴보고자 한다.

1. 공자의 인문주의 정초

문명의 기축시대Axial Age의 위대한 성인 중의 한 사람인 공자BC 551~478는 당대 예악형정의 붕괴를 개탄하고, 구제도의 복원을 추구한 보수주의자로 해석되기도 한다. 그렇지만 그는 도를 잃어버린 당시의 혼란상태를 광정하고, 인간에 근본을 두고 인간의 길(인도人道)을 정립하여 인문의 시대를 새롭게 열기 위해 변역의 기치를 내걸었던 혁신의 사상가이자 실천가였다.

  "조수鳥獸와 함께 같이 무리지어 살 수는 없으니, 내가 이러한 인간과 함께 하지 않는다면, 누구와 함께 하겠는가? 천하에 도가 행해지고 있었다면, 나는 변역에 참여하지 않았을 것이다."[1]

---

1. 『논어』 18:6. 子曰 鳥獸 不可與同群 吾非斯人之徒與而誰與 天下有道 丘不與易也.

공자의 이 인문주의 선언은 먼저 인간이란 다른 동물처럼 단순히 군거群居하는 본능의 존재가 아니라, 그 본성상 동류인 다른 인간들과 공동체를 형성하여 목적을 추구하면서 함께 삶을 영위하는 관계적·정치적·사회적 존재임을 말한다. 요컨대 다산 정약용의 해석대로 "인간이란 이 세상에 처음 태어날 때부터 마지막으로 죽어 관으로 덮여지는 날까지 오직 인간과 더불어 살아가야 하며, 모두 나와 함께 서로 필요하고·돕고·교제하고·접촉하며·바로 잡아주며 생활을 영위하는 존재라는 것이다."[2] 둘째로 공자는 당시 천하가 도가 없는 혼란상태에 빠져 있기 때문에, 공자 자신이 그 도를 정립하여 세상을 변역하고자 했다. 그런데 공자는 변역해야 할 도와 인간의 관계를 다음과 같이 규정한다.

"인간이 능히 도를 넓힐 수 있는 것이지, 도가 인간을 넓히는 것이 아니다."[3]

"사람 밖에 도가 없고, 도 밖에 사람은 없다."[4]라는 이 언명은 당시로 볼 때 과히 획기적인 것으로 공자의 '인간 주체 선언'이라 할 수 있다. 요컨대 공자는 주체로서 인간에 근본을 두고(인본人本) 인간의 도(인도人道)를 정립하여, 당시 혼란을 변역·광정하고, 궁극적으로 인

---

2. 『여유당전서』 2:13, 43, 「논어고금주」. 夫人生斯世 自落地之初 以至盖棺之日 其所與 處者人而已 其近者曰 父子兄弟 其遠者曰 朋友鄕人 其卑者曰 臣僕幼穉 其尊者曰 軍 師耆老 凡與我同圓顱而方趾 戴天而履地者 皆與我相須相資相交相接 胥匡以生者也.

3. 『논어』 15:28, 子曰 人能弘道 非道弘人.

4. 『논어』 15:28에 대한 朱子注.

간의 문화(인문人文)를 창달하고자 했다. 인문주의자로서 공자는 귀신 보다 우선 인간을 섬기는 법을 배워야 하며, 죽음보다 먼저 인간의 삶에 대해 알아야 한다고 말했다.[5] 그리고 공자는 인간에 대한 공경하는 마음이 없으면서 "단순히 옥백玉帛과 같은 진귀한 물건으로 예우하는 것만으로는 예가 성립될 수 없으며, 나아가 인간의 바른 성정에 기반하지 않고, 단순히 악기가 어울려져 소리를 내는 것만으로는 악이 성립되지 않는다."[6]고 선언한다. 요컨대 "형식적인 예악을 잘 실행하는 것보다는, 먼저 인간 자신의 본성에 기반하여 인간의 도를 세우고, 인간다운 덕을 실천하여 참다운 인간이 됨으로써"[7] 인문세계를 창도해야 한다는 것이 공자의 주장이다.

성性 개념의 창시

공자는 다른 동물과 구별되는 인간의 고유본성에 관심을 갖고, 성性 개념을 창시함으로써 인간의 자기정체성에 대한 철학적 물음의 단서를 제공했다. 기실 완성된 인간적 삶을 지향하는 인간에게서 모든 물음은 인간의 · 인간에 의해 · 인간을 위한 물음이라는 점에서 '인간이란 무엇인가'하는 물음은 모든 철학사조에서 가장 근본적인 물음으로 간주되어 왔다. 특히 학파의 명칭에서 인간(人)이기 위한 필수(需=須)적

---

5. 『논어』 11:11. 季路問事鬼神 子曰 未能事人 焉能事鬼 敢問死 曰未知生焉知死.
6. 『논어』 17:11. 子曰 禮云禮云 玉帛云乎哉 樂云樂云 鐘鼓云乎哉.
7. 『논어』 3:3. 子曰 人而不仁 如禮何 人而不仁 如樂何.

인 것을 근본 물음으로 제기하면서, 교학상장을 통해 도덕적 인간을 양성하려고 했던 유교儒敎에서 성性 개념은 이 물음의 관건이 되어왔다. 공자는 성性 개념을 직접 도입함으로써, 후대 인간의 본성 문제에 대한 다양한 논의의 단서를 제공했다.

공자께서 말씀하시길, "성性은 서로 비슷하나, 습관은 서로 멀다."[8]

자공이 말하기를, "선생님의 문장은 이해할 수 있지만, 선생님의 성性과 천도에 대한 말씀은 이해할 수 없었다."[9]

그렇다면 공자가 창안한 '성性'이란 어떤 개념인가? 성 개념이 정립되기 이전의 이와 연관이 깊은 '생生, generation, growth, life'은 기본적으로 인간과 동물이 태어나면서 지니는 생물학적 자연 상태(생물학적 신체) 혹은 생물학적 자기보존의 욕구(자연본능)를 의미했다. 따라서 생은 인간만의 고유 특성(인간 본성)을 고려하지 않은 개념이다. 그런데 생에서 파생된 성性이란 심心(생물학적 몸을 주관하는 심장의 가차)과 생生(초목의 출생)의 형성자로 사람이 태어나면서(生) 갖는 천성적인 마음(心) 혹은 마음이 지니고 태어난 본성 혹은 성품을 뜻한다. 따라서 공자가 생물학적 신체(生)를 주재하는 마음(心)을 나타내는 성性 개념을 창안했다는 것은 곧 인간을 생물학적 본능의 추구하는 자연적 존재를 넘어, 그 본능을 주재하여 인간다움의 의미(인간의 자기정

---

8. 『논어』 17:2. 性相近 習上遠也.
9. 『논어』 5:12. 子貢曰 夫子之文章 可得而聞也 夫子之言性與天道 不可得而聞也.

체성)와 그 삶을 문제시하였다는 것을 의미한다. 그래서 후대에 형성된 『설문해자』에서는 '성性'이란 "심心자에 의미 중심으로 두고 생生자에 따라 발음하는데, 사람의 양의 기운(양기陽氣)으로 성은 선하다."라고 해석했다.[10] 그렇다면 '성性'이란 글자에서 중심적인 의미를 지니는 '심心'이란 무엇인가?

자원 분석에 탁월했던 다산 정약용에 따르면, 심心이란 "본래 혈기를 주관하는 심장을 나타내었는데, 여기서 주관한다는 점에 착안하여 '우리 마음속에 함축되어 밖으로 운용하는 것, 즉 우리의 생물학적 신체를 주관하여 밖으로 운용하는 것을 심心으로 가차했다.'"[11] 그리고 그는 우리의 생물학적 신체를 주관하여 밖으로 운용하는 마음과 연관하여, "인간이 인간되는 까닭은 마음(心)일 뿐이니, 마음을 인식하면 인간이 되고 …… 마음을 다스리면 인간이 된다."[12]고 했다. 요컨대 심心과 생生의 형성자로서 '성性'이란 마음의 본래 모습으로 우리의 생물학적 몸(生)을 주관하여, (다른 동물과 구별되게) 인간을 인간답게 하는 가치 있는 것이다. 따라서 인성이란 (심장이 혈기를 주관하듯이) 우리 몸을 주관하여 인간을 다른 동물과 구별되게 하는 인간 마음의 본래적 성품이라 할 수 있다. 이렇게 공자는 중국철학사에서 최초로 인성의 문제를 제기하였다.

일반적으로 인성의 문제는 ① 인성의 내용, ② 인성의 선천성과 후

10. 湯可敬 撰, 『說文解字今釋』, 岳麓書社, 2005, 1439쪽, 「性」자부.

11. 『여유당전서』2, 2:25, 「심경밀험」. 神形妙合乃成爲人…惟其含蓄在內 運用向外者 謂之心 誠以五臟之中 其主管血氣者心也 神形妙合 其發用處 皆與血氣相須 於是假 借血氣之所主 以爲內衷之通稱.

12. 『여유당전서』2, 1:19, 「答李汝弘」 人之所以爲人者心而已 認心則爲人…治心則爲人.

천성, ③ 선악의 문제, ④ 과연 인간만의 본성을 거론하는 것이 의미 있는 정당한 질문인가와 같은 여러 문제를 포괄한다. 그런데 공자는 이런 질문들에 대해서는 체계적인 대답을 하지 않았다. 다만 그는 인간 본성이 형이상의 천명과 연관된다[13]고 암시하고, 다만 ①의 문제 즉 무엇을 인간 본성으로 규정할 것인가 하는 것에 대하여, "인간이란 모름지기 '인仁'을 행할 때 비로소 온전한 인간이 된다."고 주장했을 따름이다. 그렇다면 인본주의 정립과 연관한 공자의 두 번째 공헌으로 인간이 행해야 할 덕목으로서 인仁 개념의 확립에 대해 살펴보자.

인仁 개념의 정립

공자는 유교 역사상 최초로 인 개념을 가장 중요한 철학용어로 도입하여, 인간이 실현해야 할 제일덕목으로 정립했다. 이는 공자 이전의 저작들에 나타나는 인 개념의 용례를 살펴보면 곧바로 알 수 있다. 인仁이란 용어는 『시경』에서는 2회, 그리고 『서경』에서는 단 한 차례 나타날 뿐이다.

> 숙叔이 사냥을 나가니, 골목에 사는 사람이 없도다. 어찌 사는 사람이 없겠는가? 숙과 같이 진실로 아름답고 인하지 못하기 때문이다.[14]

---

13. 『논어』 16:8. 孔子曰 君子 有三畏 畏天命 畏大人 畏聖人之言 小人不知天命而不畏 也 狎大人 侮聖人之言. 『논어』 20:3. 子曰 不知命 無以爲君子也 등 참조.

14. 『시경』 「鄭風」. 叔于田 巷無居人 豈無居人 不如叔也 洵美且仁.

사냥개의 방울이 딸랑딸랑 하니, 그 사람 아름답고 또한 인하도다.[15]

비록 주나라에는 친척이 있지만, 인인仁人만 못하다.[16]

또한 '인仁'자는 『역경』에서는 도합 8번 나타나지만, 모두가 공자의 저작 혹은 한대의 저작으로 인정되는 「계사전繫辭傳」 및 「설괘전說卦傳」에만 나타난다. 공자는 그 이전에 매우 드물게 출현했고, 그 대상 또한 치자治者의 공덕을 칭송하던 여러 덕목들 중의 하나로 외적 형식미에 불과하였던 인 개념을 결정적으로 전환한다. 『논어』에서 인은 109번 나타나며, 전체 499장 가운데 59장의 주제를 형성하는 주도개념으로 그 대상 또한 인간 일반으로 확장된다. 나아가 공자는 인을 인간됨의 의미로서 인간이 평생토록 언제 어디서나 구현해야 할 보편 덕으로, 예악 등과 같은 다른 어떠한 미덕보다도 먼저 갖추어야 할 기본덕목이자,[17] 나아가 모든 덕목들의 종합·완성인 온전한 덕(소德)이라고 규정한다.[18] 이렇게 인은 특수한 덕목들의 종합·완성이기에 인의 실현은 지난한 과제이며, 따라서 아무리 재능이 뛰어났다고 하더라도 공자는 인하다는 평가를 하는 데는 인색해 했다.[19] 그리고 인은 모든 덕의 종합·완성을 뜻하기에 "진정으로 인에 뜻을 두면 어떠한 악도 있을 수 없으며,"[20] 따라서 "인한 사람은 반드시 용기가 있지만, 용기

---

15. 『시경』「齊風」, 盧令令 其人美且仁.

16. 『서경』「周書·泰誓」, 雖有周親 不如仁人.

17. 『논어』 3:3 참조.

18. 『논어』 4:5. 君子 去仁 惡乎成名 無終食之間 違仁 造次 必於是 顚沛 必於是.

19. 『논어』 5:4, 5:7, 5:18 참조.

20. 『논어』 4:4. 子曰 苟志於仁矣 無惡也.

가 있다고 할지라도 반드시 인이 있는 것은 아니다."[21]고 말하였다.

　공자가 인을 개별 덕목들의 토대가 되는 기본 덕이자 그 종합·완성
인 보편 덕이라고 주장한 것은 바로 인이 인간을 인간이게 하는 존재
근거이며, 인의 실현 여부가 인간의 존재의미를 결정한다고 생각했기
때문이다. 그래서 공자는 "뜻있는 선비와 인한 사람은 몸을 희생해서
라도 인을 완성한다."[22]고 말한다. 그런데 인간은 그 존재근거인 인을
실현할 능력을 지니고 태어난다. 그래서 공자는 인의 실천은 바로 자
기로부터 말미암는 것이라고 말한다.[23] 그리고 인은 자기로부터 말미
암아 실천되지만, 두 사람(仁=二+人)이라는 어원이 말해주듯이, 다른
사람과의 인륜적 관계에서 다른 사람을 사랑함으로써 실천된다.[24] 『설
문해자』에서는 "인이란 친애한다는 의미로 두 사람에서 유래했다"[25]고
했듯이, 모름지기 인간이란 인해야 한다는 말은 곧 인간이란 (잔인한
금수와 구별되는) '서로 친애하는 공동체적 존재'임을 함축한다. 그래
서 다산 정약용은 유가의 인仁을 다음과 같이 해석했다.

　　인仁이란 두 사람(二人)이다. 옛 전서篆書에서는 '인人' 자를 중첩시켜
　　'인仁'자로 삼았다. 이는 자子를 중첩시켜 손孫자로 만든 것과 같다. 인
　　仁이란 인간과 인간의 지극함이니, 자식이 부모를 효도로 섬기니 자식

---

21. 『논어』 14:5. 子曰 仁者 必有勇 勇者 不必有仁.

22. 『논어』 15:8. 子曰 志士仁人 無求生而害人 有殺身而成仁.

23. 『논어』 12:1. 顔然 問仁 子曰 克己復禮爲仁 一日克己復禮 天下歸仁焉 爲仁 由己而
　　由人乎.

24. 『논어』 2:22. 樊遲問仁 子曰 愛人 問知 子曰 知人

25. 湯可敬 撰, 『說文解字今釋』, 岳麓書社, 2005. 1066. 仁 親愛也 由人 由二 會意.

과 부모는 두 사람(二人)이고, 신하가 임금을 충심으로 섬기니 신하와 임금은 두 사람이고, 형과 아우가 두 사람이고, 목민관과 백성이 두 사람이다.[26]

이런 인간과 인간의 관계상황에서 다른 사람을 사랑하여(애인愛人) 자신의 할 도리를 다한다는 것(정명正名)은 바로 인의 실천방법으로서 서恕이다. 공자는 이렇게 인의 실천방법으로 서恕(=여如+심心=같은 마음=추기급인推己及人)[27]를 말함으로써 그 인륜의 도덕철학을 정립하였다.[28] 그러나 공자는 왜 인이 바로 우리 인간의 보편 덕이자, 개별 덕목들의 종합·완성이며, 인의 구현 여부에 인간의 존재의미가 결정되는 지에 대해 충분한 논거를 제시하지 않은 듯하다. 공자는 아마도 이 문제의 해결책을 인의 자의字義에서 찾고, 자명한 것으로 전제하고 있는 듯하다. 즉 모름지기 인간은 관계적 존재이기 때문에 인仁(=이二+인人)해야 하며, 인이란 친애한다는 자의를 지니고 있기 때문에 남을 사랑하는 것으로 실천되는 것으로 생각한 듯하다. 그런데 이 문제에 대한 해결책은 잘 알려진 맹자의 이른바「유자입정의 비유」를 기다려야 한다. 이 비유에서 맹자는 무성론無性論적 공리주의자(묵자墨子)와 생물학적 개인주의자들(양주楊朱)의 도전에 응대하여, 인간이란 다른 사람에 불행을 목도하면 무조건적·자발적으로 측은해하는 순수한 동

---

26. 『여유당전서』2, 2:16, 「논어고금주」(논어대책), 仁者二人也 其在古篆 疊人爲仁 疊子爲孫 仁也者 人與人之至也 子事父以孝 子與父二人也 臣事君以忠 臣與君二人也 兄與弟二人也 牧與民二人也.

27. 『논어』4:15에 대한 朱子註. 推己及人之謂恕.

28. 『논어』6:8. 夫仁者 己欲立而立人 己欲達而達人 能近取譬 可謂仁之方也已.

정심을 드러내는 유적 존재라는 것을 증명함으로써 공자학설을 옹호했다.[29] 이제 공자가 인간의 덕을 실현하는 바람직한 인간상으로 '군자君子' 개념을 정립함으로써 인문주의를 주창하였다는 점을 살펴보자.

군자君子 개념 정립

『논어』에서 '군자'는 107번 출현하며, 전체 498장 중 85장(약 1/6)의 주제를 형성한다. 이는 유사 개념인 현인賢人(24번), 성인聖人(8번), 대인大人(1번), 성인成人(1번) 등과 비교했을 때, 그 빈도수에서 압도적이다. 나아가 비슷한 시기 출현한 도가의 최고 경전인 노자의 『도덕경』에 도道라는 말이 『논어』의 인仁과 비슷하게 73회 나오고, 성인聖人이란 단어가 30회 출현하지만, 군자는 단 1회에 불과하다[30]는 사실로 비추어 보았을 때도, 공자가 '군자' 개념을 얼마나 중시했는지 여실히 알 수 있다. 그리고 군자는 공자 이래 유가의 인간 이상을 대표하는 주도개념이 되었다. 군자라는 글자의 형성 및 『논어』 전·후의 문헌에서 사용된 용례를 보면, 이 개념에 대한 공자의 공헌을 확연히 알 수 있다.[31]

---

29. 『맹자』 2상:6 참조.

30. 『노자』 31장. 兵者不祥之器 非君子之器.

31. 이경무, 「군자와 공자의 이상적 인간상」 『동서철학연구』 54, 104-122쪽. 장현근, 「君子와 世界市民」 『유럽연구』 5, 1997 봄. 장현근, 「도덕군주론:고대 유가의 성왕론」 『한국정치학회보』, 38-1호, 2004. 송영배, 『중국사회사상사』, 한길사, 1986. 최상천, 「공자의 수기치인의 정치사회학」 『사회과학연구집』 5, 1998. 안외순, 「군자와 시민 그리고 시민의 군자화」 『동방학』 10, 2004.

『설문해자』를 살펴보면, "군君(＝구口＋윤尹)은 입(口)으로 명령을 내려 백성을 다스린다(尹)는 의미의 회의자인데, 존귀尊貴하다는 뜻으로 임금이 앉아 있는 모양을 형상화했다.[32] 그리고 '윤尹(다스리다, 벼슬 이름)'이란 '곤丨(지팡이)＋차又(손)'으로 신장神杖을 손에 잡고 있는 지도자를 말한다. 따라서 군君은 우선 지도자가 신장을 잡고 의례나 정사를 주관하는 것을 뜻하며, 군자君子란 군에서 파생되어 위로 천자로부터 정치를 주관하는 귀족계급 일반(신분, 지위)을 나타내었다. 공자 이전의 군자 개념에는 점차 귀족이 지녀야 할 덕목(책무)이 부가되어 도덕적 품성을 지칭하는 용어로 전환되고 있지만, 다분히 신분의 의미를 내포하고 있었다."[33] 그런데 『논어』에는 통상적인 격언을 인용한 구절(약 9번)을 제외하고는 대부분 신분보다는 도덕적 인격을 지칭한다.[34] 『논어』에서 공자가 정립한 군자 개념의 특징을 살펴보자.

첫 번째, 공자는 군자를 기성의 어떤 완성된 존재자가 아니라,[35] 끊임없이 학문을 좋아하여 성인이 되기를 추구하는 사람으로 정의한다. 학문의 중요성에 대한 공자의 강조[36]는 췌언을 요하지 않는다. 그런데 공자가 "학문이란 마치 미치지 못하는 것처럼 하고, 오히려 배운 것을 잃어버리지 않을까 두려워해야 한다."[37]고 말하고 있듯이, 학문(배우

---

32. 湯可敬 撰, 『說文解字今釋』, 岳麓書社, 2005, 188쪽, '君'자부.

33. 장현근, 「군자와 세계시민」, 『유럽연구』 5, 1997 봄, 355~7쪽 참조.

34. 김승혜, 『원시유학』, 민음사, 1994, 94쪽, 각주20 참조. 陳大齊(안종수 역), 『공자의 학설』, 이론과실천, 1996, 345쪽 참조.

35. 『논어』 2:12. 子曰 君子 不器.

36. 『논어』 15:30. 子曰 吾嘗終日不食 終夜不寢以思 無益 不如學也.

37. 『논어』 8:17. 子曰: 學如不及, 猶恐失之.

고 물음)이란 완성되는 것이 아니라, 항상 그것을 좋아하는 방식으로 추구되어야 할 것이다. 그래서 공자는 성인 혹은 인인仁人으로 칭해지는 것은 사양하면서도, 호학자로 자부했다.[38]

그런데 공자가 좋아한 학문이란 우선 의식주와 같은 세속이익의 추구에 몰두하는 것이 아니라,[39] 자기완성에 뜻을 두고 당위적 도를 지향하는 것이다. 그리고 단순한 이론적 지식을 탐구하는 것이 아니라, 분노를 옮기지 않음(불천노不遷怒)과 같이 자신의 감정을 조절하여 절도에 맞게 발현할 줄 알며, 또한 잘못을 되풀이 하지 않음(불이과不貳過)와 같이 비록 과오를 범할지라도 반성하고 선을 아는 지혜를 길러 실천할 줄 아는 용기가 있음을 말한다.[40] 이렇게 공자의 군자란 학문을 좋아하는 사람으로 인간의 신체적 욕망이 아니라 당위적 도를 지향하면서 감정을 조절할 줄 알고, 반성과 실천의 용기를 겸비하여 완전한 성인을 향해 자강불식自强不息하는 사람을 말하였다.

군자의 두 번째 특징은 자기를 정립하여(위기爲己) 모든 시비선악의 근원을 자기에게서 찾고 주체인 삶을 영위하는 것이다. 공자는 "옛날에 배우는 사람은 자기에게서 얻고자 하지만, 오늘날에 배우는 사람은 남이 알아주기를 바란다."[41]고 말하여, 당시의 헛된 명성을 갈구하는 학적 풍토를 개탄한다. 또한 "군자는 자기에게서 구하고, 소인은

---

38. 『논어』 5:27. 7:33 참조.

39. 『논어』 1:14 참조.

40. 『논어』 6:2. 공자對曰 有顔回者 好學 不遷怒 不貳過.

41. 『논어』 14:25. 子曰 古之學者爲己 今之學者爲人.

다른 사람에게서 구한다."[42]고 말한다. 공자가 『논어』의 시작에서부터 "남이 알아주지 않아도 성내지 않으면, 또한 군자가 아닌가?"라고 한 것은 바로 이런 맥락에서 이해할 수 있다. 이와 비슷한 말이 『논어』 곳 곳에 산재되어 거듭 나타난다.

"남이 나를 알아주지 않는 것을 걱정하지 말고, 남을 알지 못하는 것을 걱정하라."(1:16)

"나를 알아주지 않는 것을 걱정하지 말고, 알아 줄만한 사람이 되기를 구하라."(4:14)

"남이 나를 알아주지 않는다고 걱정하지 말고, 내가 잘하지 못함을 걱정하라."(14:32)

"군자는 능력이 없음을 걱정하지, 남이 나를 알아주지 않는 것을 걱정하지 않는다."(15:18)

그래서 주자는 "이 한 가지 일에 대해 여러 번 말씀하신 것이니, 정녕코 그렇게 해야 한다는 뜻을 알 수 있다."[43]고 해석하고 있다.

세 번째로 군자는 천명을 인식하고, 천명이 부여한 인의예지와 같은 덕성을 구현한다. 군자는 시비선악의 근원을 자기에게서 구하는 바, 이러한 근원은 그 누가 부여한 것인가? 군자가 자기로 말미암아 인을 행한다(위인유기爲仁由己)고 하였는데, 그 인은 어디서 유래하는 것일까? 이에 대한 해답은 공자의 지천명知天命이라는 언명에서 찾을

---

42. 『논어』 15:20. 子曰 君子求諸己 小人求諸人.
43. 『논어』 14:32의 朱子注.

수 있다.[44] 공자는 "천명天命을 알지 못하면 군자가 되지 못한다."[45]고 말한다.

"군자는 세 가지 두려워하는 것이 있다. 천명을 두려워하고, 대인을 두려워하고, 성인의 말씀을 두려워한다. 소인은 천명을 알지 못하여, 두려워하지 않는다. 대인에게 버릇없이 굴고, 성인의 말씀을 업신여긴다."[46]

그렇다면 천명으로 우리 인간에게 주어진 것은 무엇일까? 그것은 바로 인간이 얻어 지니고 태어난 덕이다. 공자는 "하늘이 나에게 덕을 주셨다."[47]고 말하였다. 그렇다면 천명으로 나에게 주어진 덕이란 무엇인가? 『논어』에는 분명하지 않지만, 후대 『중용』·『맹자』에 따르면, 천명으로 우리 인간에게 주어진 것은 인간 본성이며,[48] 그 본성이란 인이다. 그래서 공자는 "군자는 인을 떠나서 어디서 명성을 이루겠는가? 군자는 밥 먹는 사이에도, 급하고 구차한 때에도, 넘어지고 엎어지는 때에도 인을 어기지 않는다."[49]고 말하였다.

군자의 마지막 특징으로, '자신을 수양하여 백성을 편안하게 해주는

---

44. 『논어』 2:4. 五十而知天命.

45. 『논어』 20:3. 子曰 不知命 無以爲君子也. 14:24. 君子上達 小人下達.

46. 『논어』 16:8. 공자曰 君子 有三畏 畏天命 畏大人 畏聖人之言 小人不知天命而不畏 也 狎大人 侮聖人之言.

47. 『논어』 7:22. 子曰 天生德於予 桓魋其如何.

48. 『중용』 1장. 天命之謂性 率性之謂道 脩道之謂敎.

49. 『논어』 4:5. 君子 去仁 惡乎成名 君子 無終食之間 違仁 造次 必於是 顚沛 必於是.

(수기이안민修己以安民 · 안백성安百姓) 역할을 수행하는 존재'라는 것을 들 수 있다.

> 자로가 군자에 대해 물었다. 공자께서 말씀하셨다. 경敬으로써 자기를 닦는다. …… 자기를 닦아 백성을 편안하게 한다. 자기를 닦아 백성을 편안하게 하는 것은 요순과 같은 성인도 오히려 병통으로 여겼다.[50]

안백성安百姓의 안安(편안함)이란 면宀(집)+여女(여자)의 회의자로 여성(女)이 집宀에 있는 모습으로, 곧 마땅히 있어야 할 곳에 있음을 의미한다. 요컨대 군자는 자기를 닦아 궁극적으로는 모든 사람이 자기가 있어야 할 곳, 즉 천명이 부여한 본성의 덕(인仁 인지안택人之安宅: 인仁은 사람의 편안한 집이다)에 기거하도록 하는 자란 것이다. "군자란 상대적인 유용성을 지니는 그릇이 아니다"고 말했듯이, 군자는 비록 제한적인 유용성을 지니는 수단의 세계에 직접 종사하는 전문 기술자는 아니지만, 상대적인 수단 세계에 가치와 질서를 부여하고, 수단의 세계에 종사하는 전문인들이 공동체에 적절히 봉사하도록 다스려서 조화롭고 통일적인 지선至善의 세계를 설계하는 자이다. 즉 군자는 천명의 덕으로 자기정립하고, 나아가 모든 사람이 제자리에서 제역할을 하면서(정명正名) 인간으로서 자립적 · 자발적으로 자기실현 · 완성을 할 수 있도록 교화(안인安人 · 안백성安百姓)하는 역할을 추구하는 자이다.

---

50. 『논어』 14:45. 子路問君子 子曰 修己以敬 曰如斯而已乎 曰修己以安人 曰如斯而已乎 曰修己以安百姓 修己以安百姓 堯舜 其猶病諸.

2. 공자의 인문학과 교육

앞에서 공자가 첫째로 성性에 대해 최초로 언급하고, 둘째로 인간이 실현해야 할 덕으로 인仁, 셋째로 덕을 실현할 주체로 군자의 이념을 정립하여, 인간에 근본을 두고 인간의 · 인간에 의한 · 인간을 위한 인간의 도를 정립하는 인문주의를 주창하였음을 살펴보았다. 이제 공자가 인문주의 이념을 인문학 혹은 인문교양교육을 통해 실질적으로 구현하려고 했다는 점을 살펴보자.

인문人文이란 말은 "천문을 관찰하여 천시의 변화를 살피고, 인문을 살펴 천하를 교화한다."[1]는 언명에서 처음 나왔다. 그런데 이 구절에 대해, 삼봉 정도전은 "일월성신은 천문이고, 산천초목은 지문이고, 시서예악詩書禮樂은 인문이다 …… 인간은 도로써 무늬를 이룬다."[2]고 정

---

1. 『주역』「賁卦 · 彖辭」 觀乎天文以察時變 觀乎人文以化成天下.

2. 鄭道傳, 『三峰集』, 「陶隱文集序」, 『韓國文集叢刊』5, 日月星辰 天之文也 山川草木 地

당하게 해석하고 있다. 유교 인문학이란 시서예악을 통해 인간의 결과 길을 널리 배우고, 자세히 묻고, 신중하게 사려하고, 밝게 분별하고, 돈독하게 실천하는 것이 행위의 총체이다. 공자는 이런 인문학의 창시자이자 교육자로서 『시』·『서』·『예』·『악』으로 대표되는 유교적 인문학교과를 직접 산정하여 제자들을 가르쳤다. 『논어』란 바로 이러한 공자의 인문학 이념과 그 교육에 관한 기록이다. 그래서 제자들은 "공자께서 평소 하신 말씀은 『시』, 『서』, 그리고 예를 지키는 것이었는데, 이것이 평소 하신 말씀의 전부였다."[3]고 증언하고 있다. 공자는 직접 『서』를 인용하고 있을 뿐만 아니라,[4] 다음과 같이 말하고 있다.

"시詩에서 일어나고, 예禮에서 자립하고, 악樂에서 완성한다."[5]

"나에게 만일 나이를 몇 해만 연장해 주어, 끝내 『역』을 배운다면 큰 허물은 없을 것이다."[6]

공자는 "군자는 널리 문文을 배우고, 예로써 요약한다면 (도에서) 어긋나지 않을 것이다."[7]고 하였고, 안연 또한 경탄하여 "공자께서는 차

之文也 詩書禮樂 人之文也 然天以氣 地以形 人則以道. 이승환, 「동양의 학문과 인문정신」, 『지식의 지평2:인문정신과 인문학』, 아카넷, 2007, 29쪽에서 재인용.

3. 『논어』 7:17. 子所雅言 詩書執禮 皆雅言也.

4. 『논어』 2:21 및 14:43.

5. 『논어』 8:8. 子曰 興於詩 立於禮 成於樂.

6. 『논어』 7:16. 子曰 加我數年 五十以學易 可以無大過矣.

7. 『논어』 6:26. 子曰: 君子博學於文 約之以禮 亦可以弗畔矣夫.

근차근히 사람을 잘 이끄시고, 문으로 나를 넓혀주시고, 예로서 나의 행동을 단속해 주셨다."[8]고 말했다. 여기서 문文이란 바로 『시』·『서』·『예』·『악』·『역』의 문(글)을 말한다. 그래서 사마천은 "공자는 『시』·『서』·『예』·『악』을 산정하고, 만년에 『역』을 좋아했다. 『시』·『서』·『예』·『악』으로 가르쳤는데, 몸소 육예六藝에 통달한 자만 72명이었다."고 하겠다.[9] 그렇다면 이제 공자는 『시』·『서』·『예』·『악』·『역』을 통해 어떻게 제자들에게 인문적인 소양을 가르쳐 인간적인 도리를 다할 수 있도록 가르쳤는지 살펴보자.

『시』교육

먼저 공자는 '시詩'란 읊조리는 사이에 정서가 감발·조절되고 마음의 변혁을 가져와서 도덕실천의 기초가 형성되며, 또한 『시』의 구절들은 인간의 성정을 바로 잡아 사악한 생각이 일어나지 않게 한다고 생각했다.[10] 그리고 시란 인간들 간의 소통의 기제로 작용하기 때문에, "사람으로서 시를 배우지 않으면, 마치 담장을 맞대고 대립하고 있는 것과 같다."[11]고 말한다. 요컨대 "시를 배우면 흥을 일으켜 보고, 어울

---

8. 『논어』 9:10. 顏淵 喟然歎曰夫子 循循然善誘人 博我以文 約我以禮.

9. 『사기』 「공자세가」 退而脩詩書禮樂, 弟子彌眾… 孔子晚而喜易 序彖 系象 說卦文言 以詩書禮樂教, 弟子蓋三千焉, 身通六藝者七十有二人.

10. 『논어』 2:2. 子曰 詩三百 一言以蔽之 曰思無邪.

11. 『논어』 17:10. 子謂伯魚曰 女爲周南召南矣乎 人而不爲周南召南 其猶正牆面而立也與.

리고, 원망할 수 있게 하여, 가까이로는 부모와 멀리로는 임금을 섬
길 수 있게 하며, 나아가 자연에 대한 다양한 상식을 알게 되어"[12] "정
치를 맡기면 통달하고, 사방에 사신으로 가면 독자적으로 응대할 능
력을 배양시켜 준다."[13] 그래서 주자는 『시경』을 시문학과 정치학의 교
과서라고 말하면서, "시는 사람의 감정에 근본을 두고, 사물의 이치를
갖추고, 풍속의 성쇠를 체험하고 정치의 득실을 알 수 있게 해준다.
그 말은 온후·화평하며 비유로 깨우쳐주기 때문에, 외우는 자는 반
드시 정치에 통달하고 대화할 수 있다. 시에서 얻은 것이 있으면 틀림
없이 응대하고 대화할 때 완곡·화평하게 된다."[14]고 주석하였다.

·

『서』교육

공자의 『서』 찬술에 대해서는 다음과 같은 기록이 전하고 있다.

『역』에서는 '황하에서 도圖가 나오고, 낙수에서 『서書』가 나오니, 성인
이 그것을 본받았다.'고 하였다. 그러므로 『서』가 나온 지 오래되었으나,
공자에 이르러 찬술되었다. 위로는 요임금서 시작하여 아래로는 진秦에

---

12. 『논어』 17:9. 子曰 詩可以興 可以觀 可以群 可以怨 邇之事父 遠之事君 多識鳥獸草
木之名.

13. 『논어』 13:5. 子曰 誦詩三百 授之以政不達 使於四方 不能專對 雖多亦奚以爲.

14. 『논어』 13:5에 대한 朱子注.

서 끝나니, 모두 100편으로 「서序」를 짓고 그 지은 뜻을 말하였다.[15]

유교에서 역사서를 강조한 것은 인물과 사건비평을 통해 시비·선악을 판단할 능력을 배양하기 위해서다. 역사서로서 『춘추』가 사건을 기술하였다면(오른쪽 사관은 사건을 기록하였는데, 사건은 기록한 것이 『춘추』이다: 우사기사右史記事 사위춘주事為春秋), 『서』는 왕의 사고辭誥로서(왼쪽 사관은 말을 기록하였는데, 말을 기록한 것이 『상서』이다: 좌사기언左史記言 언위상서言為尚書) 정치의 기강紀綱이 된다. 『논어』에는 공자가 『서』를 인용한 구절이 있지만, 그것을 배우는 목적은 말하지 않았다. 다만 『예기』에 따르면, 공자는 "옛 것을 알아 소통하게 하는 것이 『서』의 가르침이다."고 했다.[16] 이런 이유에서 다산 정약용은 자신의 『서』에 관한 저작을 『상서지원록尚書知遠錄』(1811년)이라 명명하고, 다음과 같이 말한다.

『서』의 자구를 새기는 것은 옛날 제왕의 정사를 아는 것으로 귀결된다. 알아서 무엇을 하겠다는 말인가? 오늘날 시행하고 한다. 오늘날에 합당하지 않다면 어떻게 해야 할까? 제대로 통찰하지 못했기 때문에 합당하지 않은 것이지, 제대로 통찰하기만 한다면 지금은 옛날과 같다.[17]

---

15. 『한서』 「예문지」. 易日 河出圖 洛出書 聖人則之 故書之所起 遠矣 至孔子 纂焉 上斷
  於堯 下訖於秦 凡百編 而爲之序 言其作意.

16. 『예기』 「經解」 공자日 疏通知遠, 書教也.

17. 정약용(실시학사경학연구회 편역), 「상서지원록 서설」 『다산의 경학세계』, 한길사,
  2002, 275쪽.

요컨대 『서』란 삼왕오제로 대표되는 성인의 정사를 기록한 것으로 유교정치의 표준(이상)이다. 따라서 이러한 이상정치의 원리를 알아 소통하면 오늘날에 시행할 수 있는 지혜를 얻을 있는데, 이것이 바로 『서』를 배우는 이유라 하겠다.

『예』 · 『악』교육

안연이 인에 대해 질문하자, 공자는 "극기복례가 인의 실천이 된다."고 대답했다.[18] 극기복례가 인의 실천이 된다는 말로 인 · 예의 관계를 살펴보면, 인간됨의 도리로서 인은 도덕 행위의 존재론적 근거이며, 예는 그 근거에서 나온 행위의 표준이다. 사적인 신체적 욕망을 잘 극복하고, 사람(人)과 사람(人)의 관계에서 요구되는 공적인 인간됨의 도리(仁=二人)를 잘 실현할 때 온전한 도덕적 인간이 된다. 이러한 인간됨의 도리를 실천할 때 요구되는 행위의 표준이 바로 예이다. 인간됨의 도리인 인을 실현하는 것은 사적인 신체적 욕망을 조절 · 극복하여, 공적인 도덕규범인 예를 회복하는 것이다.

예는 도덕 행위의 표준이기 때문에 공자는 예에서 일어선다(립어예 立於禮, 부지례무이위립不知禮無以爲立) 혹은 예로써 단속한다(약아이례 約我以禮)고 말하였다. 즉 예란 단순히 옥과 비단 등의 물질적 예우로

---

18. 『논어』12:1. 顔淵問仁 子曰 克己復禮爲仁 一日克己復禮 天下歸仁焉 爲仁由己 而由人乎哉 顔淵曰 請問其目 子曰 非禮勿視 非禮勿聽 非禮勿言 非禮勿動.

그치는 것이 아니라, 자연의 이치를 등급 짓고 법도화한 것으로 사람이 마땅히 따라야 할 의식과 준칙이다. 그래서 예란 인간행위에 합당한 절도와 문식을 규정하여 친소와 도덕의 체득 정도에 따라 인간관계를 구분해 주는 역할을 한다. 도덕행위의 표준이 되는 예에 의거하지 않거나 그 규제를 받지 않으면, 바람직한 덕목마저도 악덕으로 변질될 우려가 있다. 그래서 공자는 다음과 같이 말한다.

"공손하지만 예가 없으면 피곤하고, 신중하지만 예가 없으면 두려워하고, 용감하면서 예가 없으면 난을 일으키고, 정직하면서 예가 없으면 급급하다."[19]

그런데 행위의 표준으로서 예가 친소 및 도덕의 체득 정도에 따라 인간을 구분한다면, 그 구분된 인간관계를 통합하기 위해서는 조화가 필요하다. 악이 바로 그러한 통합과 조화의 역할을 담당한다. 요컨대 조화를 본질로 하는 악이란 구분된 인간관계를 조화시켜 윤리와 통하는 것이다.[20] 유가에 따르면, "선왕이 예악을 제정한 것은 신체적 욕망을 지극히 하려는 것이 아니라, 백성들에게 장차 좋아함과 싫어함을 화평하게 하도록 가르쳐, 인도의 올바름을 회복하도록 한 것이다."[21] 이렇게 예는 인간 행위의 표준을 제시해 주고, 악은 사악하고 더러운

---

19. 『논어』 8:2. 子曰 恭而無禮則勞 愼而無禮則葸 勇而無禮則亂 直而無禮則絞

20. 『예기』 「樂記」, 樂者 通倫理者也.

21. 『예기』 「樂記」, 是故先王之制禮樂者也 非極口腹耳目之欲也 將以敎民平好惡 而反人道之正也.

성정을 씻어 내고 인의가 더욱 완숙하고 정밀해져서 인도의 올바름을 회복하게 해주기 때문에 공자는 "예에서 일어서고, 악에서 완성된다."(8:8)고 말했다.

『역』교육

공자는 말년에 『역』을 좋아하여 다음과 같이 말하였다.

"만일 내가 몇 년을 살아서 끝내 『역』을 배울 수 있다면, 큰 허물은 없을 것이다."[22]

이에 대해 주자는 "『역』을 배우면 길흉·소장의 이치와 진퇴·존망의 도에 밝아져"[23] 허물이 없어질 것이라고 주석한다. 『역』은 시·공적 상황에서 알맞고 바른 도리(중정지도中正之道)를 가르쳐 준다. 불완전한 사람은 누구나 중정의 도리에 맞지 않아, 과오나 잘못을 범할 수 있다. 그런데 과오에 대한 태도에서 화복·길흉이 엇갈린다. 다산은 과오가 있을 때, 뉘우쳐(회悔) 자신을 채찍질하여(개改=己+攵) 신속

---

22. 『논어』7:16. 子曰 加我數年 五十以學易 可以無大過矣. 여기서 '五十'에 대한 해석에서 고주와 다산은 원문에 오류가 없다고 말하여, "내 나이에 수년을 더하면 쉰이 되니"라고 해석했지만, 주자는 『사기』를 참조하여, '卒'로 해석하였는데, 주자를 따랐다.

23. 『논어』7:16에 대한 朱子注.

하게 올바르게 고칠 때 복이 오고 길하며, 그 반대일 때 즉 과오를 고치는데 인색하여 남을 탓하면서 말을 꾸미고 변명만 일삼을 때(린홈=문文+구口: 입으로 꾸밈) 화가 오고 흉하다고 말한다. 그래서 다산은 "『역』이라는 책은 후회(悔)와 인색(吝)이 핵심이다. 후회란 과오를 고치는 것이고, 인색은 과오를 고치지 않는 것이다(후회할 줄 아는 능력이 있으면, 허물을 고치는 데 인색하지 않게 된다) 그러므로 '『역』을 배우면, 큰 허물은 없을 것이다'라고 말하였다."[24]고 주석했다. 요컨대 변화의 이치를 제시한 『역』은 시 · 공간상 변화하는 가운데 중정의 의리를 알게 해줌으로써 허물이 없게 하여, 자기완성 할 수 있도록 가르쳐주는 것을 목표로 한다. 이것이 바로 공자가 『역』을 좋아하고, 가르친 이유라고 할 수 있다.

이렇게 공자는 『시』 · 『서』 · 『예』 · 『악』 · 『역』이라고 하는 이른바 인문학교과를 산정 · 개발하여, 제자들로 하여금 각자 인간의 도리를 실천하여 인간다운 인간이 되도록 가르쳤다. 이외에도 『논어』에 따르면, 공자는 문文 · 행行 · 충忠 · 신信의 네 과목(공문사과孔門四科)으로 가르쳐, 제자들로 하여금 각각 덕행 · 언어 · 정사 · 문학 등에 장점이 있도록 하였다.[25] 공자의 이리한 교육은 『시』 · 『서』 · 『예』 · 『악』 · 『역』의 가르침과 방법 및 그 공효를 다르게 표현한 것이지, 이와 별개로 다른 교육이 있었다고 생각되지는 않는다. 이제 마무리 한다는 의미에서, 공자는 인문주의를 주창하고, 인문학으로서 『시』 · 『서』 · 『예』 ·

---

24. 정약용(이지형 역), 『논어고금주』2, 사암, 2010, 202−7쪽.

25. 『논어』7:24. 子以四教 文行忠信 및 11:2. 德行 顔淵閔子騫冉伯牛仲弓 言語 宰我 子貢 政事 冉有季路 文學 子游子夏 참조.

『악』・『역』을 교육하면서, 어떤 세계를 주창하였는지에 대해 질문해 보자.

이에 대해서는『논어』에 나타나 있는 공자의 "유교무류有敎無類"[26]라는 말이 그 해답을 주고 있다. 이 구절은 일반적으로 "속수이상의 예를 행하면, 나는 일찍이 가르쳐 주지 않은 적이 없다.[27]는 구절과 연관하여 "가르침에 있어서는 유(차별差別, 구별區別)가 없다."고 많이 해석하여, 공자가 신분에 차별을 두지 않고 보통 교육을 실시했다는 전거로 인용되어 왔다. 예컨대, 고주인『논어주소』에는 "누구나 가르쳤고, (가르침에는) 종류의 구별이 없었다"로, 그리고 현대 양백준은 "사람들마다 교육을 받는데 구별이 없었다"로, 그리고 이택후는 "학생을 가르치는데 구별하지 않았다"고 주석하고 있다. 그러나 이는 잘못된 해석이다.[28]

대표적인『논어』주석가인 주자는 이 구절을 자신의 심성론인 본연지성本然之性과 기질지성氣質之性이라는 도식에 의해 해설하고 있다. 즉 가르침이란 기질에 타재墮在되어 있는 선한 본연지성을 회복하여 성인이 되는 것인데, 가르침을 받아 본연지성을 회복하면 선악의 구별이 없어진다는 것이다. 그리고 다산 정약용은 유類를 신분상의 귀・천과 원근상의 문명・야만의 구별로 이해한다. 즉 가르침이 있으면 가르치기 전에 구분되었던 귀함과 천함, 문명과 야만의 구분이 없어진

26.『논어』15:38, 子曰 有敎無類.

27.『논어』7:7. 子曰 自行束脩以上 吾未嘗無誨焉.

28. 이에 대한 상세한 논증으로는 다음을 참조. 이중톈(심규호 역),『백가쟁명』, 에버리치올딩스, 2010, 78~80쪽.

다는 것이다.

비록 다산은 인성에는 구분이 없기 때문에 인성은 종류로 나눌 수 없다고 말하여 주자의 해석을 비판하고 있지만, 두 사람의 해석 모두 나름으로 일리가 있다. 말하자면, 이 구절에 대해 주자는 "가르침이 온전히 시행되면, 현상적으로 나타났던 선인·악인의 구별이 없어져서 모두가 온전한 성인이 된다"고 해석하고 있는 셈이다. 이에 반해 다산은 "가르침이 온전히 시행되면, 모두가 성인이 되기 때문에 그 이전에 구분되어 사회에 존재하였던 귀·천과 화·이와 같은 차별은 없어지게 된다"고 해석하고 있다. 예컨대 가르침이 완전히 시행되어 개별적으로 우리 모두가 온전한 인간(성인)이 된다면, 그 이전에 구분되었던 선인과 악인 혹은 귀천과 화이와 같은 그 어떠한 차별이 없는 조화로운(화이부동和而不同) 사회가 구현된다는 것이다. 이 점과 연관하여 이중텐은 다음과 같이 말하고 있다.

교육을 통해 차별을 해소한다는 것은 참으로 대단한 구상이다. 그렇기 때문에 우리는 공자를 중국 역사상 가장 위대한 교육가로 칭송하는 것이다.[29]

그렇다면 공자가 지향한 인문학 교육의 목표는 모두가 선한 인간의 본성을 자각하여 그 본성으로 자신을 완성하여 각자 온전한 인간이 되게 하며, 나아가 사회는 (선·악, 귀·천, 화·이 등과 같은) 차별이

---

29. 이중텐(심규호 역), 『백가쟁명』, 80쪽.

없는 화평한 사회를 구현하는 것이다. 바로 모두가 성인이 되어 차별이 없는 조화로운 사회, 바로 이것이 공자가 추구한 인문주의 이념이자, 인문학의 목표라고 하겠다.

2장

맹자, 유교 심성론의 정립:
현상학적 심리학의 단초

맹자의 생애[1]

『사기』「열전」에서 말했다. 맹가孟軻는 추나라 사람이다. (공자의 손자인) 자사子思의 문인에게 수업하여, 도가 이미 통달했다. 제齊나라 선왕宣王에게 유세하였지만 선왕이 등용하지 못했고, 양나라로 갔지만 양粱나라 혜왕惠王은 말한 바를 과단하지 못했으니, 우원하고 사정에 어둡다고 여겨졌음을 알 수 있다. 당시의 시세는 진秦나라는 상앙商鞅을 등용하고, 초楚 · 위魏나라는 오기吳起를 등용하고, 제齊나라는 손자孫子 · 전기田忌를 등용하여, 천하가 바야흐로 합종연행에 힘써 정벌을 현명한 것으로 여겼다. 그렇지만 맹가는 당우唐虞 · 삼대三代의 덕을 설명하니 따르는 바가 부합하지 않자, 물러나 만장과 같은 문도 萬章之徒들과『시』·『서』를 순서 짓고, 공자의 뜻을 찬술하여『맹자』7편을 지었다.

한유韓愈, 768~824가 말했다. 요임금은 도통을 순임금에게 전했고, 순임금은 우임금에게 전했고, 우임금은 탕임금에게 전했고, 탕임금은 문왕 · 무왕 · 주공에게 전했고, 문왕 · 무왕 · 주공은 공자에게 전했고, 공자는 맹가에게 전했다. 맹가가 죽자 도통이 전해지지 못했다. 순자와 양웅揚雄이 (유교의 도통을) 가려냈지만 정밀하지 못했고, 말

---

1. 맹자와 『맹자』에 대한 가장 잘 기술한 것으로 인정되는 주자의 『맹자집주』「서설」을 옮긴 것이다.

은 하였지만 상세하지는 못했다.

또 말했다. 맹자는 순후한 중에서도 순후하였지만, 순자와 양웅은 크게 순후했지만 작은 하자가 있었다.

또 말했다. 공자의 도는 크고 능히 넓어, 문하의 제자들이 전체를 살피거나 전부를 알 수는 없었다. 그러므로 배웠다고 할지라도 모두 그 성향으로 가까운 것만 터득했고, 그 후 흩어져 제후의 나라에 나누어 거처하면서, 각각 그 할 줄 하는 것만 제자들에게 전수하여, 근원에서 멀어지니 말단은 더욱 갈라졌다. 오직 맹자만 자사를 스승으로 하였는데, 자사의 학문은 증자에게 나왔으니, 공자가 돌아가신 뒤에 오직 맹자만 그 종지를 얻었다. 그러므로 성인의 도를 보고·추구하려는 사람은 반드시 맹자로부터 시작해야 한다.

또 말했다. 양웅은 "옛날에 양주·묵적이 길을 막으니, 맹자가 물리쳐 훤하게 열어 놓은 듯했다. 대저 양주·묵적의 도가 행해지면 바른 도가 폐해진다. 맹자는 비록 현성賢聖이었지만 지위를 얻지 못하여 공허한 말이 되어 시행됨이 없었으니, 비록 절실하나 무엇에 도움이 되었겠는가? 그러나 그 말에 의뢰하여 오늘날 배우는 사람이 오히려 공자를 종주 삼고 인의仁義를 숭상하고, 왕도를 귀하게 여기고 패도를 천하게 여길 줄 알뿐이다. 그 위대한 원리와 법칙이 모두 망실되어 구할 수 없고, 괴멸되어 수집할 수 없으니, 이른 바 1,000~100에 10~1이 보존되어 있으니, 어디에 훤하게 열어놓은 것이 있겠는가? 그러나 오히려 맹자가 없었다면 모두가 (오랑캐처럼) 왼쪽으로 옷깃을 하고 오랑캐 말을 하였을 것이다. 그러므로 내가 일찍이 맹자를 추존하여, 공로가 우임금 아래에 있지 않다고 한 것은 이 때문이다."고 하였다.

어떤 사람이 정자程子에게 "맹자를 도리어 성인聖人이라고 말할 수 없습니까?"라고 물었다. 정자가 말했다. "감히 곧바로 성인이라 말할 수는 없지만, 학문은 이미 지극한 곳에 도달하였다."

정자가 또 말했다. 맹자는 성인의 문하에 공이 있으니, 이루 다 말할 수 없다. 공자는 다만 하나의 '인仁'자만을 설파했지만 맹자는 입을 열면 곧 '인의仁義'를 설파했으며, 공자는 다만 하나의 지志를 설파했지만 맹자는 수도 없이 양기養氣를 설파했으니, 다만 이 두 글자(의義와 양氣)가 그 공이 심히 크다.

또 말했다. 맹자는 세상에 큰 공이 있으니 그 성선性善(인간의 본성은 선하다)을 말한 것이다.

또 말했다. 맹자의 성선·양기의 논설은 모두 이전의 성인들이 아직 밝히지 못한 것이다.

정자가 또 말했다. 배우는 사람은 시대를 온전해 인식할 필요가 있으니, 시대를 인식하지 못하면 배웠다라고 말하기에 부족하다. 안자顔子가 누추한 거리에서도 스스로 즐거워한 것은 공자가 계셨기 때문이고, 맹자의 시대라면 세상에 이미 (공자와 같은) 인물이 없었으니, 어찌 도로써 자임하지 않을 수 있었겠는가?"

또 말했다. 맹자는 약간의 영기英氣가 있었으니, 조금이라도 영기가 있으면 곧 규각圭角이 있다. 영기는 일을 심하게 해치니, 안자顔子의 경우 혼후渾厚하여 맹자와 같지 않았다. 안자는 성인을 본받아 거리가 다만 털끝만한 사이였고, 맹자는 대현大賢이니 아성亞聖의 다음이다. 어떤 사람이 "영기는 어느 곳에 나타나는가?" 하고 물으니, 말하였다. 다만 공자의 언명으로 비교하면 곧 알 수 있다. 예컨대 얼음과 수정도 빛나지 않는 것은 아니지만, 옥에 비교하면, 옥은 자연히 온윤·함축한 기상이 있고, 허다한 광휘가 없는 것과 같다.

양시楊時가 말했다. 『맹자』한 책은 다만 사람의 마음을 바로잡고자 하였는데, 사람들에게 마음을 보존하고(존심存心)·본성을 길러(양성養性) 그 잃어버린 마음(방심放心)을 거두는 것을 가르치는 것이다. 인의예지를 논함에 이르러서는 측은·수오·사양·시비의 마음으로 단서로 삼았다. 사악한 학설의 폐해를 논함에는 그 마음에서 생겨나서 그 정치를 해친다고 했다. 인군 섬김事君을 논하는 데에서는 인군 마음의 그릇됨을 바로 잡아야 하니, 한 번 인군을 바르게 하면 나라가 안정된다고 하였다. 온갖 변화가 다만 마음을 쫓아 나오니, 사람이 능히 마음을 바로잡으면 일은 자연적으로 이루어진다. 『대학』의 수신·제가·치국·평천하는 그 근본이 다만 이 정심正心·성의誠意일 뿐이다. 마음이 그 바름을 얻은 이후에 성性의 선함을 알게 된다. 그러므로 맹자는 만나는 사람마다 곧바로 성선을 말했다. 그런데 구양수歐陽脩는 도리어 성인이 사람을 가르칠 때에 성性은 우선이 아니었다고 하였으니, 잘못이라 하겠다. 인성人性 위에는 그 어떠한 것이라도 첨가할 수 없으니, 요순이 만세의 사법이 된 근거도 또한 이 성을 따랐을 뿐이다. 이른바 성에 따른다(솔성率性)는 것은 곧 하늘의 이치를 따른다(순천리循天理)는 것이다. 그 밖의 계책을 쓰고 술수를 써서 설령 공업을 얻어 세운다고 할지라도, 단지 인욕의 사사로움일 뿐, 성현의 작처作處와는 천지간처럼 현격한 차이가 된다.

『맹자』는 유교 심성론心性論의 전형이 가장 잘 드러나 있는 텍스트로 현대 후설E. Husserl이 제창한 현상학적 사유의 단초가 잘 나타나 있으며, 나아가 마음의 본성 혹은 마음의 이치를 탐구하는 '현상학적 심리학'으로 재구성될 수 있는 많은 소재를 지니고 있다.

맹자는 당시 양 극단인 개별적인 생물학적 몸의 보존에만 주의를 기울이고 인륜성을 무시한 양주楊朱의 위아주의爲我主義와 전체적인 효용성만 강조하고 개별적인 내면성에 대해서는 관심을 기울이지 않은 묵적墨翟의 겸애주의兼愛主義를 비판하고, 공자의 인륜적 이념인 인仁과 위기지학爲己之學[1]을 발전적으로 계승하여 유교 심성론을 최초로 정

---

1. 여기서 '爲己之學(자기를 정립하는 학문)'이란 'self-realization'으로 영역되는 말로, 남을 위하는 학문 혹은 이익을 탐구하는 학문으로서 '爲人之學'과 구별되는 개념이다. 이 양자 간의 차이는 『논어』 14:25의 "古之學者 爲己 今之學者 爲人" 및 15:20의 "君子求諸己 小人求諸人"과 같은 구절에 잘 나타나 있다.

립하였다. 맹자는 인간 마음은 선천적으로 동일한 본성(심지소동연자心之所同然者)을 지니고 태어났기에, 성인聖人인 요순堯舜마저도 우리와 같은 본성을 지닌 동류라고 주장한다. 맹자는 동류로서 모든 인간이 타고난 본성의 동일성을 주장·정당화하기 위해 도처에서 인간 마음의 본성을 확인·규정·실현하기 위한 학문론(구방심지학求放心之學)과 존심存心·양성養性의 수양론을 역설했다. 바로 여기에 후설의 현상학적 사유의 맹아가 나타나며, 이 관점을 '재구성'reconstruction하면 현대 주도적인 물리주의(혹은 유물론)적 심리철학을 극복할 단초가 나타나며, 이는 21세기적 현재 상황에서도 인간마음에 대한 올바른 관점으로서 통용될 수 있다고 생각된다. 이러한 우리의 생각을 좀 더 구체적으로 진술하면 다음과 같다.

첫째, 맹자는 마음의 본성과 연관하여 당시 다양하게 제기되었던 생물학적·자연주의적 무성론無性論(자연적인 생물학적 몸이 인간을 인간답게 하는 것이다: 생지위성生之謂性) 및 환경주의(환경의 영향으로 인간은 선하게 혹은 악하게 된다) 등을 비판하면서, 인간 마음의 고유 본성을 정립하였다. 맹자의 이 과제는 현대 실험심리학의 맹점을 비판하면서 마음(의식)의 본성을 확인해 주는 제일심리학(현상학적 심리학)을 주장한 후설의 과제와 내용상 일치할 뿐만 아니라, 그 탐구방법에서도 유사성을 보이고 있다. 후설은 인간마음의 탐구에서 자연과학의 방법론을 원용하여 제3자적 실험·관찰을 통해 수리화·법칙화를 시도하는 자연주의적 실증 심리학으로는 마음의 본성(이치)을 탐구할 수 없다고 주장하면서, '현상학적' 방법을 통해 마음의 본성을 해명하여 그것을 모든 심리학의 토대학 혹은 '심리학'psychology이란 말의 원의에 충실하게 '심적인 것'psyche의 '이치'logos를 제시하는 제일 심리학으로 정립하려고 했다. 후설의 이 이념은 마음의 본성을 정립하고자 한 맹자 심성론의 과제와 일치한다.

둘째, 현대 현상학의 관점에서 판단하면, 맹자의 심성론은 그 자체 올바른 문제설정이지만 방법론적인 측면에서 볼 때 미발달된 단초를 지니며, 이 단초는 현상학적 방법론으로 재구성할 때 그 참된 의미가 선명하게 부각될 수 있다. 우리는 여기서 현대철학 가운데 현상학적 방법이 마음의 본성을 온전하게 해명한 것으로 간주하며, 맹자의 관점은 현상학적으로 재구성될 수 있는 잠재성을 충분히 지니고 있다고 주장하려고 한다.

셋째, 맹자의 심성론은 마음에 대한 올바른 문제설정으로서 그 잠재성을 여전히 지닌 입장이고, 이를 재구성하면 현행 주도적인 물리주의 혹은 유물론적 심리철학을 극복할 수 있는 현대적 의미를 지닌다. 즉 현행 주도적인 마음의 철학(물리주의)은 "실재적인 것은 물리계 내에서 인과적인 역할을 하는 것이다"고 전제하고, 마음을 물리적인 것으로 환원·제거·수반시키는 바, 이 입장은 현재 마음의 본성 해명과 연관하여 큰 난관에 봉착하고 있다. 우리는 현대 심리철학이 봉착하고 있는 난관은 마음의 고유 본성을 정립한 맹자적인 관점에서 접근할 때 극복의 단서가 발견된다고 주장할 것이다.

1. 반성과 환원

　도대체 인간 마음의 본성이란 무엇이며, 어떻게 확인하고 무엇으로 정의할 수 있을까? 일견 단순해 보이는 이 질문에 대하여 철학사에서는 마음의 본성을 바라보는 입장과 방법에 따라 여러 대답이 있어왔다. 전통 서양철학에서는 "X란 무엇인가?"라는 형식의 본질물음에 대하여 크게 두 가지 입장, 즉 실체론substance theory과 현상론phenomenalism, bundle theory이 있다.

　버클리J. Berkeley와 흄D. Hume으로 대표되는 현상론자들에 따르면, '존재는 지각된 것'에 불과하기 때문에 어떤 'X'란 공존하는 속성들의 총합에 지나지 않는다. 이 입장에 따르면, 무엇(예컨대, 토마토)이란 어떤 시 · 공간상에서 우리 감관에 지각된 것들(둥글, 붉음, 매끄러움 등등)의 총합에 지나지 않는다. 우리가 '마음' 혹은 '자아'라고 하는 것 또한 현상론의 완성자인 흄이 볼 때는 예외는 아니다. 즉 흄은 물체나 동식물에 적용되는 동일성의 개념을 마음에도 그대로 적용하면서, 책상 위의 연필을 포착하듯이 마음을 포착할 수 없었다고 고백한다. 요컨대 보편자에 대한 유명론nominalism의 입장을 취하는 현상론자들에게, 마음이란 "수다한 지각들이 계기적으로 출현하는 일종의 극장"[1]이며, 따라서 "영혼이란 구성원과 법제까지 변했어도, 여전히 동일성을 유지한다고 우리가 착각하는 공화국과 같은 것"[2]에 불과하다.

플라톤—아리스토텔레스와 중세 철학자들, 그리고 17~18세기의 합리론자들이 주장한 실체론에서 그 '무엇'이란 그것이 지닌 속성 그 '이상'의 무엇이다. 즉 실체론자들은 '변화로부터의 논증'argument from changes을 통해서, 어떤 것의 속성이 변함에도 불구하고 그 변화과정에서 독립 · 불변하는 실체가 그 무엇을 최종적으로 결정짓는다definition고 생각한다. 이 입장을 인간에게 적용하면 이원론적 인간관으로 연결되며, (연장을 지니고 변화하는 신체와 대비되는) 마음이란 사유를 본성으로 하는 불변의 실체로서 확인된다. 데카르트의 다음 진술은 그 전형이다.

한편으로 나는 사유하지만 연장延長적이지 않는 존재인 한에서 나 자신에 대한 명석 · 판명한 관념을 지니고 있다. 다른 한편 나는 연장적이지만 사유하지 못하는 존재인 한에서 신체에 대한 판명한 관념을 갖는다. 따라서 나는 나의 신체와 실제로 구분되고 신체 없이도 존재할 수

1. D. Hume, A Treatise of Human Nature, reprinted from the Original Edition by L.A. Selby—Bigge, the Clarendon Press, 1968, p.253.
2. D. Hume, 앞의 책, p.261 참조.

있다는 것이 확실하다.[3]

마음의 본성과 연관하여 제기된 두 입장, 즉 현상론과 실체론에 대하여 다음과 같은 딜레마를 설정해 보자.

만일 우리가 마음의 본성을 감관을 통해 관찰 가능한 사실로 확인하고자 한다면, 그 본성을 찾는 작업은 마치 깊은 심연 속에 빠진 바늘을 찾는 것처럼 지난한 것이 되고 말 것이다. 따라서 이 입장을 견지한다면 필경 현대 물리주의적 심리철학이 내리고 있는 결론처럼, 마음은 뇌세포의 활동으로 환원되거나 혹은 인과적으로 무기력한 것으로 치부하여 물리적인 신체에 수반되는 것 혹은 제거될 운명에 처해질 수밖에 없을 것이다.

다른 한편, 만일 우리가 변화로부터의 논증을 채택하여 마음의 본성을 실체론적으로 정립한다면, 그 본성은 마치 비트겐슈타인의 「상자 속의 딱정벌레」처럼 사적인 영역의 것으로 간주되어, 필경 통약 불가능한 것이 되고 말 것이다.[4]

게다가 우리의 일상어에서 살필 수 있듯이 생로병사를 겪는 신체를 떠난 마음(신체 없는 영혼)이란 어딘가 모르게 일종의 '귀신'이라는 느낌을 준다. 그리고 마음과 분리된 신체(영혼 없는 신체)는 시체이거나

3. R. Descartes, "Meditation on First Philosophy", The Philosophical Work of Descartes, vol I, trans. by E. S. Haldane & G. R. T. Ross, Cambridge Univ Press, 1911, p. 105.

4. L. Wittgenstein, Philosophical Investigation, trans, G.E.M. Anscombe, Oxford:Blackwell, 1953, sec. 293.

기껏해야 육체라고 하겠다. 이러한 양극단에 대한 이해를 바탕으로 하여 이제 관심사인 맹자가 마음의 본성(심성)을 어떻게 확인·정립했는지에 대해 살펴보자.

마음의 자기-반성과 그 본성의 정립

일언이폐지하면, 맹자는 우선 마음의 본성을 감관(감성적 직관)을 통해 대상적·사실적인 것으로 확인하지 않았다. 즉 맹자는 감관(이목지관耳目之官: 소체小體)이란 외적 사물을 인식하는 통로인 지각수단에 불과하고, (마음과 다르게) 반성적 사유능력(사思)을 결여하고 있기 때문에 외물이 유인하면 끌려 다니고, 마음과 그 본성을 반성적으로 이해할 수 없다고 간주한다. 게다가 맹자는 심성을 '변화로부터 논증'을 통해 불변적인 것으로 정립하지도 않았다. 요컨대 그는 마음의 본성을 불변적으로 지속하는 것이 아니라, '구하면 자득하고 놓으면 잃는' 실존적 과정에 있는 것으로 묘사한다. 그렇다면 이제 우리는 맹자가 마음의 본성을 어떻게 이해했는지, 그의 전략을 추적해 보도록 하자.

맹자는 마음의 본성을 마음의 자기-반성[5]을 통해 구성하고 있다고 말할 수 있다. 바로 이 점에서 맹자의 심성에 대한 관점은 인식 대상

---

5. '자기-반성'이란 『맹자』에서 '反思'의 의미로 사용된 '思'자에 대한 우리의 해석이다. 梁澤波의 조사에 의하면 『맹자』에서 '思'자는 총27회 나온다. 語詞, 思慮, 反思 등으로 사용되었는데, 심성과 연관해서 말할 때는 항상 '反思'의 의미로 사용되었다. 梁澤波, 『孟子性善論研究』, 中國社會科學博士論文文庫, 中國社會科學出版社, 1996, 111面.

으로 관찰되는 것이 아니라, 마땅히 「인식의 가능성 조건」을 다루는 칸트−후설식의 선험철학과 맥락과 같이 한다. 맹자는 ① 마음의 본성을 먼저 감관을 통해 경험적 관찰에 의해 확인하는 것에 반대하고, 마음의 자기−반성을 통해 구성된다고 생각했으며, ② 사적private이어서 통약 불가능한 독거적 실체가 아니라, 상호 유적인 것으로서 타인에 대한 동정심으로 발현된다고 주장한다. 이러한 우리의 해석은 맹자의 다음 언명에 근거한다.

인仁은 사람 마음이며, 의義는 사람의 길이다. 그 길을 버리고 따르지 않고 그 마음을 잃고는 구할 줄 모르니 슬프다. 사람들은 닭과 개가 도망가면 찾을 줄 알면서도 마음을 구할 줄은 모른다. 학문의 길은 다른 곳에 있는 것이 아니라, 그 잃어버린 마음을 구하는 것일 따름이다 …… 손가락이 남과 같지 않으면 싫어할 줄 알면서도, 마음이 남과 같지 않으면 싫어할 줄 모르니 이를 일러 유類를 알지 못한다고 한다……. 잘 기르고 잘못 기르는 것을 상고하는 근거는 어찌 다른 곳에 있겠는가? 자기에게서 취할 따름이다. 몸에는 귀·천과 대·소가 있으니, 작은 것으로 큰 것을 해치지 말고, 천한 것으로 귀한 것을 해치지 말며, 그 작은 것을 기르는 자는 소인이 되고, 그 큰 것을 기르는 자는 대인이 된다 …… 음식을 밝히는 사람은 사람들이 천하게 여기니, 작은 것을 기르고 큰 것을 잃기 때문이다 …… 귀와 눈(오관五官 전체)은 사유(사思)하지 못하여 사물에 가리어지니, (외부) 사물이 이 물(오관)과 교차하면, (오관이 외부의) 사물에 끌려갈 따름이다. 마음은 생각할 수 있으니, 사유하면 얻고, 사유하지 않으면 얻지 못한다. 이는 하늘(天)이 우리 인간에게 부여한 것이니 먼저 그 큰 것에 정립한다면 그 작은 것이 빼앗지 못할 것이니, 이것이 대인大人이 되게 한다.[6]

여기서 맹자는 ① 두 가지 인식 기관이 있는데 하나는 신체적 감관(오관:이목지관耳目之官)이고, 다른 하나는 마음(심지관心之官)이라고 말한다. ② 신체적 감관은 반성적 사유능력이 없기 때문에 외물에 가려 산란하기 쉽지만, 마음은 선천적으로 반성적 사유 능력을 지니고 고유본성을 확인·회복·정립할 수 있다. ③ 마음은 그 본성으로 리理·의義 혹은 인의예지를 고유하게 지니고 있다. 따라서 ④ 마음은 자신의 탁월한 사유능력인 반성을 통해서 그 본성을 확인·정립·실현할 수 있는데, 이렇게 하면 우리는 대인이 된다. ⑤ 마음은 반성적 사유를 통하여 구하는 '활동하는 심'과 그 '본성'이라는 이중적인 구조를 지닌다고 말하고 있다.

여기서 맹자가 말하는 소인이란 ① 마음의 본성(인仁)을 잃고서도 구할 줄 모르면서, ② 그 본성에 말미암아 마땅히 가야 하는 길(의義)을 가지 않으며, ③ 밖으로 보이는 신체(예컨대 손가락)가 정상적이지 않으면 싫어할 줄 알지만, 내면의 마음 본성을 잃어 버려도 구할 줄

---

6. 『맹자』 6상:11−15. "孟子曰 仁 人心也 義 人路也 舍其路而不由 放其心而不知求 哀哉 人有鷄犬放 則知求之 有放心而不知求 學問之道 無他 求其放心而已矣 …指不若人 則知惡之 心不若人 則不知惡 此之謂不知類也 … 所以考其善不善者 豈有他哉 於己 取之而已矣 體有貴賤 有小大 無以小害大 無以賤害貴 養其小者爲小人 養其大者爲大人 … 飮食之人 則人賤之矣 爲其養小以失大也 … 曰 耳目之官 不思而蔽於物 物交物 則引之而已矣 心之官則思 思則得之 不思則不得也 此天之所與我者 先立乎其大者 則其小者不能奪也 此爲大人而已矣."

모르고, ④ 감각적인 쾌락을 탐닉하는 사람(식색지인食色之人)이다. 요컨대 소인이란 소체인 '신체적 감각'만을 절대시하는 태도를 취하면서 감각에 소여된 것을 획득하기 하기 위하여 밖으로 달려 나가 외적 사물에 종속됨으로 인하여, 마침내 마음과 그 본성을 잃어버리고 인간됨의 의미를 방기하는 사람이다. 그렇다면 여기서 우리는 이러한 소인의 태도와 그 귀결에 대한 맹자의 비판적 언명은 현대 철학에서 후설이 비판하는 '자연적 태도'와 맥락을 같이 하며, 따라서 후자를 통해 전자를 재구성할 때 그 현대적 의미가 선명하게 부각될 수 있다고 생각한다. 그렇다면 '자연적 태도'란 무엇을 말하는가?

후설의 현상학적 심리학의 이념

후설에 따르면, 자연적 태도란 "우리의 지각과 사유가 오로지(전적으로) 외적 사물만을 지향하는데, (이때에) 이 외적 사물들은 의심할 바 없이 자명하게 존재하는 것(선소여先所與)으로 가정하는 태도"[7]를 지칭한다. 이러한 '자연적 태도'가 바로 현행 주도적인 '과학주의'의 기본 입장이다. 이러한 태도는 플라톤의 「선분의 비유」에 따르면, 눈에 보이는 '가시적 세계(억견과 확률)'에 매몰되어, 지성에 의해 탐구되는 '가지적 세계'를 알지 못하는 것이다. 주지하듯이 분과학문으로서 과학은 고유한 탐구영역에서 그 대상들 간의 상관관계를 인과법칙에 따

---

7. 후설, 『심리학』, 48/125쪽. 앞은 전집판, 뒤는 한국어 번역본의 쪽수를 말한다.

라 설명한다. 즉 과학은 주로 인간 감관에 의존하여 실험과 관찰을 통해 모든 것을 분석하고, 거기서 유효한 법칙을 귀납—가설적인 방법으로 발견하여 유용성을 얻는 것을 목적으로 하는 표상체계이다. 따라서 대상적 인식으로만 존재를 확인하는 과학에서는 그 존재가 비록 대상화하는 관점 자체인 '주체'라고 할지라도 단지 대상으로서만 파악할 수밖에 없다는 것이 과학의 장점이자 한계라 하겠다. 바로 이 점에서 후설은 다음과 같이 말한다.

('자연적 태도'를 취하는 과학에서는) '순수 물리적인 것' 또는 '물질적으로 남게 된 것'만을 관심의 대상으로 삼는다. 이와 같이 순수 물리적인 것만이 주제가 되었을 뿐, '정신적인 것'은 여기서 단지 일종의 오염과 같은 것으로서 제거되어야 할 것으로 취급된다.[8]

그렇다면 이러한 자연적 태도, 즉 과학주의가 무엇이 잘못되었다는 것인가? 현대 과학은 불과 몇 세기만에 그 전의 인류가 이룩해 놓은 모든 문화적 성과를 능가할 정도로 수많은 유용성을 인류에게 가져다주지 않았던가? 그러나 현대과학과 현대문명, 즉 인간해방과 사회의 진보는 또한 인간소외와 자연의 파괴라는 야누스적인 두 얼굴을 지니고 있음이 판명된 지 이미 오래다. 바로 이 점 즉 현대 과학(후설의 용어로 표현하면 유럽학문)의 위기에서 현대인의 위기를 감지하고 이를 극복하는 새로운 학문이념인 '선험 현상학'을 제시한 인물이 바로 후

---

8. 후설, 『심리학』, 54/134쪽.

설이다. 즉 후설은 앞서 인용한바, 현대 과학은 '순수 물리적인 것'만을 추구한 나머지 이 '물리적인 것을 물리적인 것으로' 관찰하는 정신을 일종의 오염과 같은 것으로 간주하고, 단절시켜 버림으로써 인간의 위기가 초래되었다고 주장한다. 요컨대 자연적 태도를 취하는 현대 과학에 대한 후설의 입장은 다음과 같다.

현대 과학은 "'객관적인 것'을 그것 자체로 파악한다"고 주장하지만, 그 '객관적인 것'은 그것을 어떤 방식wie으로 바라보는, 그래서 그것과 불가분 연계되어 있는 '주관적인 것'을 간과한다. 다시 말하면 우리는 두 가지 현실성, 곧 "'객관적인 현실성'과 이 객관적인 것을 주관적인 장에서 소유하거나 획득하는 '경험한다는 현실성'"[9]을 지니고 있지만 과학주의는 오로지 객관적인 것만을 현실성으로 간주한다. 이런 주장을 통해 결국 후설은 "한편으로는 과학주의자들의 이념(순수 객관적인 것의 탐구)을 분명히 밝혀 그 이념이 한갓 추상적인 것에 불과하다는 것을 알리고자 하며, 다른 한편 주관적인 것의 전모"[10] 즉 마음의 본성을 조망하는 것을 자신의 현상학적 심리학의 목표로 삼았다. 바로 이 점에서 우리는 반성 능력이 없는 신체적 감각만을 절대시하는 입장을 비판하고, 외적 대상으로부터 마음으로 회향하여 그 마음의 본성을 찾으려 했던 맹자 심성론은 현대적으로 보면 후설의 현상학적 심리학의 이념과 목표가 정확히 일치한다고 생각한다.

그렇다면 여기서 맹자와 후설의 중요한 철학적 입장을 제시할 수

---

9. 후설, 『심리학』, 127/247쪽.
10. 후설, 『심리학』, 128/255쪽.

있다. 이 양자는 이를테면 외적 대상은 '실재'나 '관념'을 복합 요소적으로 조립한 것이 아니라, 우리의 의식 혹은 마음에 의해 그 의미가 구성Kostitution, Constitution된다는 입장(구성주의)을 취하고 있다는 것이다. 바로 이 점에서 맹자는 '만물은 모두 나에게 갖추어져 있다'[11]고 주장했으며, 후설은 모든 의미창출의 중심으로서 '선험적 자아'를 제시하고, "모든 존재타당성은 우리 자신 안에서 실현되고, 이러한 존재타당성을 정초하는 경험과 이론의 모든 명증성은 우리 자신 내에서 생동적이고, 계속 습관적으로 우리에게 동기부여 하는 것이다."고[12] 했다. 그렇다면 도대체 그 어떠한 대상이지도 않은, 어떤 점에서는 우주 전체인 마음의 본성을 우리는 어떻게 증득할 수 있는 것일까? 앞서 맹자는 신체적 감관을 통해 외적 대상에 몰입하는 것으로부터 회향하여 반성적 사유능력이 있는 마음의 자기-반성을 통해 그 본성을 정립할 수 있다고 말했다. 그렇다면 도대체 자기-반성이란 무엇이며, 무엇이 무엇을 어떻게 확인한다는 말이며, 그것은 감각적 지각과 어떻게 구별되는 것인가?

물리적 신체의 경우에는 감각적 지각으로 파악된다고 하더라도,[13]

---

11. 『맹자』7상:4. 萬物皆備於我矣.

12. "모든 존재타당성은 우리 자신 안에서 실현되고, 이러한 존재타당성을 정초하는 경험과 이론의 모든 명증성은 우리 자신 내에서 생동적이고, 계속 습관적으로 우리에게 동기부여 하는 것이다." 후설, 『심리학』, 332/240.

13. 그런데 후설-사르트르-메를로 퐁티로 이어지는 현상학자들은 우리의 신체마저도 단순히 물리적으로 측량되는 것이 아니라, 지향성을 지니는 말하자면 신체-주관의 의미도 지닌다고 말한다. "인간 혹은 동물의 신체는 이중성 즉 물리적인 외면성과 동시에 영화하는 내면성에서 파악된다." 후설, 『심리학』, 131/261쪽.

마음이 무엇인지 문제가 되는 경우에서 마음이란 언제나 그 자신을 스스로 이해하는 방법밖에 다른 도리가 있을 수 없다. 다시 말하면 심리과학이 제아무리 마음을 과학적으로 관찰하여 그 법칙을 제시한다고 할지라도, 그것은 오직 대상적인 측면에 국한될 뿐, 자기 명증적 자기인식 혹은 실존적 자각의 지평의 마음은 자연계에 속하면서도 자연계를 넘어선다는 점에서 결코 이해하거나 표상할 수 없다. 맹자가 찾고자 한 마음이란 바로 이러한 비대상적ㆍ절대적ㆍ정신적 차원의 것이다. 이러한 차원에서 마음의 자기반성은 주관이 주관밖에 있는 대상을 표상ㆍ모사하는 객관적ㆍ 대상적 인식과는 달리, 인식하는 자도 마음이며 인식되는 자 또한 마음이라고 하는 직접적 자기관계가 형성된다. 바로 여기에 이른바 '해석학적 순환성'die hermeneutische Zirkel 이 성립되는데, 이러한 순환성은 인간 인식의 한계이지만 그 원동력이라 할 수 있다.

 "선천적으로 사유할 능력을 지닌 마음은 자기–반성을 통해 그 본성을 증득할 수 있다"고 하는 맹자의 주장은 바로 이런 맥락에서 이해하여야 할 것이다. 맹자는 곳곳에서 마음의 본성인 "인의예지는 우리가 고유한 것으로, 구하면 얻고 놓으면 잃는다"고 단언하면서 자신의 경우 직관되는 것이며 타인의 경우 지시指示 혹은 직지直指[14]될 수밖에 없다고 말하면서, 구체적인 방법론적 절차에 대해서는 아무런 언급이 없다. 바로 이 점에서 맹자의 방법론은 후설의 현상학적 방법으로 재구성했을 때 그 의미가 현대적으로 선명하게 부각될 수 있다고 생각

---

14. 『맹자』 7상:7 참조.

된다. 왜냐하면 '심리학psychology'이란 말을 그리스적 어원(psyche+logos: 마음의 로고스)에 충실하게 해석하면서, 마음의 형상形相을 찾고자 '현상학적 심리학'을 전개한 후설의 현상학적 심리학의 이념은, 맹자의 입장과 맥락을 같이하면서 그 방법론을 구체적으로 전개해 주고 있기 때문이다. 그런데 후설의 현상학적 방법론(판단중지, 현상학적 환원, 이념화작용, 본질직관, 선험적 환원 등) 전체를 제시하려고 한다면 후설 철학 전체를 망라해야 하기 때문에 관련되는 핵심 어구를 제시하여 그 윤곽만을 소묘한다.

다시 말하지만, 마음의 고유본성을 탐구하기 위하여 후설이 우선적으로 사용한 방법론적 절차는 맹자와 마찬가지로 마음의 '자기-반성'이다. 그런데 후설에게서 반성이란 우선 사물을 바라보는 우리의 시선을 반성을 통해 '외적 대상'으로부터 회향하여 '내재적 · 주관적인 것'으로 시선을 전향하는 것을 말한다. 따라서 그것은 곧 모든 일상적 · 개인적 · 인습적 · 이론적 편견으로부터 자유로워지면서 '외적 존재'를 '마음의 현상'으로 일단 환원하는 조치를 말한다.

내가 이제 이러한 '반성적 태도'를 취함으로써 또한 직접 파악 관조할 수 있는 것은 … '사물 자체'가 독자적인 어떤 것으로 결코 발견할 수 없으며, 그것은 언제나 필연적으로 오직 '주관적인 양상'으로서만 제시되는 자로서 발견할 수 있을 뿐이다.[15]

이렇게 반성을 통해 '외적 대상'을 오직 '주관적인 양상'으로 환원하

---

15. 후설, 『심리학』, 152/298쪽.

는 조치는 밖으로 달려 나가버린 잃어버린 마음을 구하려고 했던 맹자와 같은 맥락에서 이해할 수 있다. 즉 우리는 이러한 마음의 자기반성에 의해서만 감각에 주어지는 외적 대상에 이끌려 다니지 않게 되며, 내면성을 개시할 기반을 얻게 된다. 그래서 후설은 맹자처럼 "외면성의 태도에서 내면성이 은폐되며(放心), 따라서 모든 인식의 모태, 모든 현상하는 객체의 모태를 관조하는 정신의 눈을 열어 보이기 위해서는 (감각적 인식을 절대시하는 태도와는) 전적으로 다른 새로운 태도(반성)를 요구한다"는 사실을 전제하고 나서, 다음과 같이 자신의 이른바 현상학적 심리학을 규정한다. 즉 순수 내면성을 개시하는 학문(구방심지학求放心之學)으로서, 마음의 로고스를 탐구하는

심리학은 '정신의 자기인식'인 바, 우선은 정신의 은폐된 자기존재와 자기 생에 대한 현상학적으로 순화되고 원본적인 '자기관조'라는 형식을 취하고, 다음에는 이러한 경험에 정초된 엄밀한 형식을 취하는 '자기인식'이다.[16]

요컨대 현상학적 심리학은 현상학적 환원과 연관된 태도와 관련된다. 그것은 우선 마음(의식) 외부로부터 유입된 것에 대해 일단 판단을 유보하고(판단중지) 순수 심적인 것만을 탐구대상으로 삼는다(환원). 그리고 이러한 순수 심적인 것에 대해 선천적·형상적·직관적·순수 기술적·지향적 분석을 수행한다. 이렇게 심적인 것을 그것

---

16. 후설, 『심리학』, 193/367쪽.

만으로 직관·기술·분석함으로써 심적 활동noesis의 여러 유형과 구조를 직관하고, 그에 상응하는 대상측면noema을 사실체가 아니라 의미체,즉 심적 활동의 의미내용으로 파악하면, 심리학에 대해 새로운 지평을 제공해 준다. 맹자가 반성을 통해 구하려고 했던 학문은 현대 철학의 맥락에서 볼 때 바로 이러한 후설의 현상학적 방법을 통해 재구성될 수 있을 맹아를 지니고 있다.

2. 유비추리와 순수 마음의 직관

맹자가 확인·정립한 마음의 본성은 신체적인 감각기관을 통해 경험적으로 증명된 사실의 기술이 아니라, 마음의 자기반성에 의해 정립된 일종의 이념규정이다. 즉 그것은 요순과 같은 성인에서부터 길거리의 일반인에 이르기까지 만인에게 고유한 '마음의 같이 그러한 것(심지소연자心之所同然者)'로서, '선천적으로' 궁극 자가 인간에게 부여한 것(천지소여아자天之所與我者)이다. 따라서 맹자가 말하는 마음의 본성은 그 본성을 지니지 않는 한 인간을 제시하는 것으로 반증·부정될 수 있는 '경험적 일반화'가 아니라, "개방적으로 무한한 자유변양에 의한 이념화작용Ideation으로 직관되는 것"[1]으로서 '보편성'을 지닌

---

1. 이는 후설이 '본질직관'이라는 명칭으로 사용한 방법을 요약하여 제시한 것이다. 이에 대해서는 다음을 참조. 『논리연구II』(SS. 235-6), 『엄밀학』(SS. 315-9), 『이념면들II』(SS. 12-7, 159-163), 『성찰』(SS. 103-1-6), 『논리학』(SS. 219-9), 『경험과 판단』(SS. 394-9, 409-43)참조.

다. 그런데 이 방법은 비록 맹자에게서 구체적으로 나타나지 않지만, 맹자는 도처에서 마음의 본성을 '사람은 모두 지니고 있다(인개유지人皆有之)' 혹은 '우리가 본래 지니고 있다(아고유지我固有之)'[2]라는 표현을 쓰고 있다는 통해 확인 할 수 있다. 에임즈R. T. Ames와 같은 학자는 맹자가 말하는 마음의 본성은 단지 '가족유사성family—resemblance'을 지닌 경험적 일반화일 따름이라고 해석하지만,[3] 이러한 해석은 결코 정당화될 수 없다. 왜냐하면 가족유사성을 기준으로 한다면, 인간의 일반적 습성 혹은 인간의 신체적 유사성 또한 인간 본성으로 정립될 수 있기 때문이다.

유비추리

그런데 개방적으로 무한한 자유변양의 이념화작용 및 '본질직관 Wesensanschaung'의 방법에 의해 구성된 마음의 본성은 맹자 자신에게는 자명할 수 있겠지만, 일상인들은 쉽게 납득할 수 없다. 그래서 맹자는 일상인들을 이해할 수 있도록 하기 위하여 몇 가지 예증을 제시한다. 다음은 그 중의 하나이다.

---

2. 이런 표현들은 『맹자』 3상:5, 5상:6, 6상:8, 6상:10, 6상:17, 7상:1, 7상:15 등에 나타난다.

3. R. T. Ames, "The Mencian Conception of Ren Xing 人性 : Does it mean 'Human Nature,'" ed. Henry Rosemount, Jr, Chinese Text and Philosophical Context, Open Court, 1991. p.161.

그러므로 무릇 동류同類하는 것은 대부분 서로 유사하니, 어찌 홀로 사람에 있어서만 의심하겠는가? 성인도 우리와 동류이다 …… 그러므로 말하기를, 입이 맛에 대하여 기호를 같이 함이 있으며, 귀가 소리에 대하여 들음을 같이함이 있으며, 눈이 색에 대하여 아름다움을 같이 함이 있다. 마음만 홀로 같이 그런 바가 없겠는가? 마음의 같이 그러한 것(心之所同然者)이란 무엇인가? 리理·의義를 말한다. 성인은 우리 마음의 같이 그런 것을 먼저 터득했을 따름이다. 그러므로 리·의가 우리 마음을 기쁘게 하는 것은 초식 동물과 곡식 동물이 우리 입을 기쁘게 하는 것과 같다.[4]

맹자는 인간의 '감각적 기호의 공통성'에서 (초감각적인) '마음의 곧통성'을 유비·추론하고 있다. 이에 대해 김형효는 「실재론적 유비개념에 의하여 성선性善의 보편성을 유추함」이라는 제하에 다음과 같이 말한다.

맹자사상의 전체적 구도에서 보면, 그가 감각적 실재론 보다 정신적 실재론을 겨냥하고 있고, 감각적 지각 행위에 불신을 두고 있는 것은 사실이다. 그러나 그는 정신적 실재의 보편성을 이해시키기 위하여, 경우에 따라 필요하면 감각적 실재의 보편성을 가시화可視化하여 정신적 실

---

4. 『맹자』6상:7. 故 凡同類者 擧相似也 何獨至於人而疑之 聖人 與我同類者 … 故曰 口之於美也 有同耆焉 耳之於聲也 有同聽焉 目之於色也 有同美焉 至於心 獨無所 同然乎 心之所同然者 何也 謂理也義也 聖人 先得我心之所同然耳 故 理義之悅我心 猶芻豢之悅我口.

재의 불가시성不可視性을 유비적으로 암시하고 있다.[5]

그런데 여기서 우리는 맹자가 "'감각적 실재의 보편성'을 가시화하여 정신적 실재의 불가시성을 유비·추론했다."는 구절에 대해서는 약간의 의문을 가진다. 왜냐하면 맹자는 우리의 감관이 지닌 '기호의 공통성'에서 감관에 의해 확인되지 않는 우리 마음이 지닌 정신적 실재의 공통성 혹은 공통된 기호를 유추한 것으로 보이기 때문이다. 그러나 어쨌든 이 문제는 언어 표현의 문제로 차치하고, 위의 지적에서 "정신적 실재의 보편성을 이해시키기 위하여, 경우에 따라서는"이라는 지적은 탁월한 해석이라고 생각된다. 여기서 맹자는 '심지소동연자心之所同然者'가 있음을 일반인에게 '방편'으로 환기시킨 것이지, 맹자의 심성론이 유비추리에 근거를 두고 있다고 간주한다면, 맹자철학은 그 기반이 너무도 허약해진다. 왜냐하면 유비추리, 예컨대 수학적인 비례식, 예컨대 '2 : 3 = 3 : X'일 경우, 여기서 'X'는 정확하게 규정할 수 있지만, 감각적 기호와 초감각적인 심적 기호 간의 유비는 분명 그 성질을 달리하는 것으로, 범주착오의 오류를 범할 수 있기 때문이다. 게다가 '역사적 상대주의'와 '문화적 맥락주의'가 상당히 횡행하는 오늘날의 관점에서 보면, 우리 감관에 공통된 기호가 있다는 맹자의 주장 또한 그것은 단지 '가족유사성'은 지닌다고 할 수 있지만, 예외 없이 '보편성'을 지닌다고 말할 수 없다. 따라서 여기서 맹자의 주장은 '심지소동연자'에 대한 문제제기 혹은 일반인들에게 마음의 보편

5. 김형효, 『맹자와 순자의 철학사상』, 삼지사, 1990, 50-52쪽.

성을 일깨우기 위한 방편은 될 수 있겠지만, 문제의 해결책을 제시했다고 할 수는 없다.

순수마음의 직관

그렇다면 맹자는 이런 유비추리만을 제시한 것인가? 결코 그렇지 않았다. 바로 여기서 우리는 맹자가 제시하는 탁월한 예증인 이른바 「유자입정孺子入井의 비유」를 만나게 된다.

사람은 모두 남에게 차마하는 못하는 마음이 있다. 선왕이 남에게 차마 하지 못하는 마음이 있어 이에 남에게 차마하지 못하는 정치를 폈으며, 남에게 차마하지 못하는 마음으로 차마 하지 못하는 정치를 펴면, 천하를 다스림은 손바닥 위에 놓고 운행하는 것처럼 쉽다. 사람이 모두 남에게 차마하지 못하는 마음이 있다고 말하는 근거는, 지금 사람이 갑자기 어린아이가 장차 우물로 들어가려고 하는 것을 보고 모두 깜짝 놀라는 측은지심이 있으니, 이는 어린아이의 부모와 친교를 맺기 위해서도 아니며, 향당과 벗들에게 칭찬을 듣기 위해서도 아니며, (잔인하다는) 소리가 싫어서도 아니다는 것이다. 이것으로 보면 측은지심이 없으면 사람이 아니며, 수오지심이 없으면 사람이 아니며, 사양지심이 없으면 사람이 아니며, 시비지심이 없으면 사람이 아니다. 측은지심은 인仁의 단서이며, 수오지심은 의義의 단서이며, 사양지심은 예禮의 단서이며, 시비지심은 지智의 단서이다. 사람에게 이 사단四端이 있음은 사체

四體를 지니고 있는 것과 같으니, 사단을 지니고 있으면서 스스로 (인의예지를) 행할 수 없다고 하는 자는 스스로를 해치는 자요, 그 임금이 (인정仁政을) 시행할 수 없다고 하는 자는 그 임금을 해치는 자이다. 무릇 우리에게 있는 사단을 모두 넓혀서 채울 줄 안다면 마치 불이 처음 타오르고, 샘이 처음 나오는 것과 같을 것이니, 진실로 능히 채우면 족히 사해를 보호할 수 있고, 진실로 채우지 못한다면 부모도 족히 섬길 수 없다.[6]

전제에서 우선 맹자는 모든 사람은 타인에 대한 동정심인 '차마 못하는 마음(불인인지심不忍人之心)'을 지니고 있다고 말하고 있는데, 이 마음은 '다른 사람에 대한 동정심'으로 발현한다는 점에서 인간 본성이 류類, Gattung적인 것으로, 단순히 정태적인 것도 아니다. 그리고 이 마음은 다른 사람으로부터 어떤 보상을 받기 위한 계산에서 나온 것이 아니라, '순수' 인간적인 마음에서 무조건적이며 자발적으로 우러나온다. 다시 말하면, 진정한 인간적인 동기는 공리적인 계산 혹은 자기 이익에 기반을 둔 것이 아니라, 인간 마음의 고유본성에서 발현하는 다른 사람에 대한 동정심이다. 맹자는 측은지심을 통해 사단을 연역하고, 이 사단이 모든 인간에게 공통적이라는 사실은 인간이 사체

---

6. 『맹자』 2상:6. "孟子曰 人皆有不忍人之心 先王 有不忍人之心 斯有不忍人之政矣 以不忍人之心 行不忍人之政 治天下 可運之掌上 所以謂人皆有不忍人之心者 今人 乍見孺子將入於井 皆有怵惕惻隱之心 非所以內交於孺子之父母也 非所以要譽於鄉黨朋友也 非惡其聲而然也 由是觀之 無惻隱之心 非人也 無羞惡之心 非人也 無辭讓之心 非人也 無是非之心 非人也 惻隱之心 仁之端也 羞惡之心 義之端 辭讓之心 禮之端也 是非之心 智之端也 人之有四端也 猶其四體也 有是四端而自謂不能者 自賊者也 爲其君不能者 賊其君者也 凡有四端於我者 知皆擴而充之矣 若火之始然 泉之始達 苟能充之 足以保四海 苟不充之 不足以事父母."

80

를 지니고 있는 것과 같이 분명한 것이라고 말했다. 이렇게 분명히 사단을 지니고 있음에도 불구하고 이를 실현할 수 없다고 하는 자는 맹자의 관점에서는 인간됨의 의미 혹은 인간의 존재근거를 포기한다는 점에서 스스로를 해치는, 즉 자포자기자라고 말할 수밖에 없다. 그렇기에 사단을 확충하여 실현한다면 그것은 너무도 자연스런 것이기 때문에 족히 사해도 보존할 수 있지만, 그 반대의 경우는 인간됨의 의미를 실현하는 가장 기본적인 의무인 부모조차도 섬길 수 없다. 어쨌든 이 논변에서 우리는 우선 양주와 묵적에 대한 맹자의 중도적인 지양점을 발견할 수 있다.

　양주의 위아주의爲我主義는 개인적인 생/신체에 절대적인 의미를 부여하여 공동체로서 인간적 공적인 삶을 무시하였다. 이에 반해 묵자의 겸애주의兼愛主義는 인간의 내면에 전혀 관심을 기울이지 않고 공리적 이익에 행위의 동기를 두고, 타인이 선호하는 반응에 따라 행동을 하는 것에 도덕 행위의 초점을 둠(옳음義이란 이익利이다)으로써, 인성의 문제를 간과하였다. 현대적인 용어로 양주가 개인 실체론(사회 명목론)을 주장하였다면, 묵자는 사회 실체론(개인 명목론)을 주장했다. 이에 비해 맹자는 인간이 지닌 다른 사람에 대한 무조건적·자발적 감정에 주목하고, 먼저 그 감정을 불러일으킨 인간의 내적인 본성을 추론·확인하고, 다음으로 그 내적 본성이 타인에 대한 동정심으로 나타난다는 점에서 인간들 간의 통합적 유대성이 있음을 설명하였다. 즉 맹자는 "인간의 개인성은 타인 즉 사회를 향하고 있으며, 사회는 개인의 인간성에 근거한다."고 주장하여, '개인의 사회성'과 '사회의 개인성'을 동일 근원의 두 양상으로 파악한다. 이렇게 맹자는 인간 본성이 마음의 자기—반성에서 확인됨과 동시에 실체가 아니라 존심·양성의 방식으로 현실에서 타인과의 관계 속에서 확충·실현된다고 생각한다.

그렇지만 맹자가 말한 인성의 탁월한 예증인 「유자입정의 비유」에 대해 다음과 같이 반론해 보자. 맹자는 「유자입정의 비유」를 통해 '측은지심' 혹은 '불인인지심'이라는 우리에게서 자발적·무조건적으로 우러나오는 순수하게 선한 감정이 있음을 확인하고, 이를 통해 우리에게 인仁의 본성이 본래 지니고 있었음을 추론·증명하였다. 일단 이 점을 받아들여, 우리에게 인의 본성이 있음을 확보하였다고 가정해 보자. 그런데 맹자는 측은지심이외에, 수오·사양·시비지심이 있음을 아무런 증명 없이 추가·논증하고, 이를 우리에게 사체四體가 있음과 같다고 말하고 있다. 그러면 이런 측은·수오·사양지심이 있음은 어떻게 정당화되는가? 그러나 이 문제는 그렇게 어렵지 않게 해결된다. 일상사를 반성해 보면, 우리는 수없이 이런 경우를 체험하기 때문이다. 즉 유자입정의 경우를 통해 측은지심의 존재를 확인했듯이, 나머지 삼단三端의 경우에도 그와 유사한 예증을 구성하여 제시할 수 있다. 그렇다면 또한 다음과 같이 반론해 보자. 왜 우리에게서 무조건적·자발적으로 우러나는 '순수하게 선한 감정'은 '사단' 밖에 없으며, 따라서 인간의 본성은 왜 사덕四德만을 그 내용으로 하는가? 우리는 그보다 더 많은 순선한 감정을 지니고 있다고. 그렇지만 이 문제에 대답하기도 그렇게 어렵지 않다. 왜냐하면 『중용』의 희노애락喜怒哀樂 혹은 『예기』의 희노애구애오욕喜怒哀懼愛惡欲(칠정七情)이 감정의 총화를 대별·총칭한 것이듯이, 사단 또한 순선한 감정의 총화하여 대별한 것이라고 말할 수 있기 때문이다.

그렇다면 다음과 같이 질문해 보자. 위 논증에서 맹자는 "사단을 지니고 있지 않으면 사람이 아니다"고 말했다. 과연 이 주장은 정당한 것인가? 이 주장은 '사실 기술적'인 측면에서 평가한다면, 이 주장은 정당화되기 어렵다. 왜냐하면 현실의 인간은 사단에 반하는 감정을 발현할 경우가 허다하기 때문이다. 게다가 다소 극단적인 실례이긴 하지만, 의식이 없는 이른바 '식물인간' 역시 우리는 여전히 그를 아직 '인간'이라고 말하지만, 저 사단의 마음 혹은 감정을 발현한다고 말하기는 어렵기 때문이다. 그런데 맹자가 이 주장을 할 때, 그는 분명 사실기술적인 측면에서의 인간을 정의한 것이 아니다. 즉 "사단이 없으면 인간이 아니다"고 맹자가 말한 것은 인간에 대한 '사실 기술'이 아니라, 오히려 '이념 규정'이라고 말해야 할 것이다. 만일 그렇다고 하더라도 우리는 맹자의 이 논변이 선결문제 요구의 오류의 혐의에서 벗어났다고 말하기는 힘들 것이다. 왜냐하면 우리의 본심·양심 혹은 인의예지와 같은 인간의 이념을 먼저 전제하지 않는다면, 우리에게 자발적으로 우러난 감정을 가지고 그것을 인간 본성의 '단端'이라고 말할 수는 없을 것이기 때문이다.

또한 나아가 다음과 같이 반론할 수도 있다. 즉 "사실에서는 사실만이 도출될 뿐, 이념이 제안되지 못한다"[7]는 주장을 우리가 받아들인다면, 비록 순수하게 선하다고는 할지라도 분명히 "경험적인 사실로서 확인된 사단으로부터 인간 본성의 이념을 추론하는 것은 올바른

---

7. 후설, 『이념들』I, S. 18.

논증은 될 수 없다."고 말할 수 있다. 만일 이러한 반론이 정당화된다면, 맹자의 이 예증은 비록 강력한 예증이라고 할 수는 있겠지만 완벽한 논증이라고 할 수는 없다. 그렇다면 맹자의 이 유명한 「유자입정의 예증」 또한 일상인들에게 단지 관점 전환을 유도하는 하나의 방편으로서만 받아들여야 할 것이다. 다시 말하면 만일 맹자가 피어난 감정으로서의 사단을 대상적인 사실로 확인하여, 이를 근거로 사덕이라고 하는 이념을 추론했다면, 이는 '사실'로부터 '이념 혹은 가치'로 이행한 것으로 이른바 '자연주의적 오류'에 유비될 성질의 것이라고 하겠다. 그 뿐만 아니라 맹자가 진정 이렇게 했다면 이는 심리적인 현상, 즉 자극−반응의 메커니즘을 고찰함으로써 심적 현상에 대한 일반적인 법칙을 도출하려고 시도하는 실험 심리학과 전혀 구별될 것이 없다고 할 수도 있을 것이다.

그런데 우리가 판단할 때, 「유자입정의 비유」에서 나타난 맹자의 논증은 이와 전혀 다른 차원에 놓여 있다. 우선 다음과 같은 두 가지 논제를 검토해 보자.

첫째, 눈은 눈 자체를 볼 수 없고 거울이 거울 자신을 반추할 수 없는 것과 같은 이치로, 우리 마음은 마음 자체를 대상적인 것으로 결코 확인할 수 없다(마음은 주체이다).

둘째, 따라서 우리의 마음 자체는 ① (대상적인 것으로 확인하려고 하는 한에서) 전혀 알 수 없는 것이거나, 혹은 ② 비대상적인 절대적·자증自證적인 방식으로만 인식할 수밖에 없다.

위의 논제에서 첫째는 논리적 진리라는 점에서 우리는 받아들어야 하며, 그렇다면 둘째에서 우리는 무엇을 받아들여야 할까? 현대 물리주의적 혹은 유물론적 심리철학은 주로 ①의 입장에서 마음을 물리적 신체로 환원·소거하거나 혹은 수반적인 것으로 치부해 버린다. 그런데 앞서 지적했듯이 맹자는 ②의 입장에 서 있다. 그렇다면 비대상적인 절대적·자증적 인식이란 무엇인가? 우선 맹자의 사단은 어떤 대상에 대해 사량思量함으로써 발현한 것(칸트식으로 말하자면, '가언적인 것If ~ then)이 아니라, 마음의 본성에서 무조건적·자발적으로 우러나왔기 때문에 '사실(경험)과 독립적'이라는 의미에서 순수한 마음의 작용이라고 할 수 있다. 그런데 이러한 순수한 마음의 작용은 그 존재를 함축한다. 비근한 예로 보는 작용이 있음은 눈의 존재를 함축하고, 듣는 작용이 있음은 귀의 존재를 함축하듯이 순수 마음의 작용은 그 마음의 존재를 함축한다.

주자朱子의 체용론은 이것을 논리화한 것이다. 요컨대 마음의 본성(사덕四德)과 그 발용(사단四端)은 체·용의 관계로서 하나가 아니면서 둘도 아닌(불일이불이不一而不二), 혹은 하나이면서 둘(일이이一而二)인 관계(동즉이同卽異, 이즉동異卽同)에 있다. 여기서 "하나가 아니다. 혹은 둘이다."는 표현은 "마음의 본성이란 그 발용 없이 공적空寂에 빠진 독립적인 불변의 실체가 아니다."는 의미이며, 또한 그 역으로 "마음의 본성은 단순히 그 작용만으로 환원되지 않는다."는 의미이다. 그리고 "둘이 아니다 혹은 하나이다."는 표현은 "마음의 본성과 그 발용이 별개로 분리·독립적으로 존재하는 것이 아니라, 양자가 상호 함축적이다"는 것을 나타낸다(체용일원體用一源, 현미무간顯微無間). 맹자가 말하는 마음의 본성으로서 사덕과 그 발용으로서 사단은 이런 본체·작용의 상호 함축적 관계에 있다. 그래서 맹자는 측은·수오·사양·시비지심은 사덕의 단서라고 말했던 것이다. 이제 정리하면 다음과 같다.

첫째, (주체로서) 마음은 대상적인 것으로서는 인식할 수 없다(비대상성).

둘째, 마음은 항상 무엇에 대한 마음(현상학자들은 이를 '의식의 지향성'이라고 명명했다)으로서 대상화하는 활동을 수행한다.

셋째, 그런데 이러한 대상화하는 활동으로 마음은 자신을 드러내는데, 우리는 이렇게 드러난 마음만은 인식할 수 있다.

넷째, 순수한 마음의 작용은 그 마음의 존재(내용, 본성)를 함축한다.

다섯째, 따라서 우리는 순수한 마음의 작용(사단四端)으로 그 본성(사덕四德)을 알 수 있다.

이와 같은 논리를 맹자는 이른바 「유자입정의 비유」를 통해 사단四端이라고 하는 순수한 마음의 발용이 있다는 것을 통해 사덕四德으로서 마음의 본성이 있음을 증명하였다고 할 수 있다.

3. 맹자 심성론과 현대 물리주의

　주지하듯이 20세기 및 현재 주도적인 물리주의적 심리철학은 기본적으로 시 · 공간 내에는 물리적 소립자들과 그 집합을 제외하고 그 어떠한 구체적인 존재나 실체가 없다고 하는 '존재론적 물리주의'ontological physicalism를 출발점으로 취한다.[1] 이들은 '물리적인 것'을 기껏해야 "이 세계 안에서 물리학에 의해 요청된 실재 또는 미래 보다 더 정합성 있는 물리학의 이론에 의해 요청되는 실재"[2] 혹은 "참된 완전한 과학에 의해 지지되면서 '피설명체가 논쟁의 여지없이 물리적인' 실재[3]라는 식으로 정의하고 있을 따름이다. 즉 여기서 우리는 현대 이른바 자칭 물리주의자들은 '물리적인 것'이 무엇인가를 정의함에 있어

1. 김재권(하종호 · 김선희 역), 『심리철학』, 철학과 현실사, 1997, 357−9쪽.

2. J. J. C. Smart, 「Materialism」, The Journal of Philosophy, Vol. LX, No. 22, 1963, p 651.

3. Papineau, 「Why Supervenience?」, Analysis, 50, 1990. p. 66.

'순환적'인 정의밖에 내리지 못하고 있음을 본다. 어쨌든 이렇게 현대 물리주의자들이 '물리적인 것'이 무엇인지를 '선천적인 용어'로 규정하는 데에 실패해 왔다.[4] 그렇다면 여기서 우리가 이러한 지적을 하는 이유는 무엇인가? 그것은 물리주의가 그 자체 참이 아니라, 단지 한 시대적 유행사조일 따름이라는 것이다. 그런데 현대 심리철학은 난관에 봉착하고 있다. 이는 현재 이 입장의 선도적인 위치에 있는 김재권은 두 저서의 결론 부분에 잘 나타나 있다.

그리하여 우리는 다음과 같은 딜레마에 빠진 자신을 발견한다. 만일 우리가 (물리주의적) 환원주의를 포용하려고 한다면, 우리는 심성적 인과를 설명할 수 있다. 그러나 심적인 것을 물리적/생물학적 속성으로 환원하는 과정에서 우리는 심적인 것의 본성적 특성(심적인 것을 심적인 것으로 만드는 바로 그것)을 상실하게 된다. …… 다른 한편 만일 우리가 환원주의를 거부한다면 우리는 어떻게 심적인 인과가 가능한지를 알 수 없다. 그러나 인과성을 상실하고 심적인 것을 보존하는 것은, 보존할 가치가 있는 것을 보존한 것 같지는 않다. 즉 만일 마음이 아무런 인과적 힘을 지니지 않는다면, 대체 그런 마음이 뭐가 좋은가? 어느 쪽이거나 우리는 심성/마음을 상실할 위험에 처해 있다. 이것이 그 딜레마이다. …… 하나의 딜레마로 책을 끝내는 것은 달갑지 않지만 …… 받아들여야 한다.[5]

---

4. Tim Crane, 「Phycicalism(2) : against phycalism」, ed. S. Guttenplan, Companion to the Philosophy of Mind, Blackwell, 1996, pp. 479-480.

5. 김재권(하종호 · 김선희 역), 『심리철학』, 철학과현실, 1997, 401-2면.

물리주의에 머무르기를 결정한다면, 당신은 또 다른 길에 서게 된다. 하나는 심적 속성들은 존속시키면서 그것들의 인과적 무기력을 받아들이는 것이고, 다른 하나는 심적 제거주의를 받아들여 환원 불가능한 속성들의 실재성을 부정하는 것이다. 그러나 어느 쪽으로 가든 당신은 실패하는데, 이것 또한 나쁜 소식이다. 나쁜 소식은 계속된다. 이 선택지들 간에는 실제로 별다른 차이가 없다는 것이다. 왜냐하면 실재하는 것과 실재하지 않는 것을 구별하기 위한 설득력 있는 기준은 인과적 힘의 소유 여부이기 때문이다. …… 우리는 모든 실재에 대한 지배적인 형이상학 이론으로서 물리주의가 값비싼 대가를 요구한다는 것을 기억해야 한다. …… 우리가 진정한 물리주의자면서 동시에 비물리적인 사물들과 현상들을 즐길 수 있다고 생각하는 것은 망상에 지나지 않는다.[6]

현재 물리주의적 심리철학에서 주도적인 위치에 서 있는 김재권의 위의 두 지적은 물리주의를 고수했을 때 필연적으로 귀결되는 아주 정직하고 정확한 지적이다. 바로 여기서 우리가 맹자의 관점에서 현대 물리주의에 대한 반론과 그 극복방안들을 제시하면 다음과 같다.

먼저 존재론적인 측면에서 맹자의 관점은 현대 물리주의자들에게 오직 인과성만을 자연계를 지배하는 유일한 법칙, 즉 "실재적인 것은 인과적인 힘을 발휘하는 것이다"라는 형이상학적 진술을 포기하라고 요구한다. 이 명제는 우리가 물리주의라는 전제를 받아들일 때는 타당한 언명이 될 수 있지만, 이 전제를 포기한다면, 저 명제들은 '직관

---

6. 김재권(하종호 역), 『물리계 안에서의 마 마음』, 철학과 현실, 1999, 216-218면.

적으로도' 혹은 '분석적으로도', 그리고 경험적으로도 증명될 수 없다는 것이다. 따라서 맹자의 관점에서 본다면 비록 물리적 인과의 연쇄적 계열에서는 포함되지 않지만, "우리 행동에 동기를 부여하는 우리 마음 또한 엄연할 실재로 인정해야 한다"는 것이다. 물리주의자들은 이러한 주장을 '인과적 중층결정'이라고 말하겠지만, 우리가 물리주의자들 밖에서 본다면 물리주의만으로는 이 세계를 온전히 설명하지 못한다는 점에서 물리주의의 한계를 규명하는 것이라고 할 수 있다. 요컨대 인간 조건을 감안한 근원–경험의 관점에서 보자면, 인식의 대상은 인식하는 주체의 상관자일 뿐, 이러한 상관성을 벗어나 독자적 실재성(이를테면 물 자체)은 인간 인식에 의해 확보될 수 없다. 즉 물리학의 이념에 의해 '물리적인 것'으로 파악된 것은 '실재 자체'에 물리학의 이념의 옷을 입힌 것일 뿐, 그것이 곧 실재 자체일 수는 없다. 즉 인간이 인식하는 실재란 곧 인식하는 인간 주관에 의해 매개·투영·굴절된 '주관적 실재'일 뿐 결코 원초적 실재가 아니다. 바로 여기서 우리는 인간 인식의 가능성과 한계성을 동시에 간취할 수 있으며, 따라서 존재론과 인식론은 등근원적이라는 것을 알 수 있다. 이를테면 우리는 다음과 같이 말할 수 있다. 이 세계에서 가장 궁극적인 것은 '무엇이 존재한다'는 사실이다.

그런데 우리의 관점에서 보자면, 이 세계의 존재는 현상하는 한에서만 우리 마음에 알려진다. 우리는 세계를 우리 마음과 독립적으로 존재하는 기성의 사실이 아니라, 마음의 지향적 상관자로서 생각해야 한다. 즉 근원–경험의 입장에서 보자면 세계는 바로 그 세계를 의식하는 우리 마음의 상관자이며, 대상은 그 대상을 의식하는 우리 마음의 상관자일 뿐이다. 맹자의 심성론은 바로 이러한 근원적 상관성에 주목하여 그의 모든 논의를 진행시켰던 바, 바로 이점에서 그의 존재−인식론이 오늘날 주관성을 사상抽象시키면서 순수 물리적인 것을 추구하는 과학주의 물리일원론을 근원적으로 비판할 수 있는 준거가 된다.

요컨대 맹자의 입장은 "존재의 실재성 혹은 실재성의 충실도는 그 실재를 인식하는 우리 마음의 명료성에 상관된다"고 하는 이른바 "존재−인식의 점진적 상관성"의 주장이다. 그리고 이러한 '존재−인식의 상관성'에서 보자면, 물리주의자들이 말하는 '순수 물리적인 것'이란 절대적인 것이 아니라, 단지 '관계의 상대성'과 '발견의 이차성' 속에 놓여 있는 것이 되고 만다. 게다가 현대 물리주의적 심리철학은 인간에게 있어 물리적인 사실만을 지적하지 어떠한 인간의 이념이나 혹은 윤리적 동기를 말하지 않는다. 그렇지만 맹자는 순수하게 선한 감정인 사단이라고 하는 순수한 마음의 작용이 있음을 이는 곧 그 마음의 존재 즉 사덕이 있음을 함축한다고 말한다. 이 사단과 사덕은 가치상 선한 것으로 우리의 윤리적 동기 및 도덕적 행위를 이끌어 주는 원천이다.

그런데 우리가 볼 때, 이는 오늘날 성공리에 재구성된다면 윤리학적으로 아주 중대한 의미를 지닌다. 왜냐하면 진화론과 20세기 행동주의 심리학이 발흥한 이래, 인간과 동물의 차이는 거의 말살되었다. 그리고 언어 분석철학이 등장하고, 그 방법론이 윤리학에 원용됨으로써 메타−윤리학이 탄생하였다. 이 메타−윤리학은 재래의 윤리학을 그 기반에서부터 뒤흔들어 놓아 오늘날의 윤리학은 그 기반을 상실하고 있다고 해도 과언이 아니다. 이러한 상황에서 사단이 있음을 통해 사덕이 있다고 하는 논증은 오늘날과 같은 메타-윤리학의 시대에서 도덕적 원천이 존재한다고 하는 강력한 논증이 될 수 있다고 우리는 전망해 본다. 우리는 흔히 일상적으로 "불의不義를 보면 문득 정의감이 샘솟는다" "불효나 불충을 저지르면 양심의 가책을 느낀다" "옳지 않다는 것은 알지만, ……"라는 식으로 말한다. 비록 소박한 예이긴 하지만 이러한 실례들은 우리의 마음 자체가 선천적으로 무엇이다는 점과 동시에 무엇을 행동에 옮겨야할 지를 알고 있다는 것을 함축한다.

요컨대 우리의 결론을 말하면 다음과 같다. 즉 현행 주도적인 물리주의적 심리철학은 '물리주의'라는 이념의 틀에 의해 마음의 문제에 접근하여 마음을 물리적인 것과의 관계성하에서 어떻게how 규정할 수 있는가를 집중적으로 논구하여 마음이란 무엇인가what 하는 문제를 남겨놓음으로써 마음을 온전히 해명하지 못하고 있는 바, 이는 맹자적인 반성의 방식으로 확인, 정립, 증명해야 한다는 것이다.

| 참고문헌 |

후설전집(Hssserliana : Den Haag, Martinus Nijhof)

III/1 : Hrsg. K. Schmann, Ideen zu einer reinen Phaenomenologie und phaenomenologische Philosophie. Erstes Buch, Allgemeine Einfuhrung in die reine Phaenomenologie. 최경호 역, 『순수 현상학과 현상학적 철학의 이념들 : 순수 현상학의 입문 일반』, 문학과 지성, 1997. (『이념들Ⅰ』)

VI : Hrsg. M. Biemel, Die Krisis der europaeischen Wissenschaften und die transzendentale Panomenologie : Eine Einleitung in die phaenomenologische Philosophie, 1962. 신오현 편역, 「심리학에서부터 현상학적 선험철학에 이르는 도정」『심리현상학에서 선험 현상학으로 : 후설의 현상학적 심리학 II』, 민음사, 1994. (『위기』)

IX : Hrsg. M. Biemel, Phaenomenologische Psychologie : Vorlesungen Sommersemester 1925, 1962. 신오현 역, 『현상학적 심리학 강의 : 후설의 현상학적 심리학Ⅰ』, 민음사, 1992. (『심리학』).

3장

신유학의 집대성,
주자의 '심통성정론'

주자의 생애

주자朱子, 1130~1200로 존칭되는 중국 남송南宋, 1127~1279 시대 유학자 주희朱熹는 유교의 창시자인 공자와 아성인 맹자에 비견되는 인물이다. 그가 전래의 유학을 개신·집대성한 성리학性理學은 고려 중기에 전래되고, 조선의 건국이념으로 채택되면서 500년 이상 우리의 사상계를 독존적으로 지배했다. 『송사宋史』「도학열전道學列傳」에 나타난 주자의 삶과 사상을 살펴보자.

주희의 자字는 원회元晦·중회仲晦이고, 휘주徽州 무원婺源 사람이다. …… 주희는 어려서부터 아주 총명하였다. 겨우 말을 할 수 있을 때에 아버지가 하늘을 가리키면서 '하늘'이라고 말하니, "하늘 위는 무엇입니까"라고 질문하여, (아버지) 주송朱松을 놀라게 했다. 전하는 말에 따르면, 『효경』을 주니 한번 읽어 나서 책 위에 제목을 달아 "이와 같이 하지 않는다면 사람이 아니다"라고 썼다. 일찍이 여러 아이들과 모래 위에서 놀이를 한 적이 있었는데, 홀로 단아하게 앉아 손가락으로 그림을 그렸으매, 그 그림을 보니 팔괘八卦였다. …… 소흥紹興 18년(1148, 주희 나이 19세)에 진사시에 급제하였다. …… (경원慶元) 4년 주희는 나이가 70세에 가까워 졌고, 벼슬을 그만 두기를 거듭 청하였다. 4년 소청에 의해 그만 두었으며 다음 해에 세상을 떠났다. 나이 71세였다.

주희의 학문은 대체로 이치를 탐구하여(궁리窮理) 앎을 완성하고(치지致知), 반성을 통해 구체적인 실천에 옮기는 동시에 마음을 경건하게 유지하는 것(거경居敬)을 위주로 하였다. 일찍이 성현들의 도통이 방책들에 산재하여 전해지고 있지만, 성경의 종지가 분명치 않아 도통의 전수가 어두워지기 시작하였다고 말했다. 그리하여 주희는 정력을 다해 선현들의 가르침을 연구했다.

지은 책으로는 『역본의』, 『계몽』, 『시괘고오蓍卦考誤』, 『시집전』, 『대학·중용장구』, 『혹문』, 『논어·맹자집주』, 『태극도·통서·서명해』, 『초사집주』, 『변증』, 『한문고이韓文考異』 등이 있다. 편찬한 것으로는 『논맹집의』, 『맹자지요孟子指要』, 『중용집략中庸輯略』, 『효경간오孝經刊誤』, 『소학서小學書』, 『통감강목通監綱目』, 『송명신언행록宋名臣言行錄』 『가례家禮』, 『근사록近思錄』, 『하남정씨유서河南程氏遺書』, 『이락연원록伊洛淵源錄』 등을 세상에 내놓았다. …… 평생 쓴 글이 모두 100여 권이며, 제자들과 문답한 것이 모두 80권이며 별록別錄이 10권이다.

주자의 전기를 집대성해 놓은 「행장行狀」에서는 관리로서의 그의 삶과 평소 학문하는 태도를 말해주고 있다.

순희淳熙 5년(1178)에 선생(주희)은 남강南康의 지사로 부임하였다. 사양하기를 네 차례나 하신 끝에 비로소 임지에 부임했다. 선생은 다시 동안同安에서 고향으로 돌아와 사당 관리직(봉사직奉祠職)만을 맡아 집에 기거한 것이 20년이나 되었다. 선생은 빈곤하고 어려운 생활에 전혀 개의치 아니하였고, 쌓아온 도덕적 수양과 의리의 통달이 선생의 모든 행동들 가운데 더욱 분명·확고하게 드러났다.

남강의 지사로 근무하면서 백성들을 동정하고 아끼기를 마치 자기 자신을 걱정하고 아끼는 듯하였다. 실로 백성들의 이로움을 도모하고 백성들에게 해가 되는 것을 제거하는 데 매진했다. …… 선생은 백성들을 마치 아픈 이들을 돌보듯 대했다. 간악한 토호들이 백성을 착취하고 법을 어기고 나라의 명령을 거스르는 것을 보면 어김없이 처벌하였다. 이로 말미암아 그 지방의 세력가들은 공론을 두려워하고 점잖아졌고 마을도 평화를 구가하게 되었다. …… 처음 관직에 올라 세상을 떠날 때까지 50여 년간 고종高宗·효종孝宗·광종光宗·영종英宗 등 네 황제를 거듭 섬겼지만, 지방 관리로 종사한 것은 불과 9년, 조정에 선 것은 겨우 40일에 불과했다.[1] ……

선생의 자세는 장중·엄숙했으며, 그 말은 엄격·단호했다. 움직일 때는 유연하고 정중하였고, 앉아 있을 때는 단정하고 곧았다. 해가 뜨기 전에 일어나서 흰 베로 마든 옷을 입고 복건을 머리에 쓴 뒤 네모난 신발을 신고 가묘家廟에 가서 조상께 배례하고, 성현들의 영전에도 배례하였다. 그런 뒤 서재로 물러 나와 책을 읽었다. …… 밤늦게 잠자리에 드셨지만, 동트기 전에 일어나서 이불을 몸에 두르고 정좌하고 있었다. …… 선생은 하루라도 학문을 연구하고 가르치지 않으면, 크게 걱정스런 마음으로 안타까워했다. 사천지방처럼 먼 곳으로부터도 선생의 문하에서 공부하기 위해 짐을 꾸려 찾아오는 이들도 있었다. 선생의 어록과 저서들은 널리 다른 나라들에까지 퍼져나갔다. 심지어 오랑캐들조차도 선생의 도를 사모할 줄 알고, 남모르게 선생의 안부를 궁금해 하였다. 산간벽지의 사람들도 집집마다 선생의 저서를 간직하고 선생을 사숙한 사람이 부지기수였다. 선생이 세상을 떠난 후, 그 저서들을 전하고 가르

---

1. 실제로는 7년이며, 侍講한 것은 정확히 47일이라고 전해진다.

친 도를 믿고 따르는 사람들이 점점 늘어났다.[2]

유학의 집대성자集大成者라고 일컬어지는 주자는 치밀한 논증과 명석한 사고, 그리고 해박한 지식과 수많은 논술을 남김으로써 명대 양명학파와 청대 몇몇 학자들의 도전을 받았음에도 불구하고, 서양철학이 중국에 들어오기 전까지 중국인의 의식 가운데 주도적이고 거의 유일한 철학체계였다.[3] 즉 주자는 성리학(성명의리지학性命義理之學, 신유학新儒學, 리학理學, 정주학程朱學, 주자학朱子學)의 완성자이자 유교 도통론의 정립자이며, 고전 유교 경전을 철학적으로 새롭게 주석함으로써 유교를 불·도가의 대적할 수 있는 거대한 체계를 건립한 유가의 재정립자이다. 그는 가까이로는 이른바 북송北宋, 960~1126 오자五子로 대표되는 주돈이周敦頤, 1017~1073, 장재張載, 1020~1077, 소옹邵雍, 1011~1077, 정호程顥, 1032~1085, 그리고 정이程頤, 1033~1107를 창의적으로 종합·계승·발전시켜 집대성했으며, 멀리로는 사서四書 및 『시경』·『역경』의 주석을 통해 도가 및 불가에 대해 유가의 실학성을 증빙하여 후대 정통으로서 인정받으며 거의 독존적인 영향력을 행사했다.

맹자가 공자를 지칭했던 집대성자(성지시자聖之時者)라는 명칭은 통상 유교 학술의 발전에서 주자에게 적용되어 왔다. 주자의 업적은 일반적으로 ① 태극 및 리기 개념을 통한 우주론의 정립, ② 체용론 및 심통성정론의 논리에 의한 심성론의 정립, 그리고 ③ 거경·궁리를 통한 공부론을 확립하여 유교를 반석 위에 놓았다는 데 있다. 그리고

---

2. 『勉齋集』 36~45쪽. 진영첩(표정훈역), 『주자강의』, 푸른역사, 48-9면에서 재인용.
3. 馮友蘭(정인재역), 『중국철학사』, 형설출판사, 1984, 371쪽.

④ 유가에서 가장 중요한 인仁 개념의 전개에서 정점에 도달했고, 도통론을 완성하고, 나아가 ⑤ 사서를 주석·정립하였다.

주자의 업적은 다양하게 조명할 수 있겠지만, 가장 큰 특색으로 '유학의 형이상학적 정초'라 할 수 있다. 그는 당시 상대적으로 정치한 체계를 지니고 있던 도교와 불가의 형이상학의 영향을 받으면서도 거기서 초월적 허무주의와 무군무부無君無父의 무규범성을 간취하고 이를 극복하고자 했다. 그런데 도·불가의 극복을 위해서는 그들에 필적할 만한 형이상학이 필요했다. 그는 이를 주돈이의 『태극도설』, 장재의 기와 이정二程의 리를 체계적으로 종합했다. 그런데 그는 이런 자신의 구도가 유가의 본질 정신이라는 것을 증명해야 했다. 그래서 그는 상대적으로 경전의 수집과 배열에 치우쳐 있던 훈고학적 경전 해석을 비판적으로 극복하고, 나름대로 자득한 철학 체계에 의해 선유들의 경전을 철학적으로 재해석함으로써 유가 정신을 재생하고자 했다. 그는 실로 일촌광음도 가벼이 하지 않는 끊임없는 노력과 비판 정신으로 대표작인 『사서집주四書集註』를 위시하여 오경五經에 대한 여러 주석을 완성했다. 유가는 이러한 주자의 공로를 통해 도교와 불교를 극복할 수 있는 형이상학적 체계를 완비하고, 그 후 거의 1,000여 년간 동아시아 지성계를 주도했다.

'심통성정心統性情'이란 명제는 장재張載가 창안했지만,[1] 주자가 계승·발전시켜[2] 성리학적 심성론의 요체로 정립했다. 여기서는 주자 '심통성정론'의 논리 구조와 철학적 의의를 탐색하고자 한다.

　주자의 '심통성정론'에 대한 분석에는 우선 '통統'이 지니는 두 의미(포괄包括·주재主宰)에 착안하여, 심이 성·정을 포괄·주재한다고 해석할 수 있지만,[3] 그 종합적 이해를 위해서는, 첫째, 심·성의 관계를 해명해야 한다. 주자는 심을 기氣라 하고(심즉기), 성性을 리理(성즉리)라고 규정했기 때문에 심·성관계는 성리학적 존재론인 리기론

---

1. 『張子全書』, 卷14, 「性理合遺」, 張子曰 心統性情者也.
2. 『朱子語類』, 卷5, 61, 63, 66, 74 참조.여기서 숫자는 권수와 항목번호를 가리킨다. 이하 동일하다.
3. 대표적인 사례로 오하마 아끼라(이형성 역), 『범주로 보는 주자학』, 예문서원, 1997, 177-189쪽 참조.

으로 설명해야 한다. 둘째, 성·정의 관계를 해명해야 하는데, 마음의 본체인 성과 그 발용인 정은 체·용 관계이다. 그리고 셋째, 심과 성·정, 즉 성·정을 포괄·주재하는 심의 정체와 역할에 대한 해명이 필요하다.

이렇게 '심통성정론'에는 주자철학의 핵심을 형성하는 리기론, 체용론, 그리고 심과 성·정의 관계가 총망라되어 있기에, 이에 대한 체계적인 해명을 하고자 한다.

1. 성性과 심心

　주자는 정자程子의 '인간의 본성은 천리이다(성즉리性即理)'는 명제를 계승 · 발전시켰다. 주자의 리기론에 따르면, '성'은 리理이고, '심'은 기氣의 정상精爽이다.[1] 따라서 주자의 성 · 심은 리 · 기 관계이다. 그런데 주자의 리는 개념상 형상을 지닌 형이하의 사물이 아니라 형이상의 도로서 정의 · 계탁 · 운동 · 형적 등이 없다. 그러나 리는 현상적 사물과 별개로 존재하는 것이 아니라 사물의 존재근거이자 변화의 가능근거가 된다. 그리고 기는 형적을 지닌 존재하는 모든 것의 실질적인 구성요소(질료인)로서 끊임없는 취산을 거듭함으로써 변화 · 운동하는 것(운동인)이지만, 그 취산과정의 불균형으로 말미암아 다양한 종상을 지녀 만물간의 차이 · 종들 간의 차이 · 종 내적인 차이를 가져오는 재료이다. 바로 이 점에서 리와 기는 형이상 · 하, 도 · 기器, 신

1.『朱子語類』卷5, 30. 心者 氣之精爽.

神·형形으로 결단코 구분되는 것으로 혼동될 수 없는 것이다.

그리고 리·기는 개념상 구분할 수 있지만(서로 섞이지 않는다: 불상잡不相雜), 현실에서는 분리될 수 없는(불상리不相離) 관계다. 논리적 선후의 관계에서 본다면 마치 가능성이 현실성에 선행하듯이, 리는 기에 선행한다. 그러나 존재론적인 측면에서 본다면, 리는 구체적 매개자로서 기가 없으면 그 어디에도 실존할 수 없다(기는 리의 의착처이다)는 점에서, 기가 더 기초적이다.

이렇게 리·기는 개념상 결단코 구분되지만, 현실에서는 동시·공존하는 묘합관계, 즉 개념상 이원이지만 현실상 일원의 관계이다. 바로 이 점에서 주자의 리기론은 형이상자를 별개로 초월적인 어떤 것으로 정립하는 존재론적 이원론이 아니며, 또한 형이상자의 원리적 인식 불가능성과 현실적 무용성을 부르짖는 과학주의 일원론과도 구별된다. 주자의 심·성에 대한 입장은 이러한 리기론의 연장선상에 있다.

먼저, 주자가 "마음(심)이란 기의 정상이다"고 규정한 것의 의미를 살펴보자. 주자가 마음을 무형·무위한 형이상자인 리가 아니라, 유형·유위한 형이하자인 기로 규정함으로써 공적성空寂性으로부터 벗어났다. 그런데 그는 마음을 단순한 기氣가 아니라, 그 정상精爽으로 규정함으로써 마음을 단순히 물리적인 어떤 사물로 표상하는 입장 또한 넘어섰다. 즉 여기서 '정상'이란 마음이 신체 및 다른 사물보다 탁월한 어떤 것임을 나타낸다. 요컨대 기의 정수精髓(↔조박粗糟)로서 마음은 천하의 리理를 온전히 구비하고 밝게 조명할 수 있다(상爽=명

明).² 그래서 주자는 마음을 '허령불매虛靈不昧(명소明昭 · 명각明覺)' 등
으로도 표현했다.³ 마음은 이렇게 신령스럽고 밝기 때문에 "과거를 기
억하고 다가올 미래를 예측할 수 있다."⁴ 이는 맹자가 "마음이란 (다
른 신체적 감각기관과는 다르게) 능히 반성할 수 있고, 반성하는 것을
직분으로 한다"⁵는 주장과 연관된다. 주자 또한 "반성이란 사람의 가
장 심오한 기능으로 마음이 담당한다"⁶고 말했다. 그리고 마음의 가장
심오한 기능을 지知 · 의意로 설명하여, "지 · 의는 모두 마음에서 나오
는데, 지는 별식別識을, 의는 영위營爲를 담당한다"⁷고 했다. '별식'이란
시비 · 선악 · 유무 · 동정 · 가치 등을 구별하여 인식하는 능력을, 그
리고 '영위'란 행동에의 의지로서 마음이 세상만사를 판단 · 결단하여
실행으로 옮기는 의지력을 의미한다. 이렇게 마음은 지 · 의의 기능
이 있기에, 몸을 주관하여 만사에 응대할 수 있다.⁸ 마음의 이런 기능

2. '精爽'이란 두 글자는 『左傳』「昭公 7年」條에 나온다. 用物精多則魂魄强 是以精爽
至於神明. 그리고 「疎」에서는 "精亦神也 爽亦明也"라고 되어 있다. 이로 미루어 보
면, 精爽의 원뜻은 사람이 죽은 뒤에 鬼神이 되는 까닭을 설명한 것이라고 할 수
있다. 그런데 주희는 이를 마음으로 설명하는데 차용했다. 주지하듯 '精'은 '粗'의 반
대어이며, '爽'은 '昧'의 반대어이다. 따라서 이러한 精爽으로서 氣가 인간 마음을 구
성하여 인간을 만물 가운데 탁월한 특성을 지니도록 만든다. 반대로 만물의 마음은
인간에 비해 상대적으로 粗昧하다고 말할 수 있겠다. 蔡仁厚, 『宋明理學 南宋篇』(學
生書局, 1984), 194~195쪽 참조.

3. 『孟子集註』, 7상:1참조.

4. 『朱子語類』, 卷5, 31, 心官至靈 藏往知來.

5. 『孟子集註』, 6상:15, 心則能思而思爲職.

6. 『朱子語類』, 卷23, 23, 思在人最深 思主心上.

7. 『朱子語類』, 卷15, 124, 知與意皆從心出來 知則主於別識 意則主於營爲.

8. 『朱子大全』, 卷65, 『尙書 · 大禹謨』, 心者 人之知覺 主於身 而應萬事者也.

과 관련하여, 주자는 "지각은 곧 신神이다. 그 손에 아픔을 주면 아픔을 지각하고 그 발에 아픔을 주면 발이 그 아픔을 지각하니, 곧 신神이다"[9]라고 말한다. 이렇게 주자는 인간 마음의 지각 작용을 실로 '신비'라고 표현하고 있는 것이다.

요컨대 주자에 따르면, 우선 기의 정상으로 인간 마음은 자연에 존재하는 모든 존재자들의 리를 지각·응대할 능력을 지닌다. 그리고 그 리는 궁극자인 태극에서 유래한다는 점에서, 인간은 궁극의 리를 인식·이해할 수 있고, 이를 통해 리에 합당하게 혹은 지적으로 행동할 수 있는 탁월한 존재이다. 인간으로 하여금 태극의 리를 인식하고, 지적으로 합당하게 행동할 수 있도록 하늘이 인간에게 특권을 부여했다는 것은 인간에게 또한 각별한 책임 혹은 사명을 규정한다. 즉 인간에게는 우주에서 다른 모든 존재자들의 양육자 즉 (하이데거의 표현을 빌리면) "존재의 목자"로서의 책임, 만물을 화육하는 천지의 운행에 동참하는 사명이 운명으로 주어져 있다고 하겠다. 그런데 주자가 "마음이란 기의 정상이다."고 규정한 것과 연관하여, 다음과 같은 지적은 살펴볼 필요가 있다.

주자가 말하는 마음心이란 기氣에 의해 현실화된 실제적·경험적 마음이다. 그 마음이 비록 인의예지의 리를 포괄하지만, 그 마음이 이러한 리를 반드시 항상 지니는 것은 아니다. 이러한 관점은 본 마음(본심本心)에 대한 맹자의 가르침으로부터 일탈이며, 분명히 주자 사상의 실재론

---

9. 『朱子語類』, 卷94, 155, 知覺便是神 觸其手則手知痛 觸其足則足知痛 便是神.

적인 경향을 보여준다. 비록 리가 마음의 범위 안에 있음에도 불구하고, 마음(心)과 리理의 관계는 결국 외적 관계가 되고 만다.[10]

모종삼의 이 지적은 일견 주자의 심성론에 대한 깊고 예리한 지적으로 보인다. 유술선劉述先은 모종삼의 견해에 동의하고, 바로 이점이 주자의 심성론이 불교와 다른 특징적인 관점이라고 말한다. 즉 주자의 리理는 실재적인 것이며, 마음의 기능은 실재의 리를 탐구하는 것이지만, 불교의 리는 비실재적이어서 단지 마음이 마음을 탐구한다는 것이다.[11] 그런데 이는 주자의 『대학』「격물보망장」에 잘 나타나 있기에, 해당 언명을 통해 살펴보기로 하자.

대개 사람 마음은 영묘하여 앎이 있지 않음이 없으며, 천하 사물은 리理를 지니지 않음이 없다. 오직 리에서 아직 궁구하지 못함이 있기에 그 앎이 다하지 못함이 있다. 이런 까닭에 『대학』은 배우는 사람에게 반드시 천하의 사물에 즉하여 이미 알고 있는 리를 바탕으로 더욱 궁구하여 그 극치에 도달하도록 가르쳤다. 만일 힘쓰기를 오래 하여 어느 날 아침 활연관통하면 뭇 사물의 표리 · 정조가 도달하지 않음이 없고, 내 마음의 온전한 전체 · 대용이 밝지 않음이 없다. 이를 '사물이 도달했다'고 하고, 앎이 지극해졌다고 말한다.[12]

---

10. 牟宗三, 『心體與性體』 3 冊(正中書局, 1969), 243쪽.

11. Shu-Hsien Liu, "The Function of the Mind in Chu Hsi's Philosophy," Journal of Chinese Philosophy, 5(1978), p. 199.

12. 蓋人心之靈莫不有知 而天下之物莫不有理 惟於理有未窮 故其知有不盡也 是以大

그리고 이와 연관되는 것으로 다음 구절도 들 수 있다.

　　하나하나의 사태·사물은 모두 일정한 리를 지니지 않음이 없다. 오
　늘 내일 누적된 것이 이미 많으면, 마음에서 자연히 관통한다. 이와 같
　으면 마음이 곧 리이고 리가 곧 마음이어서(심즉리心即理 리즉심理即心)
　두루 행동하는 모든 것이 리에 알맞지 않음이 없다.[13]

　　주자는 일단 실재론적으로 각각의 사태·사물은 모두가 리를 지니
고 있으며, 나아가 학자들로 하여금 각각의 사태·사물에서 그 리를
하나씩 궁구해 나가 충분히 누적되면, 마침내 자연히 활연관통하여
인식의 완성을 기할 수 있다고 권고한다. 주자가 우선 실재론적인 입
장에서 마음과 리의 관계를 설정했다는 점에서, 모종삼의 지적은 일
견 타당한 것으로 보인다. 그렇지만 모종삼이 지적하듯, 주자의 마음
은 단지 현실화된 실제적·경험적 것일 따름인가? 그리고 마음·리
의 관계는 단지 '외적 관계'일 따름인가? 모종삼의 주장은 표면적인
타당성만 지닐 뿐, 주자 철학의 핵심을 전혀 파악하지 못했다. 요컨대
주자에게서 마음·사물은 두 가지로 별개로 존재하는 외적인 관계일
따름인가? 주자는 분명 서두에서 "인간 마음은 신령스러워서 그 자체

學始教 必使學者即凡天下之物 莫不因其已知之理而益窮之 以求至乎其極 至於用力
之久 而一旦豁然貫通焉 則衆物之表裏精粗無不到 而吾心之全體大用無不明矣 此謂
物格 此謂知之至也.

13. 朱子語類」, 卷18: 75, 一事一物 莫不皆有一定之理 今日明日積累旣多 則胸中自然
貫通 如此 則心即理 理即心 動容周旋 無不中理矣.

가 앎을 지니고 있으며, 그 앎은 사물의 리에 대한 것이다"고 말하여, '마음의 앎'과 '사물의 리'는 매개 없는 직접 관계로 규정한다. 즉 '마음의 앎'이 이루어지는 과정이 곧 '사물의 리가 밝혀지는' 과정이라는 것이다. 따라서 이 과정이 완성되어 활연관통하면 사물의 모든 리는 우리 마음에 도달하고, 우리 마음은 그 사물의 리에 밝지 않음이 없게 되어, 마음이 곧 리가 되고 리가 곧 마음이 되는 그런 지평에 도달하게 된다. 주자는 분명 "마음이란 온갖 리를 갖추고 만사에 응하는 자이다 (심자心者 구중리이응만사자야具衆理而應萬事者也)라고 했다. 사물의 리에 통하면 곧 마음의 리에 통하는 것이 되고, 반대로 마음의 앎이 밝아지면 동시에 사물의 리가 조명된다. 즉 사물의 리가 도달하는 것이 곧 마음의 앎이 지극해 지는 것이기 때문에, 내외는 합일로서 하나의 일(일사—事)이라 하겠다.[14] 이렇게 주자가 인식의 완성으로 활연관통을 주장하는 배경에는 '물아일리物我—理'의 입장이 전제되어 있다.

그 리理가 같기 때문에 한 사람의 마음으로 천하 만물의 리에 나아가 알지 못하는 것이 없다.[15]

밖으로 다른 사람에게 나아가면 다른 사람의 리가 나와 다르지 않다. 멀리 사물에 도달하면 사물의 리가 사람과 다르지 않다. 극대화하면 천지의 운행과 고금의 변화도 (하나의 리에서) 벗어나지 않으며, 극소화하

---

14. 신오현, 「유가철학의 교학 이념」, 『철학의 철학』(문학과 지성사, 1988), 392~396쪽 참조.

15. 『大學或問』, 傳5章, 以其理之同 故以一人之心 以天下萬物之理 無不能知.

면 티끌같이 미세한 것이나 한 순간의 찰나도 빠뜨려지지 않는다.[16]

근원적인 리일理一의 관점에서 본다면, 사람의 리와 사물의 리는 모두 천리天理에서 유래한다는 점에서 한 사람의 마음에 품부되어 있는 리를 완전히 추구하면 천하 만물의 리를 모두 알 수 있다. 그리고 나의 리와 타인의 리는 같고, 사람의 리와 사물의 리 또한 다르지 않다. 또한 공간적으로 말하면 극소한 먼지에서 시작하여 극대로 천지의 운행까지도, 시간적으로 한 순간의 찰나에서 고금의 변화까지도 일리一理의 유행에서 벗어나지 않는다. 왜냐하면 주자에게서 사람의 성과 사물의 성性은 모두 동일 근원인 천명에서 유래하기 때문에, 인간 마음과 그 리를 탐구하는 것이 곧 만물의 마음과 그 리를 궁구하는 것이 된다. 모든 각각의 사태·사물에는 모두 일정한 리를 지니지 않음이 없고, 그 리는 모두 마음과 필연적 연관관계에 있다.[17] 이렇게 주자에게서 마음과 리는 외적인 것이 아니라, 내적인 자기관계이다.

지각되는 것은 마음의 리이며, 지각하는 것은 기氣의 영명靈明함이다.[18]
지각되는 것은 리이다. 리는 지각을 떠나지 않으며, 지각은 리를 떠나지 않는다.[19]

---

16. 『大學或問』, 傳章, 外而至於人 則人之理 不異於己也 遠而至於物 則物之理 不異於人也 極其大 則天地之運古今之變 不能外也 盡於小 則一塵之微一息之頃 不能遺也.

17. 『朱子語類』, 卷13, 56, 凡事莫非心之所爲.

18. 『朱子語類』, 卷5, 28, 所覺者 心之理也 所覺者 氣之靈也.

19. 『朱子語類』, 卷5, 25, 所知覺者 是理 理不離知覺 知覺莫不離理.

이렇게 주자는 분명 지각하는 마음과 지각되는 리는 (모종삼牟宗三의 주장처럼) 외적인 관계라 아니라, 내적인 자기관계임을 분명히 하고 있다. 모종삼은 "주자가 말하는 마음은 기에 의해 현실화된 실제적·경험적 마음이다"라고 지적했는데, 사실 40세 이전의 주자는 호굉학파胡宏學派의 영향을 받아 사람 마음은 살아 있는 한 잠시도 그 작용이 쉬지 않으며, 잠을 자거나 사려하지 않을 때에도 항상 작용한다고 생각했다. 그래서 그는 마음은 언제나 이발已發이며, 미발未發이란 마음의 본체(성)를 가리킨다(심위이발心爲已發 성위미발性爲未發)고 설명했다. 그런데 40세 이전의 이러한 주자의 설명은 희노애락喜怒哀樂의 감정이 발현하기 전후를 기준으로 미발·이발을 나눈『중용』의 언명과 어긋나는 것이었다. 그래서 그는 40세에 새로운 깨우침(기축지오己丑之悟)을 얻고, 새로운「미발이발설未發已發說」을 내놓았다.[20] 여기서 그는 미발·이발을 마음의 활동상 서로 다른 단계·상태로 설명한다.

사려가 아직 일어나지 않고, 사물이 아직 이르지 않을 때에는 희노애락이 아직 발현되지 않는다. 이때는 마음의 본체가 유행하면서도 고요하고 움직이지 않는 곳에 천명지성天命之性의 본래 모습이 갖추어져 있다. 여기서는 지나치거나 모자람이 없고·치우치거나 기울지 않기 때문에 '중中'이라고 말한다. (그러나) 이미 마음의 본체가 유행하여 드러나 있으므로 곧바로 '성性'이라고 하면, 옳지 않다.[21]

---

20. 陳來(안재호 역),『송명성리학』, 예문서원, 1997, 250~253면.
21.『주자문집』, 卷67「己發未發設」, 思慮未萌 事物未至之時 爲喜怒哀樂之未發 當此之時 卽是心體流行 寂然不動之處 而天命之性體段具焉 以其無過不及 不偏不倚 故

사람이 생존하는 한 마음의 작용은 계속되지만, 그 상태는 두 단계, 즉 사려가 아직 일어나지 않은 마음의 미발未發과 일어난 이후는 이발 己發로 나누어 볼 수 있다. 비록 마음의 작용은 정지하지 않지만, 아직 사려가 일어나기 이전의 상태를 (『주역』에서 말한 '적연부동寂然不動'의) 미발이라 하고, 사려가 일어난 이후 마음의 작용이 밖으로 분명하게 나타났을 때를 (감이수통感而遂通의) 이발己發로 규정한다. 요컨대 『중용』의 이른바 '중中'이란 마음의 미발을 말하지, 곧바로 천명의 성이라고 할 수는 없다. 마음의 상태를 미발·이발로 나눔으로써, 주자는 (모종삼이 말하듯) 경험적 마음에 제한하지 않고, 고요함(정靜) 가운데 함양할 수 있는 기반을 마련했다. 왜냐하면 마음이 언제나 '이발' 상태라면 오로지 '이발' 즉 의식 활동에만 주의를 기울일 수밖에 없지만, 사려가 아직 일어나기 이전의 '미발'을 제시하면 그 함양에 힘쓸 단서가 마련되기 때문이다. 이는 주자의 완성된 심성·수양론과 연결된다. 주자는 이때부터 정자의 다음 언명을 중시하였다. "함양은 모름지기 경으로 해야 하고(함양수용경涵養須用敬), 학문의 진작은 격물에 달려 있다(진학즉재격물進學則在格物)" 혹은 "경으로서 근본을 세우고(주경이립기본主敬而立其本) 궁리로써 그 앎을 진작시킨다(궁리이진기학窮理而進其學)." 환언하면, '거경궁리居敬窮理'로 요약되는 주자의 수양론은 마음의 미발 상태에 경으로써 근본을 세우고, 이발 상태에서는 궁리에 힘씀으로써 본말이 완전하게 갖추어졌다.[22] 어쨌든 천·명·

謂之中 然已是就心體流行處見 故直謂之性則不可.

22. Wing-Tsit Chan, "Patterns for Neo-Confucianism : Why Chi Hsi differed

리 · 도와 마찬가지로 형이상자인 성性은 마음 가운데에서 발견된다.

> 성性은 태극太極과 같고 심心은 음양陰陽과 같다. 태극은 단지 음양 가
> 운데 있고, 음양을 떠날 수 없다. 그러나 태극을 논함에 있어서는 태극
> 은 태극일 따름이고, 음양은 음양일 따름이다. 성性과 심心 또한 그러하
> 니, 이른바 하나이면서 둘이고, 둘이면서 하나이다.[23]

심心 · 성性의 관계는 우주론에서 리(태극) · 기氣(음양陰陽)의 관계와 같다. 그런데 개념상에서 본다면 태극과 음양은 형이상 · 하로 준별되어야 하지만, 현실 존재상에서 본다면 태극은 음양 중에 내재하며, 음양을 떠나서 별개로 존재하지 않는다. 성 · 심의 관계 또한 마찬가지다. 천명의 성(천명지성天命之性 · 본연지성本然之性)과 (지각 · 활동하는 기로 구성된) 심은 그 개념상 판연히 구별되지만, 현실에서의 '성'은 기질지성으로 심 가운데 내재하며, 심을 떠나서는 존재 수 없다. 그러므로 리(태극) · 기(음양)의 관계와 마찬가지로 성 · 심 관계 역시 하나이면서 둘이고 둘이면서 하나이다. 왜냐하면 형이상자로서 "성은 형상 · 영향이 없고, 단지 마음 가운데 도리"[24]로서 확인되기 때문에, 성을 포착하기 위해서는 심이 있어야 한다.

---

from Ch'eng I," Journal of Chinese Philosophy, 5(1978), pp. 102-103. 진영첩에 따르면, 주자가 程頤에게서 배운 것은 '理一分殊' 및 이 두 명제이며 주지는 40세 이후 말년까지 이것을 유지했다고 한다.

23. 『朱子語類』, 卷5, 43. 性猶太極也 心猶陰陽也 太極只在陰陽之中 非能離陰陽也 然 至論太極 自是太極 陰陽自是陰陽 惟性與心亦然 所謂一而二 二而一也.

24. 『朱子語類』, 卷4, 39. 性畢竟無形影 只是心中所有底道理是也.

성性은 심心의 道理이고, 심心은 몸을 주재하는 것이다.[25]

성性은 심心이 지닌 리理이고, 심心은 리理가 모여 있는 자리이다.[26]

즉 성(=리)은 심(=기)에 담겨져 있는 심의 도리이며, 성(=리)을 담고 있는 '심'은 성(=리)이 세계에 작용하게 하는 활동적 대행자인 '신체'를 주재하는 것이다. 그런데 심에 담겨진 성은 천리天理이며, 아직 불선不善함이 없다.[27] 리가 만물의 존재근거이면서 마땅히 실현해야할 법칙이듯이, 성 또한 인간의 존재근거이면서 실현해야 할 당위법칙이다.[28] 그리고 심의 도리로서 성의 내용은 인의예지이며,[29] 인의예지는 성의 네 덕목이다.[30] 그리고 이러한 사덕四德은 인仁이 포괄하며, 인은 곧 마음의 덕이자 사랑의 이치로서 본체이지 작용은 아니다. 그렇다면, 이제 본체 · 작용의 관계로서 성性 · 정情의 관계를 살펴보자.

25.『朱子語類』, 卷5, 56, 性是心之道理 心是主宰於身者.

26.『朱子語類』, 卷5, 46, 性 便是心之所有之理 心 便是理之所會之地.

27.『孟子集註』, 6상:2. 性則天理 未有不善者也.

28.『朱子語類』, 卷5, 9, 性是合當底.

29.『朱子語類』, 卷5, 14, 性是實理 仁義禮智皆具.

30.『孟子集註』, 卷7상:21. 仁義禮智 性之四端也.

2. 성性·정情

　'성性'이란 마음이 지닌 '리理'(마음의 덕)로서 인의예지를 그 내용으로 한다. 그리고 '정情'이란 『중용』에서 희노애락 혹은 『예기』 「예운」의 '희노애구애오욕'(칠정) 등으로 표현되었다. 그래서 주자는 "희노애락은 정이며, 그것이 아직 피어나지 않은 것이 성이다"[1]고 말하여 성·정을 체용관계로 파악한다. 그렇다면 체용관계란 무엇인가?

　맹자는 인에 의를 연용(인의仁義)하면서 "거인居仁·유의由義"[2]라는 표현을 사용했다는 점에서 체용론을 강조한 최초의 인물이다. 그런데 중국 철학사에서 본격적인 체용론은 왕필王弼, 226~249에서 유래하여, 중국 불교의 일관된 전통으로 이어져 승조僧肇, 384~414와 법장法藏, 673~712, 화엄학파의 리理·사事관계 및 육조六祖 혜능慧能, 638~713

---

1. 『中庸章句』, 卷1, 喜怒哀樂 情也 其未發 則性也.
2. 『孟子』, 3상:10 참조.

의 『단경壇經』에서는 삼매三昧 · 지혜智慧, 등잔 · 불빛이 하나이면서 둘이고, 둘이면서 하나인 관계로 전형화 되었다. 송대 신유가의 체용론은 리일분수理一分殊로 전형화 되었는데, 장재張載에서 그 맹아가 나타나고 정이程頤가 결정적인 해명을 한 뒤 주자가 완성했다. 주자의 체용론은 광범위하게 응용되어 ① 사물 자체와 그 작용, ② 원천과 그 산물, ③ 마음의 두 과정(미발未發 · 이발已發), ④ 근거(원인)로서 본체와 그 현상으로서 작용[3] 관계로 나타났다.

성 · 정을 체용관계로 파악했기 때문에 주자는 "성의 본체는 리일 따름이다. 정은 성의 움직임이다"[4]고 말한다. 리로서의 성은 심의 본체이다. 그런데 그 성은 정으로 발현된다. 따라서 한대 동중서董中舒나 당대 이고李翺에 이르기까지 음양의 대립관계로 파악되던 성 · 정은 주자에 본체 · 발현의 구도로 확고하게 자리매김 된다. 그래서 주자는 다음과 같은 비유를 든다.

정情은 성性에 상반하는 것이 아니라, 성의 발현이다. 성을 물(수水)에 비유한다면, 정은 물의 흐름과 같다. 정으로 이미 발현되었으면, 선 · 불선이 있다.[5]

---

3. 이에 대한 상세한 논구로는 Wing—Tsit. Chan, op. cit., pp. 111~ 114.; Wing—Tsit. Qian, A Source Book in Chinese Philosophy(Princeton Univ. Press, 1963), pp. 596—597; D. Gedalecia, "Excursion into substance and function," Philosophy East & West, 26(1974.) 참조.

4. 『孟子或問』, 卷6A, 6, 性之本體 理而已 情 則性之動.

5. 『朱子語類』, 卷59, 174, 情不是反於性 乃性之發處 性如水 情如水之流 情既發 則有善有不善.

여기서 주자는 성·정 관계를 본체·작용, 즉 물 자체와 그 흐름에 비유하였다. 그런데 물의 본원은 맑지만(선善), 계곡·내·강 등으로 흐르면, 원천의 물 자체처럼 맑을 수도 있지만, 또한 환경적 요인에 의해 탁할 수도 있다(선善·불선不善). 요컨대 본래 성은 선하지만, 정으로 발현되면 선·불선이 있을 수 있다. 그래서 그는 "사람이 태어나 고요한 상태(정靜)는 천성지이지만, 사물에 감응하여 움직이는 것은 성의 욕(성지욕性之欲)이다"[6]고 표현한다. 여기서 주자는 『예기』「악기」의 표현대로 '성지욕性之欲'이라고 했지만, 이 역시 '정情'을 의미한다.[7] 그렇다면 이제 문제는 다음과 같은 점이다. 정은 성에서 근원하는 것 곧 성의 발현이며, 성은 곧 리였다(성즉리). 혹은 그 역으로 천명의 리가 곧 성이며, 성의 발현이 바로 정이다. 즉 모든 사람이 타인의 고통을 보았을 때 느끼는 측은지심은 인간의 본성, 즉 우리가 얻어서 태어난 인仁(마음의 덕이지 사랑의 이치)에 그 뿌리를 두고 있다. 이와 마찬가지로 우리 인간이 지니는 또 다른 욕구(식食·색色·안일安逸의 욕구) 역시 우리 인간이 지니고 태어났다. 그런데 인간 본성은 본래 선하다. 그러나 우리의 정은 리(소이연지고이자 소당연지칙)와 일치 여부에 따라 선·불선이 나누어진다. 왜냐하면 완전한 리(리일理一 혹은 리동理同)는 그 매개자이자 실현자인 기가 항상 같지는 않다(기동氣異)는 점에서 정은 본연의 성(리)에서 일탈할 수 있기 때문이다. 비근한

---

6. 『詩傳』, 「詩傳序」, 人生以靜 天之性也 感於物而動 性之欲也.

7. 오하마 아끼라, 앞의 책, 174쪽. 이 해석은 주자의 다음 언명으로 볼 때 정당한 해석이라고 생각된다. "性之欲 卽所謂情" : '『朱子大全』卷67, 「樂記動靜說」.

예를 들어, '물'(수水)의 본성은 본래 맑아(청淸) 우리가 마실 수 있지만(선善), 현실의 물은 오염되어(탁濁) 마실 수 없게 될 수(불선不善)도 있는 것과 같다. 여기서 불선不善은 물 자체 기인한 것이 아니다. 물이 마실 수 없게 된 것은 물의 리가 그런 것이 아니라, 물을 오염시킨 다른 환경적 요인에 있다. 마찬가지로 우리는 정 그 자체가 선·불선이라고 말할 수는 없다. 즉 우리는 정이 성(리)에 의해 규정된 적절한 한계에 미치지 못하거나 과도하게 넘어설 때(과過·불급不及)에만 불선이라고 말한다. 자연의 이상異常(변괴變怪)이 불변의 천도를 드러내는 것이 아니듯이, 과도하거나 모자라는 정情 역시 인간본성의 이치라고 할 수는 없다. 주자에서 인간 실존의 본래 상태는 '중화中和'로 표현된다.

따라서 그는 "희노애락은 각각 마땅한 바가 있다 …… 천하의 큰 근본을 화和라고 하는데, 정의 올바름을 나타낸 것이며,…… 치우치고 기운 바가 없으며, …… 차이 나거나 어긋난 바도 없다"[8]라고 말한다. 즉 희노애락의 정은 기본적으로 천명·리·성에 근원하기 때문에, 각각 그 마땅함을 얻으면 '화和'로 피어난다. 그런데 천명의 성이 있으면, 거기에는 곧 기질氣質이 있다.[9] 천명의 성은 현실에서 기질의 성으로만 존재한다. 게다가 기질 그 자체는 악이라고 할 수 없지만, 사私적인 것에 집착하여 만물간의 감통 즉 천명지성의 실현을 방해할 수 있다. 기질의 성 자체가 악은 아니지만, 악의 경향과 악의 가능성

---

8. 『中庸或問』 卷1, 喜怒哀樂 各有攸當 …天下之本 謂之和者 所以著情之正 …無所乖戾.

9. 『朱子語類』 卷4, 38, 才有天命 便有氣質 不能相離 4:42 縱設性是 便有此氣質.

을 지닌다. 바로 이 점에서 주자는 정에는 선·불선이 있다고 말한 것이다. 게다가 성은 형적 없는 형이상자로서, 그 자체가 동動하지 않는다. 그런데 주자는 정情을 '성의 움직임(성지동性之動)'이라고 표현했다. 그러면 어떻게 형이상자로서 자체 동하지 못하는 성이 정으로 발현되는 것인가? 바로 여기에서 기의 정상으로서 심이 성·정을 '통統'한다는 논리가 등장한다. 즉 기의 정상으로서 마음이 매개가 되어 기질에 타재墮在된 성을 현실화하는데, 이를 '심통성정心統性情'이라고 말한다.

주자의 성·정에 대한 체용론적 해석이 가장 명시적으로 잘 드러난 곳은 그의 「인설」이다. 진영첩陳榮捷이 지적하듯이, 주자는 「인설」에서 성의 내용인 '인'을 '마음의 덕이지 사랑의 이치(심지덕이애지리心之德而愛之理)'라고 정의하여, 유교 인 개념의 전개에서 정점에 섰다.[10] 「인설」을 통해 주자의 성·정에 대한 체용적 해석의 의의를 살펴보자.

주자에 따르면, 성性을 전언專言하면 '인仁'이라는 한 글자로 말할 수 있다. 또한 '인'이란 "마음의 덕이자 사랑의 이치"이기 때문에, 비록 '사랑(애愛)'이라는 정을 떠나 별개로 존재하지 않지만, 곧바로 '사랑'으로 환원되지는 않는다. '성'의 내용으로서의 인과 '정'인 사랑(애愛)

---

10. Wing-tsit Chan, "The Evolution of the Confucian Concept Jen, , liNeo-Confucianism, Etc. : Essaysby Wing-tsit Chan(OnentaW Society, 1969); Wing-tsit Chan", "Chinese and Western interpretation of Jen(Humanity)," Journal of Chinese Philosophy 2(1978). 이 두 논문에서 陳榮捷은 유가의 仁 개념이 ① 보편적인 덕으로서의 仁(孔子), ② 사랑(愛)으로서 仁一體用(仁義)적 전개(孟子, 「設問」), ③ 博愛로서 仁(韓愈), ④ 理=性의 理一分殊論적 전개(孟子 → 張載, 程顥, 주자), ⑤ 萬物命一體論적 仁(程顥), ⑥ 生生으로서 仁(二程), ⑦ 心之德이자 愛之理(주자)로 전개되었다고 기술하면서 朱煮가 仁 개념의 頂點이었음을 논증했다.

은 개념상 구분되지만(불일성不一性), 현실상 별개로 존재하지 않는다(불이성不二性). 비유하자면, 사랑이라는 정이 식물의 싹이라면 인으로서 성은 그 뿌리에 해당하며, 사랑으로서 정이 흐르는 물(강물, 시냇물, 계곡물)이라면 인은 그 원천의 물(혹은 물 자체)이다. 뿌리는 비록 줄기·가지·열매와 그 영역상 구분되어 줄기·가지·열매로 환원되지 않지만(불일不一), 또한 별개로 따로 존재하지 않는다(불이不二). 원천의 물(물 자체)은 개울물·여울물·바닷물과 비록 그 처해 있는 장소가 구별되지만, 별개의 존재자가 아니다. 그런데 여기서 하나의 난제가 발생한다. 즉 성性과 그 내용인 인仁은 형이상자로서 형적이 없는데, 우리는 그것을 어떻게 인식할 수 있는가? 하는 점이다. 이는 곧 보는 눈은 그 대상세계만 볼 수 있지, 눈 자신을 볼 수 없는 것과 같은 것이다. 이 문제에 대한 주자의 대답은 다음과 같다. 즉 그는 존재하는 모든 것에는 그 뿌리가 있는 것과 마찬가지로 순선純善한 사단四端의 정이 있다는 사실로부터 '추이논지推而論之'하여 사덕의 성이 있음을 알 수 있다는 것이다.[11]

다음으로, 주자가 "인의 경지를 천지만물과의 즉자적인 '혼연일체渾然一體'라고 말할 수 없다"고 말한 것에 주목할 필요가 있다.[12] 주자가 인을 만물과의 혼연일체의 경지로 정의하는 것을 "눈금 없는 저울과 마디(촌寸)없는 자(척尺)와 같다"고 비판한다.[13] 바로 이 때문에 주자는

11. 『朱子文集』, 卷58, 「答陳器之二書」 참조.
12. 『朱子大全』, 卷32, 「答張敬夫·仁說」 참조.
13. 『朱子文集』, 卷58, 「答陳器之二書」 참조.

'도문학道問學'을 '존덕성尊德性'으로 환원하지 않았으며, 거경居敬 · 궁리窮理의 병진을 주장했다.

마지막으로, 주자는 "인자仁者는 지자智者일 수는 있지만 그 역은 불가능하다" 혹은 "인은 지각작용으로 환원되지 않는다"[14]고 말한다. 주자는 인을 지각작용으로 환원하는 입장은 인을 너무 좁게 정의함으로써 사람으로 하여금 침잠하지 못하게 하여 결국 인욕을 리로 정의하는 폐단을 초래할 수 있다고 경고한다. 왜냐하면 지각은 (인의예지 가운데) 지에 속하는 것으로 포괄적인 의미의 인에 내속하는 것이지, 그역으로 지가 곧 인의예지 전체를 대표할 수 없기 때문이다. 즉 인자仁者는 마음의 의리를 구분하고 시비를 판단하는 지각능력을 지니지만, 그 역으로 지자가 곧 인자라 할 수는 없다. 왜냐하면 '사랑의 이치(애지리愛之理)'로서 인은 지각기능에서 파생되는 것이 아니라, 그 근거가 되기 때문이다.

---

14. 『朱子大全』, 卷32, 「答張敬夫, 又仁說」 참조.

3. 심心과 성性·정情

지금까지 주자의 '심통성정론'에서 그 관건이 되는 심·성, 그리고 성·정의 관계를 리기 및 체용론을 통해 해명하였다. 이제 최종적으로 심과 성·정의 관계를 해명해 보자.

'인간의 본성은 천리이다(성즉리性卽理)'는 명제를 입언하는 성명의리지학性命義理之學·성리학性理學(리학理學)·주자학朱子學(정주학程朱學)은 '마음이 곧 이치이다(심즉리心卽理)'고 주장하는 심학心學(양명학陽明學·육왕학陸王學)에 비해, 마음(심心)보다 본성(성性)을 강조했다고 해석되기도 한다. 그러나 이는 단지 명칭에 기반한 것이지, 결코 강조점의 차이라고 여겨지지 않는다. 다시 말하면 주자 또한 육왕학파에 못지않게 마음에 중점을 두었다. 기실 주자철학의 모든 체계는 마음으로 수렴된다고 말할 수 있다. 주자는 다음과 같이 말했다.

사람들은 대부분 성性을 말한 뒤에 심心을 말한다. 그런데 마땅히 먼저 심心을 말해야 한다. 옛 사람들이 글자를 만들 때 역시 먼저 '심心'자를 만들었고, 성性·정情은 모두 '심心'에서 따라 나왔다. 사람이 태어난 것으로 말하면, 진실로 먼저 이 도리를 얻었다. 그러나 태어나면서 지닌 허다한 도리는 오히려 심心 속에 갖추어져 있다. 또한 예를 들면, 인의는 본래 성性이지만, 맹자는 인의지심仁義之心이라 했다. 측은·수오는 본래 정이지만, 맹자는 측은지심·수오지심이라 했다. 대개 성性은 곧 심의 리理이며, 정情은 곧 성性의 발용이다. 이제 먼저 하나의 심을 말한다면, 성·정의 총두뇌를 알게 하면서 도리의 의착처를 알게 하는 것이다. 만일 먼저 성을 말한다면, 도리어 성 중에 별개로 하나의 심이 있는 것처럼 보인다. 횡거의 '심통성정'이란 말은 지극히 훌륭하다.[1]

주자 당시에 정자의 '성즉리性卽理'라는 언명을 견지하면서, 성性을 근본으로 여기면서 성을 먼저 말하고 심心을 뒤에 말하는 사람들이 있었을 것이다. 주자의 철학 체계 또한 그렇게 이해할 수도 있으리라. 즉 그의 철학체계에서 우주론이 근본이고 심성론은 그에 종속되는 것이라면, 논리상 리는 기에 선행한다는 점에서 먼저 성(리理)을 말하고, 이후에 심(기)을 말해야 하리라. 이런 입장은 아마도 아리스토텔레스의 세계를 바라보는 관점(원리상 먼저인 것과 우리에게서 먼저인

---

1. 『朱子語類』 卷5, 62, 人多說性方說心 看來當先說心 古人制字 亦先制得 心字 性與情皆從心 以人之生言之 固是先得這道理 然才生這許多道理 卻都具在心裏 且如仁義自是性 孟子則曰 仁義之心 惻隱 羞惡自是情 孟子則曰 惻隱之心 羞惡之心 蓋性卽心之理 情卽性之用 今先說一箇心 便敎人識得箇情性底總腦 敎人知得箇道理存著處 若先說性 卻似性中別有一箇心 橫渠心統性情語極好.

것)[2] 가운데 원리상 먼저인 것에서 우리에게 먼저인 것으로 나아가는 방법과 유사하다고 하겠다.

그런데 주자는 심과 성·정의 관계에서 천리로서 우리에게 품부되어 있는 형적이 없는 성과 그 실현태인 정보다는 우리의 심이 중심개념이 된다고 말한다. 왜냐하면 기의 정상으로 허다한 도리를 지니고 있는 심은 성을 포함하고 있지만, 성은 심을 포함하지 못하기 때문이다. 또한 주자는 심心자와 성性·정情의 제자制字순서로 설명한다. 즉 성性(심心+생生)·정情(심心+청青)은 모두 심心에서 파생된 글자라는 것이다. 바로 이 때문에 맹자는 성性을 '인의지심仁義之心'으로, 그리고 정情을 '측은지심惻隱之心·수오지심羞惡之心'이라고 말하여, 심을 성·정의 총두뇌처이자 의착처로 제시했다는 것이다. 어쨌든 주자는 "심이 성·정을 통統한다."는 장재의 입론을 계승·발전시켰는데, 여기서 관건이 되는 '통統'이란 '포괄(包得)·겸兼·구유(具)한다는 의미이다.

> ㉠ 성性은 미동未動이며, 정情은 이동已動이다. 심은 이동·미동을 '포괄包得'한다. 대개 심의 미동은 성이 되고, 이동은 정이 되니, 이른바 '심통성정'이다.[3]
>
> ㉡ 심통성정의 통統이란 '겸兼'한다는 뜻이다.[4]

---

2. Aristotles, *Metaphysica*, 1019a, 30. "그리고 여기에서 다시금 개념상 먼저인 것과 감각적·지각상 먼저인 것이 구별된다."(강조는 필자)

3. 『朱子語類』, 卷5, 67, 性是未動 情是已動 心包得已動未動 蓋心之未動則爲性 已動則爲情 所謂心統性情也.

4. 『朱子語類』, 卷98, 39, 心統性情 統猶兼也.

ⓒ 심이란 성·정을 겸兼하여 말한다. 성·정을 겸하여 말한다는 것은 성·정을 포괄包括한다는 것이다.[5]

ⓔ 하나의 마음 가운데 본래 동動·정靜이 있는데, 정靜이란 성이며, 동動이란 정이다.[6]

ⓜ 성이란 리의 총명이며, 인의예지가 모두 성 가운데 하나의 리를 말한다. 측은·수오·사양·시비는 정으로서 발용한 것을 말한다. 이 정은 성에서 나와 선善한 것이다. 이 사단이 발용한 것은 아주 은미하여 모두 이 심을 좇아서 나온다. 그러므로 '심통성정'이라 한다. 성이란 별개의 한 사물이 심 속에 있는 것이 아니라, 심이 성·정을 갖춘다(구具).[7]

'성'이란 심 가운데 리를 총명한 것으로 인의예지가 그것이다. 측은·수오·사양·시비 즉 사단이란 성의 발용으로 선한 정을 말한다. 심의 미동未動(정靜) 상태가 성이며, 이동已動상태는 정이다. 따라서 심은 성·정을 겸兼·포괄包括·구유(具)하는데, 이것이 이른바 '심통성정心統性情'의 첫 번째 의미로서, 심心의 존재론적 구성을 말한다. 그런데 심과 성·정의 관계는 존재론적 구성의 측면만이 아니라, 실존론적 '주재'의 측면 또한 지닌다. 주자는 다음과 같이 말한다.

---

5. 『朱子語類』, 卷20, 126, 心者 兼性情而言 兼性情而言者 包括乎性情也.

6. 『朱子語類』, 卷98, 41, 一心之中 自有動靜 靜者性也 動者情也.

7. 『朱子語類』, 卷5, 64, 性是理之總名 仁義禮智皆性中一理之名 惻隱羞惡辭遜是非 是情之所發之名 此情之出於性而善者也 其端所發甚微 皆從此心出 故曰 心統性情者也 性不是別有一物在心裏 心具此性情.

㉠ 성性이란 심心의 리理이며, 정이란 성의 움직임이며, 심이란 성·정의 주主이다.[8]

㉡ 심이란 주재의 뜻이다. 동·정을 모두 주재한다. 고요할 때 작용이 없다가 움직일 때 이르러 비로소 주재함이 있는 것이 아니다. 주재란 혼연한 (태극의) 통체가 그 가운데 있음을 말한다. 심이 성·정을 통섭統攝하여, 흡사 성·정과 한 물건이 되는 듯하지만, 분별할 수 없는 것이 아니다.[9]

㉢ 성은 본체이고 정은 작용이다. 성·정은 모두 심에서 나온다. 그러므로 심은 능히 성·정을 통統하니, 통이란 병사들을 통솔統率한다고 할 때의 통統과 같으니, 주재한다는 말이다.[10]

㉣ 성은 리를 말하고, 정은 발현된 것을 말한다. 심이 성·정을 관섭管攝한다. 그러므로 정자가 말했다. 본체를 가리켜 말하면 고요하여 움직이지 않음(적연부동寂然不動)이니, 이는 성을 말한다. 작용을 가리켜 말하면, 감응하여 드디어 통함(감이수통感而遂通)이니, 이는 정情을 말한다.[11]

여기서 주자는 '심통성정心統性情'이란 심이 성·정情을 주主·주재主宰·통솔統率·관섭管攝한다는 뜻이라 했다. 총괄하면, 주자의 '심통성

---

8. 『朱子語類』, 卷5, 55, 性者 心之理 情者 性之動 心者 性情之主.

9. 『朱子語類』, 卷5, 67, 心 主宰之謂也 動靜皆主宰 非是靜時無所用 及至動時方有主宰也 言主宰 則混然體統自在其中 心統攝性情 非儱侗與性情為一物而不分別也.

10. 『朱子語類』, 卷98, 41, 性是體 情是用 性情皆出於心 故心能統之 統如統兵之統 言有以主之也.

11. 『朱子語類』, 卷5, 68, 性以理言 情乃發用處 心即管攝性情者也 故程子曰 有指體而言者 寂然不動是也 此言性也 有指用而言者 感而遂通是也 此言情也.

정론'은 존재론적으로 심이 성·정을 겸兼·포괄包括·포득包得·구유(具)한다는 뜻이며, 실존론적(현실적 발용)으로는 심이 성·정을 주·주재·통솔·관섭한다는 말이다. 주자는 이러한 심통성정론 통해 무엇을 말하고자 했는가?

주자가 말하는 형이상자인 리는 만물의 존재근거이자 운동의 가능근거로서 논리적으로 기에 선행하지만 그 자체가 동·정하지는 않는 형상인이자 목적인이다. 그러나 실존론적으로 볼 때, 리의 의착처로서 기는 만물의 구성요소인 구체적 질료인이면서 그 자체 직접 동·정하는 운동인이 된다. 리·기는 둘이면서 하나이고, 하나이면서 둘인 묘합 관계로 동시·동연적으로 실존한다. 천하 만물은 모두가 리·기의 묘합 관계를 벗어나지 않는데, 인간 마음 또한 예외가 아니다. 기의 정수精髓로 구성된 인간 마음은 온갖 리를 갖추고(구중리具衆理) 밝게 조명하면서(상爽=명明) 온갖 사태에 응대할 능력을 지니고 있다(응만사應萬事). 인간은 이렇게 그 본성으로 천지 만물의 모든 리를 가장 온전히 구비하여 밝게 조명하면서 만사에 응대하는 특권을 부여 받은 탁월한 존재자로서 하이데거의 이른바 '존재의 목자'이다. 이런 마음을 지니고 있기에 인간은 천지와 더불어 만물의 화육에 동참할 수 있는 삼재三才의 특권을 지닌 우주의 주재자이다. '심통성정心統性情'은 바로 이런 관계를 표현해 주는 마음과 성·정의 논리이다. 즉 주자에게서 인간의 마음의 본성이란 태극(리)에서 유래하는 혼연渾然한 것이다. 그러나 단순히 혼연하다고만 말한다면, 필시 "눈금 없는 저울·마디 없는 자와 같아 천하 사람들을 깨우치기 힘들다."[12] 그래서 주자는 혼연한 태극의 전체로서의 인간 본성은 인의예지를 내용으로 한다고 말한다. 우주적 마음인 천지의 마음(천지지심天地之心)이 춘·하·추·동으로 운행되면서 원元·형亨·리利·정貞의 덕으로 만물을 공평하게 조화·발육시키듯, 인간 또한 인·의·예·지의 덕을 온전히 갖추고 태어났다. 그리고 천도天道에서 봄의 생기生氣(원元)가 사계절을 통관하듯이, 인도에서는 인이 사덕四德을 통관한다. 사덕의 대표로서 인은 그 자체 마음에 갖추어져 있다는 점에서 마음의 덕(심지덕心之德)이며, 그 자체 마음의 본체이지 단순히 그 발용으로 환원될 수 없다는 점에서 사랑의 이치(애지리愛之理)라고 말하며, 곧바로 정情인 사랑(애愛)이라고 말하지는 않는다. 희노애락 혹은 희노애구애오욕의 칠정七情으로 표현되는 인간 감정은 그 존재의 시원에서 보면, 기본적으로 순선한 본성에 뿌리를 두고 있다. 즉 원리(개념)상, 인간 마음에 사덕의 본성이 있기 때문에 사단이란 정이 피어나왔다. 그렇지만 감각·인식상 '우리에게서 먼저'인 것으로 본다면, 이 감정 중에서 순선한 사단을 통해 그 뿌리인 사덕을 추론·증험해야 한다.

그러나 사단四端이 아직 피어나기 전 이른바 혼연한 전체는 소리와 냄새로 말할 수 없고 모양으로서도 말할 수 없는데 무엇으로 찬연하게 이와 같은 조리가 있음을 알 수 있겠는가? 대개 리의 증험이란 바로 피어

---

12. 『朱子文集』, 卷58, 「答陳器之二書」, 渾然全體, 則恐其如無星之秤, 無寸之尺, 終不足以曉天下

난 곳에 의존하여 나아가 증험할 수 있다. 무릇 물物에는 반드시 뿌리가 있다. 성의 리는 비록 형상이 없으나, 단서가 피어난 것에서 가장 잘 증험할 수 있다. 그러므로 그 측은으로 말미암아 반드시 인이 있음을 알고, 수오로 말미암아 반드시 의가 있음을 알고, 공경으로 말미암아 반드시 예가 있음을 알고, 시비로 말미암아 반드시 지가 있음을 안다. 본래리가 안에 없다면, 어떻게 밖에 단서가 있을 수 있겠는가? 밖에 단서가 있음으로 말미암아 반드시 안에 리가 있음을 속일 수 없다.[13]

이 구절에는 주자의 체용론이 잘 드러나 있다. 즉 순선한 사단으로 나타난 마음의 발용(用)이 있다는 사실에 근거하여 추론을 통해 그 본체인 인의예지를 증험할 수 있다는 것이다. 마치 보고 · 듣는 작용이 있다는 사실을 통해 보는 눈과 듣는 귀가 있다는 사실을 알 수 있듯이. 주자의 체용론적 관점은 현대 심리철학의 비판적 대안이 될 수 있는 근거가 된다. 현대 물리주의에 기반한 기능주의는 단지 마음의 작용(기능)만 말하고, 작용으로만 그 존재를 정의할 뿐 그 본성 자체에 대해서는 말하지 않는다. 그렇지만 주자는 작용이 있으면, 그 작용을 불러일으키는 본체가 있음이 명확하다고 분명이 말하고 있다.

인간 마음은 태극(리)인 성을 구비하고, 그 성의 발현인 정을 포괄

---

13. 위의 책, 같은 곳. 然四端之未發也 所謂渾然全體 無馨臭之可言 無形象之可見 何以知其粲然有條如此 蓋是理之可驗 乃依然就他發處驗得 凡物必有本根 性之理雖無形 而端的之發最可驗 故由其惻隱所以必知其有仁 由其羞惡所以必知其有義 由其恭敬所以必知其有禮 由其是非所以必知其有智 使其本無是理於內 則何以有是端於外 由其有是端於外 所以必知有是理於內而不可誣也.

하는 이른바 하이데거의 현존재Dasein이다. 즉 '현존재'가 존재Sein가 임재臨在하는 터전Da이듯이, 기의 정상으로 구성된 인간 마음 또한 궁극 존재인 천(태극 · 리)이 온전히 갖추어진 장소이다.[14] 이런 의미에서 모든 인간은 본래적 존재이다. 그러나 현실의 인간은 기질을 지니고, 상대적인 시 · 공간 내에 현존하는 처세적 존재이다. 처세적 존재로서 인간은 기질적 욕망에 골몰하는 '소인' 즉 하이데거의 이른바 '세인das Man'이 되기 십상이다. 이러한 소인 · 세인은 자기정립(위기爲己)을 이루지 못했기 때문에, 늘 불안Angst하다. 맹자의 언명대로 본성을 잃고 방심하여 존재하기 때문에, 항상 남의 말에 귀를 기울이며, 이익에 골몰한다. 그런데 인간 마음은 반성적 사유능력을 지닌 주체이지 객체가 아니기 때문에, 소인적 삶의 방식에서 결단을 통해 군자로 정향할 수 있다. 그렇다면 반성적 사유능력을 지닌 마음은 무엇을 지향해야 하는가? 주자에 따르면, 마음은 그 본성의 리를 지향한다.

요컨대 그 자체 사물이 아닌 마음은 현대 현상학자들의 언명대로 항상 무엇에 대한 마음 즉 지향성으로만 존재하는데, 그 마음에 의식되는 그 무엇은 바로 본성의 리이다. 즉 인간 마음은 본성의 리를 지향한다. 그런데 리는 궁극 존재로부터 우리에게 부여되어 인간 마음

---

14. 이에 대해서는 Lik Kuen Tong, Nature and Feeling : The Meaning of Mentality in the Philosphy of Chu Hsi," Journal of Chinese Philosophy, 5(1982), pp. 8~9 참조 "理는 참으로 마음에 있어 의식의 대상이다.… 달리 말해서, 朱熹에게 의식 혹은 마음은 '내용'(형이상학적 혹은 초현상적 내용)을 지닌다. 도가와 불가가 주장하듯이 공허한 것이 아니라, 마음은 이성의 본질, 규범, 기준 등의 수용소이다. 참으로 마음 · 은 道가 기거하는 장소…이다. 마음의 형이상학적 내용이 인간의 본질적 性을 구성한다는 점에서, 의식적인 마음의 理는 정확히 형이상학적 지향성(理의 의식)에 놓여 있다."

에 가장 온전히 갖추어져 있는 인간 본성, 즉 인의예지를 그 내용으로 한다. 리를 지향하는 인간 마음은 그 리가 인간 본성으로 가장 온전히 갖추어져 있음을 알고, 그 본성을 자신의 존재 근거이자 마땅히 행해야할 법칙이라는 것을 자각하고, 그 본성을 회복하여 본래의 자기로 돌아갈 것을 결의한다. 그런데 본래의 자기로 돌아간다고 말할 때, 그 궁극적인 귀의처인 '자기(기己)'란 단순한 주관적·경험적 의식을 말하는 것이 아니다. 여기서의 자기란 천리를 가장 온전히 갖추고, 그 삶 자체가 천리의 온전한 유행으로서의 본래적 인간 혹 성인聖人을 말한다.

그렇다면 소인(세인)으로부터 자기의 본성을 자각·회복하여, 본래적 자기로 되돌아가는 데에는 무엇이 요구되는가? 주자는 그것을 '심통성정心統性情論'에서 '통統'자의 두 번째 의미인 마음이 성·정을 주主·주재主宰·통솔統率·관섭管攝하는 것으로 설명한다. 요컨대 마음은 존재론적 혹은 정태적 측면에서 천리를 가장 온전히 갖추고, 그 본성을 정으로 발현한다. 즉 마음은 미발未發(성)·이발己發(정) 상태로 나누어 볼 수 있다. 마음은 미발의 상태에서는 동·정의 기미幾微를 잘 살피고 정제엄숙整齊嚴肅함으로써 그 본성을 보존·양성(경敬=존양存養)해야 한다. 그래서 주자는 말하였다.

그윽하고 어두운 상태에 있어서도 세미한 일의 형적이 아직 나타나지 않더라도 기미는 이미 움직인다. …… 따라서 군자는 이미 경계하고 두려워하고 더욱 삼간다.[15]

---

15. 『中庸章句』, 卷1, 幽暗之中 細微之事 跡雖未形而幾則已動…是以君子既常戒懼,

더욱 은미하고 어둡고 홀로일 때에도 선악의 기미를 조심하는 것을 더욱 정밀하게 한다.[16]

마음의 미동未動의 상태에서는 더욱 삼가 조심함으로써 선·악의 기미를 잘 살펴 그 본래성을 보존·양성하여 잘 발현될 수 있도록 준비해야 한다. 마음이 아직 피어나지 않는(미발未發) 상태에서 치우치거나 기울지 않고·지나침과 모자람이 없는 중中의 상태를 유지하면서, 정제엄숙(경敬)함으로써 그 동動·정靜의 기미幾微를 살펴 이발已發시에 모두 '중절中節'을 이루도록(화和) 주재·관섭·통솔해 나가고자 한 것이 바로 '심통성정론'의 실존적 의미라 할 수 있다. 인간의 본성에는 천리(태극)가 가장 온전히 갖추어져 있기 때문에, 인간 마음이 그 본성을 주체적으로 체득하여 구체적 현실에서 정情으로 온전히 구현하는 것이 바로 인간의 자기실현이 된다. 즉 마음이 그 의식 대상인 인의예지의 본성을 자각하고, 마음의 미동(성)·이동(정)을 주·주재·통솔·관섭하여 기질에서 유래하는 사사로움(사私)을 통어하여, 그 발현되는 정을 주체적으로 그 본성의 리와 통일시켜 다른 사람들 및 천하 만물과 조화를 이루어, 인간의 자기완성을 기해야 한다는 것이 바로 주자의 심통성정론이다.

而於此尤加謹焉.

16. 『中庸或問』, 卷1, 尤於隱微幽獨之際 而所以謹其善惡之幾者 愈精愈密.

4. 심통성정론과 현대 물리주의적 심리철학

　지금까지 주자의 심통성정론이 지닌 3중 구조와 함축적 의미를 살펴다. '심통성정'이란 형이상의 성(천리)과 형이하인 심의 묘합인 동시에 이념으로서 성과 그 현실태인 정 사이에 성립하는 체용의 구조를 말한다. 게다가 그것은 마음을 성·정의 포괄자(존재론)인 동시에 그 주재자(실존론)으로 정립한 입장이기도 하다. 이제 '심통성정론'으로 나타난 주자의 심성론을 현행 마음에 대한 주도적인 이론인 영미 물리주의적 심리철학과 연관하여 몇 가지 특성을 제시하고자 한다.

　서양철학에서는 근세 데카르트에 이르기 까지 마음(영혼)을 신체로부터 차원(개념)상 구분하여 그 본성을 그 자체로 정의하는 형이상학적 해명을 시도했다. 그런데 현대 과학의 맥락에서 마음의 정체를 해명하는 현대 물리주의적 심리철학은 이와 다른 방식을 취하고 있다. 즉 인지심리학, 신경심리학, 신경생리학, 생리학적 심리학, 신경과학, 인공지능이론, 유전 공학, 진화론, 분자생물학, 생화학, 컴퓨터과학 등의 빠른 발전에 힘입어 현대 심리철학자들은 인간 마음을 그 신체와 분리시키지 않고, (최소한 원리적으로) 완전히 해명할 수 있다는 가정한다. 그리고 현대적 의미에서 심리철학은 의식, 자아 동일성, 영혼불멸, 의지자유, 행동에서의 마음의 역할, 감정의 본성, 인간과 동물심리학 간의 관계 등 수 많은 문제를 포괄하지만, 이러한 문제들은 기본적으로 단일한 하나의 문제 즉 '심신관계'를 어떻게 이해하는가에 달려 있다고[1] 주장한다. 고전 심성론에서 물리적인 것과 심리적인 것의 대비로 정립된 인간의 자기 물음이 현대에서는 이제 '심적 현상'과 '신체 현상'의 관계를 묻는 심리철학으로 전환되었다. 즉 정신과 육체를 상호 독립된 배타적인 실체로 간주하는 데카르트적 실체 이원론을 버리고, 이 양자가 상호 연결·협력한다는 관점의 정립을 통해 심신문제를 해결(해소)할 수 있다고 주장하고 있다. 바로 이러한 관점을 배경으로 등장한 것이 현대 영미 물리주의(유물론)적 심리철학이다. 그런데 그것은 어디까지나 '물리주의'인 만큼, 물리적인 것으로서 혹은 물리적인 것(신체)에 우선성을 두면서 심신의 문제를 해결하려는 방안이다.

현대 물리주의적 심리철학은 다음과 같이 전개되었다. 먼저 그 유형으로 살펴보면 ㉠ 행동주의, ㉡ (유형 및 개별자) 동일론, ㉢ 기능론, 그리고 ㉣ 수반이론으로 나눌 수 있다. 또한 심신의 관계에서 보면 Ⓐ 환원 물리주의, Ⓑ 비환원 물리주의 등으로 대별할 수 있다. 그

1. W. G. Lycan, "Philosophy of Mind," N. Bunnin and E. P. Tsui-James(eds.), Blackwell Companion to Philosophy(Blackwell, 1996), p. 167.

런데 이 입장들이 지니고 있는 각각의 특징을 살펴보면, ㉠ 마음을 신체로 논리적으로 환원하거나(행동주의), ㉡ 교량–법칙에 의해 존재론적으로 환원하거나(동일론), ㉢ 기능적으로 해석하거나(기능론), 혹은 마음은 단지 신체에 수반된다고 설명하면서 마음에 대한 해석을 남겨 놓고 있다(수반론). 이러한 입장들이 지니고 있는 단일한 특성은 모두가 기본적으로 '물리주의'를 유지하려고 하기 때문에, 물리적인 신체의 관점에서 마음을 설명하려고 한다. 그리고 물리주의자들이 말하는 '신체'란 물리과학의 '대상'으로서 파악된 것일 따름이다. 그렇다면 여기서 우리는 '신체'에 대한 관점의 변경(태도 변화)을 요구할 필요성을 느낀다. 왜냐하면 '신체'라고 하는 것은 이중적인 의미를 지니고 있기 때문이다. 즉 '신체'는 ㉠ 관찰자에 의해 관찰되는 '대상'인 동시에, ㉡사물을 지각 · 조망하는 '주체'로 볼 수도 있다. 그런데 현대 물리주의적 심리철학자들은 단지 ㉠의 입장 즉 신체를 단지 물리적 대상으로서만 파악하고 있다. 그리고 물리주의자들은 신체를 제3자적인 대상으로 파악할 뿐만 아니라 우리의 마음마저도 대상으로 소급 적용하고 있다. 바로 여기에 현대 물리주의적 심리철학의 결정적인 한계가 노출되어 있다. 바로 이점에서 우리는 '신체'를 '주체'로 상정하여 사고 실험을 할 필요가 있다. 그런데 신체를 주체로 상정한다는 것은 '신체'를 마음의 관점에서 영화Beseelung된 유기체로 이해하는 것이다.[2] 이는

---

2. 여기서 '영화작용'이라고 말한 것은 후설의 다음과 같은 규정을 염두에 두고 한 말이다. "영화작용이란 정신이 공간계 내에서 위치를, 이를테면 그 공간화를 확보하고 그 물체성을 토대로 함께 실재성을 획득하는 방식을 말한다." E. Husserl, 『현상학적 심리학강의』(신오현 역, 민음사, 1992), 263쪽.

20세기 초 현상학자 후설 및 그 후계자에 의해 시도된 인간 마음 및 신체에 대한 이해이다. 후설은 이렇게 말했다.

(신체는 "이중성") 즉 '물리적인 외면성'과 동시에 '영화하는 내면성'에서 파악된다. …… 예컨대 우리는 발을 물리적인 공간적 물체로 보게 된다. 그러나 이 물체적인 발이 '나의 발'일 경우 그것은 (단순한 물체적) 발 이상이 되며, 더듬고 만져 보는 감각의 장은 발이라는 물체를 통어統御하며, 그 안에 자리 잡고 있다고 하겠다. "내가 발을 운동시키는" 경험에서 신체 운동으로서 발 운동은 …… 양면적이다. 그것은 동시에 '공간 내에서 발생하는 물리적인 운동'이면서 (그 운동에 계속적으로 상합하는) '주관적인 발 운동' 등등이다.[3]

(따라서 '신체'는) 실제로 각별한 의미에서 기관이며, 그와 동시에 신체의 주재자로서 자아의 기관이고, 자의적으로 행동·사고하는 자 등으로서 자아의 기관이다. …… 신체도 공간사물이기는 하지만, 단순한 공간사물 그 이상이다. 만일 신체가 생리학의 주제가 되면, 신체는 단적으로 '현존하는 것으로 정립된' 자연 객체일 따름이다. …… 현상학에서는 지각작용, 신체의 경험 작용이 주제이며, 순수하게 '경험 작용 안에서 경험된 것으로서' 지각적인 의향으로서의 신체 자체가 주제가 된다.[4]

---

3. 위의 책, 261쪽.
4. 위의 책, 373~374쪽.

바로 이러한 후설의 현상학적 신체론은 후에 메를로-뽕티의『행동의 구조』·『지각의 현상학』 등에서 구체화되었다. 그렇다면 현상학자들이 신체는 현상학적으로 조명될 수 있다고 말하는 근거는 무엇인가? 그것은 바로 신체를 물체적 대상으로만 파악하는 생리학으로는 '환상지 현상'과 '병식 결손증' 등을 설명할 수 없다는 것이다. 그래서 메를로-뽕티는 직접 '신체-주관'이라고 표현한다. 신체-주관은 ㉠ 형태부여 작용이거나 혹은 의미부여 작용이며, ㉡ 나의 세계에로의 존재 양상이며, ㉢ 나의 실존을 표현한다. 그리고 그는 이러한 신체를 규정하는 근본적인 특징은 '애매성'이라고 단정한다.

이렇게 신체를 단순히 대상적으로 파악하지 않고, 마음의 육화 incarnation로 보는 관점이 있다. 주자의 심신관계론은 바로 이런 기반 위에 서 있다. 주자의 '심통성정'이란 명제 또한 이런 맥락에서 이해해야 한다. 따라서 주자의 '심통성정'이란 명제는 현대 물리주의적 심리철학에 대해 가지는 의미를 다음과 같이 지적하고자 한다.

첫째, 현대 물리주의적 심리철학은 오직 대상적인 것만을 인정하고, 대상화되지 않는 마음을 논외로 한다. 따라서 이 관점은 주체로서의 마음을 이해하지 못하고 있다. 그런데 주자는 마음이 성·정을 주재·통솔·관섭한다고 말하고, 마음은 '권리상' 주체이지 객체가 아니라고 말함으로써 마음을 주체성을 정립했다고 할 수 있다.

둘째, 현대 물리주의적 심리철학에서는 마음과 신체가 모종의 상관관계가 있다고 가정하면서, 마음이 신체에 논리적이거나 존재적으로 환원되거나, 혹은 수반된다고 말한다. 그런데 이들은 상관되는 두 관계항 가운데 한 항인 마음(M) 그 자체의 본성에 대해서는 구체적인 언급이 없거나, 기껏해야 기능주의적으로 정의할 따름이다. 그러나 주자는 마음의 본체로서 '성'과 그 내용인 인의예지를 말하면서, 마음에 대한 구체적인 정의를 제시했다.

셋째, 현대 물리주의적 심리철학은 인간에게 물리적인 사실만을 설명할 뿐, 그 어떠한 인간 이념이나 혹은 윤리적 동기를 말하지 않는다. 그렇지만 주자는 순수하게 선한 정으로서의 사단이 있음을 지적하고, 추론을 통해 그 뿌리로서의 사덕이 있음을 증험할 수 있다고 말했다. 주자의 마음에 대한 체용론적 설명은 상대적으로 불변의 본체만을 실체론도 아니며, 그 기능적 작용만을 설명하는 현상론도 아니기 때문에 서양의 전래 형이상학 및 현행 과학주의 현상론과도 변별된다.

넷째, 주자는 마음의 존재론적 구성에 대한 분석뿐만 아니라, 실존론적 분석 또한 제시하고 있고 있다. 주자의 이러한 분석은 마음의 변혁 가능성의 근거와 방법의 제시라고 할 수 있다. 바로 이점에서 주자의 심통성정론은 의식 혹은 현존재에 대한 정치한 분석을 제시하면서도 의식의 변혁 가능성에 대해서는 침묵하고 있는 현대 현상학자들보다 진일보한 측면을 지니고 있다고 하겠다.

주자 형이상학의 하이데거적 재구성

동양철학 다시 읽기는 단순히 이론의 복고나 재생이 아니라, 재구성으로 시도되어야 한다. 여기서 우리는 주자의 형이상학은 현대적으로 재구성될 수 있는 여지가 있다고 판단하고, 그와 연관된 몇 가지 단서를 제시하려고 한다. 주자의 형이상학은 다음 네 가지 방향으로 탐구될 수 있다고 생각된다.

첫째, 그 단초와 귀결에서 초월자의 인식을 추구한 '전통 형이상학'과 형이상학의 가능성을 부정하며, 과학주의 일원론을 추구하는 '현대 물리주의'에 대비되는 현대적인 제3의 입장으로 읽을 수 있다.

둘째, 현대 형이상학자인 하이데거M. Heidegger의 시도와 맥락을 같이 하는 것으로 재해석될 수 있다.

셋째, 하이데거는 저 양대 사조를 염두에 두고 논의를 진행할 뿐만 아니라, 엄밀한 방법론을 개진하고 있다고 하는 점에서 그의 철학을 차용하여 현대적으로 재구성하면 그 의미가 분명히 드러난다.

넷째, 뿐만 아니라 나아가 하이데거의 한계(현존재의 분석에만 몰두하고 그 변혁가능성, 즉 수양론을 결여하고 있다)마저도 조명할 수 있다고 하는 점을 제기한다.

주지하듯이, 형이상학의 개념 규정과 연관하여 고전적인 언명을 아리스토텔레스의『형이상학』에서 찾을 수 있다.

자연에 의해 형성된 것과 구별되는 다른 어떠한 실체들이 존재하지 않는다면 자연학은 제일학문일 수 있다. 그러나 부동不動의 실체가 있다면, 이는 선천적일 것이며, 부동의 실체에 관한 학문은 제일철학일 수 있으며, 그리고 이런 방식으로 그것이 '먼저'라는 사실에서 보편적일 수 있다. 그리고 존재자로서 존재자, 즉 존재란 무엇이며 그리고 존재자로서 존재자에 귀속하는 것이 무엇인지를 탐구하는 것이 이 학문의 관심사일 수 있다.[1]

아리스토텔레스의 이러한 진술과 구분은 플라톤의 '영원불변의 이데아'에 대한 변증법과 '가변적인 사물과 인간 그리고 물리적 세계'의 구분으로 소급되면서,[2] 존재자를 그 통일적인 전체성에서 묻는 형이상학을 성립하게 하였으며, 그것은 최고의 존재자를 묻는 신학 또는 신론이 될 수밖에 없었다. 즉 형이상학은 존재론이자 신론Onto-Teologie의 외양을 하고, 그리스 및 특히 중세에 나타났다. 이러한 고전

---

1. Aristotle, Metaphysics, E, 1, 1026a15-16; Z, 11, 1037a14-16.
2. 이 점은 특히 이데아를 표본으로 하여 Demiurge가 어떻게 세계를 창조했는지를 기술한 플라톤의 [티마이오스]에 잘 나타나 있다.

적인 형이상학은 근세를 열었던 데카르트에게 그대로 계승되어 나타났는데, 그는 철학(학문)을 한 그루의 나무에 비유하면서 '형이상학을 나무의 뿌리에, 형이하학 즉 물리학은 나무둥지"[3]에 비유하였다. 그러나 이러한 형이상학은 그 이후 전개된 인식론에 자리를 내주고, 급기야 칸트에 이르러서 다음과 같은 절충된 언명이 나타나게 된다.

오성은 …… 대상을 우리에게 부여할 수 있는 감성의 한계를 초월할 수 없다; 그리고 주제넘게도 체계적인 원리적 형식으로 사물 일반에 대한 선천적인 종합적 입식을 제공한다고 주장하는 존재론이라고 하는 오만에 가득한 이름은 그러므로 단순히 순수 오성의 분석이라는 가장 온건한 제목에 자리를 내주어야 한다.[4]

이러한 입장을 견지하면서 칸트는 형이상학을 선험 철학으로 변형시킨다. 그런데 "선험 철학은 대상 일반에 관계하는 개념과 원칙의 체계에서 오성과 이성만을 다루지, 주어질 수 있는 대상을 설명(Ontologia: 존재onta에 논리, 이치, 질서logos를 제공)하지는 않는다."(B 873) 이렇게 하여 마침내 칸트는 만학의 왕으로서 형이상학의 폐위를 선언했다. 그러나 150년 후 하이데거는 형이상학을 복원하여야 한다

---

3. "이리하여 철학 전체는 한 그루의 나무에 비유될 수 있으이 그 뿌리는 형이상학이고, 둥치는 물리학이며, 이 둥치에서 뻗어 나온 가지들은 여타 학문 전체이다." R. Descartes, *The Philosophical Works of Descartes*, trans. E. S. Haldane & G.R.T. Ross, Cambridge Univ Press, 1979, p. 211.

4. 『순수이성비판』, B 303-4

고 주장한다. 그렇다면 그 사이에 어떤 일이 일어났고 왜 이런 주장을 하게 되었는가?

하이데거의 형이상학의 복원

칸트가 폐위한 형이상학은 감각적 지각을 넘어서는 초월자에 대한 체계적 인식으로서의 형이상학을 말한다. 이러한 인식이란 인간 이성의 능력으로는 불가능하며 다만 실천이성의 차원에서 요청될 뿐이다. 하지만 칸트 이후 주도적인 현대 철학은 이러한 요청마저도 부정하였다. 흄을 계승했던 현대의 영미철학자들은 '형이상학의 비판'으로서 철학을 내세우며 실재에 대한 체계적인 인식은 오직 형이하학 즉 과학에 의해서만 가능하다고 주장한다. 그렇다면 하이데거는 무슨 연유에서 형이상학의 복원을 주장하였는가? 그것이 단순히 고대 형이상학의 반복이라는 우리는 왜 그가 현대 최고의 형이상학라고 부르는가? 그런데 하이데거가 복원하고자 한 형이상학은 저 초월자에 대한 체계적 인식이라고 하는 재래식의 형이상학이 아니다.

'형이상학'이란 표현은 내용상 '초감각적인 것의 인식'으로서 받아들여졌다. '형이상학'이라는 표제는 이런 의미로 전통 속에 보존되어왔으며, 따라서 우리는 바로 이런 의미로 이 표제를 수용할 수는 없다. 오히려 이와 반대로 …… 그 (형이상학) 표제에다가 비로소 그 의미를 고쳐 마련해주어야 할 과제가 우리에게 생겨난다. (형이상학을) …… 근원적으

로 해석함으로써 '형이상학'이라는 표현을 정당화시켜야 한다.[5]

하이데거는 '형이상학'이란 전통 속에 안존해온 형이상학을 폐기하고 근원적으로 재해석함으로써 진정한 형이상학의 복원을 시도하는 바, 그는 이를 '현상학적 존재론' 혹은 나아가 '존재사유'라고 지칭한다. 이를 좀 더 구체적으로 진술하여 보자.

후설의 영향 하에 있었던 전기 하이데거는 '현상학'을 '현상'의 '논리'로 해석했다. '현상'이란 말을 그는 그리스적 어원으로 풀이하여 '개시하는 것'das Offenbare 혹은 '자기 자신을 나타내는 것'das Sich-an-ihm-selbst-zeigende으로 해석한다. '논리'logos를 '자기 자신으로부터 보이게 하는 것'sehen-lassen-von-dem-selbst-her으로 풀이하였다. '현상학'을 "스스로 나타나는 것을, 그 자신으로부터 스스로 나타나는 대로, 그 자신으로부터 보이게 하는 것"으로 보았기 때문이다.[6] 하이데거는 '스스로 자기편으로부터 자기 자신을 자기 자신에게 드러내 보이는' 현상은 곧 그리스 철학에서의 '존재'라고 말한다.

현상학이 드러내고자 하는 것은 '존재 자체'이며, 존재 자체를 탐구하는 것이 '존재론'ontology이다. 즉 "내용적으로 보면 현상학은 존재자의 존재에 관한 학문, 존재론이다."[7] 그런데 모든 존재자들 가운데 오직 '인간'이라는 존재자만이 그의 '존재 중에 이 존재 자체'를 이해하

---

5. M. Heidegger, Der Satz vom Grund, Neske, 1952. S. 89.
6. M. Heidegger, Sein und Zeit, Max Niemeyer, 1963, SS. 27-39. (앞으로 이 책은 S. u. Z로 약칭함)
7. 앞의 책, S. 37.

고 있기(혹은 존재가 인간에게 개시되어 있기) 때문에, 존재론은 '인간 존재론'의 형식으로 출발하는 것이 자연스런 절차라는 것이다. 하이데거는 '인간'이란 개념 자체가 너무 애매모호할 뿐만 아니라, 인간의 존재자적인 측면이 부각되어 오히려 존재를 해명하는 데에 걸림돌이 되기 때문에, 인간의 존재로부터 존재를 해명하는 시도를 후기에와서 포기한다. 이른바 존재 자체에로의 '전회'Kehre를 단행하여, '현존재Dasein'을 'Da-sein(거기에 있음)'으로, '실존Existenz'을 'Ex-istenz(자기 밖에 서 있는 존재)'로 고쳐 쓰면서, '인간 존재론'의 잔재를 일소하고, 마침내 '기초 존재론' '현상학' 등의 개념까지도 포기한다.

하이데거는 두 가지 태도(방식)를 구별하였다. 그 하나는 '존재자적'(사물적ontisch)으로 보는 방식이다. '존재자적'인 방식에서는 사물을 표상적으로 파악하는 방식, 즉 "존재자를 그 자체에 즉하여 그 존재자가 있는 대로 묻는 물음"[8]이다. 이 방식에서는 존재는 망각되고 존재자만 표상되고 대상화된다. 이와 구별되는 '존재론적'(ontologisch: 존재on를 드러낼 목적telos) 방식에서는 일체의 주·객 분리의 도식을 넘어서 대상·존재자에 대해서 단적으로 초월인 '존재 자체'를 문제시한다. 즉 존재자를 인식하는 '표상적 사유'를 떠나, 이런 표상적 사유와의 차이를 염두에 두면서, 존재자적 표상의 근거Grund에로 돌아가 존재 자체의 사유를 수행하는 입장을 말한다. 이런 존재-사유의 지평에서 보면 다음과 같은 점이 드러난다.

---

8. M. Heidegger, Die Grundbegriffe der Metaphysik, Vittorio Klostermann, 1983, S. 523.

먼저, 존재는 존재자가 아니다. 존재자는 시·공간 내에서 인과법칙에 따라 생성·소멸하는 어떤 것이지만, 존재는 그런 어떤 것이 아니다. 바로 이 점에서 존재는 '단적인 초월'이라고 불러야 한다. 그래서 하이데거는 "존재는 존재할 수 없다. 존재가 존재한다면, 그것은 더 이상 존재가 아니라, 하나의 존재자이다"[9]고 말한다. 바로 이점에서 하이데거는 "일체의 있다"Es ist로부터 결별을 선언한다.[10] 하이데거는 존재와 존재자의 존재론적인 차이, 결정적인 차이를 언표하기 위하여 "Es gibt(있다)"라는 표현을 사용하는데, 여기서 'Es'가 바로 존재를 지시한다.[11] 그리고 동사형을 가진 경우에는 명사를 주어로 하고 동형의 동사를 술어를 사용함으로써 존재를 나타내기도 한다. '시간이 시간화한다'Die Zeit zeitigt, '세계가 세계화한다'Die Welt weltet, '생기生起가 화성化成한다'Die Ereignis ereignet[12]는 방식이다. 다시 한 번 지적하지만, 존재와 존재자의 차이는 '존재자적인' 차이가 아니라, 존재론적인 차이다. 존재가 어떤 종류의 존재자도 아니기 때문에, 존재와 존재자의 차이를 두 개의 존재자 사이의 존재자적인 차이로 이해하면 존재론적 구별은 허사가 되고 만다.

　여기서 다시 한 번 유념할 것은 존재와 존재자는 이렇게 존재론적으로 구별되지만, "존재자가 존재한다"는 사태 이외에 또다시 "존재가 존

9. M. Heidegger, Kants Theses uber das Sein, Vittrio Klostermann, 1963, S. 35.

10. 앞의 책, S. 154.

11. S. u. Z. SS. 72, 212, 230, 316 참조.

12. M. Heidegger, Vom Wesen der Wahrheit, Vittorio Klostermann, SS. 15, 19.

재한다"는 또 다른 사태가 존립하지 않는다는 사실이다. "나무가 존재
한다"는 사태 이외에 또다시 "나무의 존재가 존재한다"는 사태가 있을
수 없는 것으로 비유할 수 있다. 그렇다면, "존재는 존재자 없이 본재
west하지 않으며, 어떤 존재자도 존재 없이 존재한 적도 없다."[13] 따라
서 "존재는 언제 어디서나 존재의 존재자Seiendes des Seins"를 의미한다.
따라서 존재와 존재자의 존재론적 구별이란 결국, "'존재자의 존재'das
Sein des Seienden 또는 '존재 중의 존재자'Seiendes im Sein의 구별이다.

주자 철학의 현대 철학적 의미와 철학사적 맥락

하이데거가 복원하고자 한 형이상학의 방법론과 그를 통해 드러내
고자 하는 '존재'를 원용하는 이유는 무엇인가? 그리고 그것이 유가
특히 성리학적 형이상학과 어떤 관계에 있다고 하는 것인가? 하이데
거가 복원하고자 한 형이상학의 이념으로 주자의 형이상학을 재구성
적으로 읽으면, 주자 철학의 현대 철학적 의미와 철학사적 맥락이 선
명히 드러난다는 것이다. 우리의 이러한 주장을 지면을 절약하기 위
해서 요약하여 몇 가지 측면으로 제시하면 다음과 같다.

① 형이상학에 대한 입장
하이데거는 초월적 실재를 인식한다고 하는 '전통적 형이상학으

---

13. M. Heidegger, Was ist Metaphysik, Vittorio Klostermann, 1955, S. 46.

로 상향'하거나 혹은 형이상학의 원리적 불가능성을 주장하면서 오직 현상적 실재만을 우리가 인식할 수 있다고 하면서 '형이하학으로 하강'(물리주의 일원론)하는 입장을 지향하고, 제3의 중도의 길 즉 '내재적 초월'이자 '초월적 내재'인 "존재의 복명復命"을 그의 형이상학의 과제로 삼았다. 그런데 형상을 지닌 무엇(기器)이 아니지만(무극無極), 그렇다면 공무空無도 아닌니면서 유·무의 양단을 벗어나는 말하자면 초월적 내재이자 내재적 초월로서의 리理(=태극太極)[14]를 추구한 주자의 형이상학은 현대적인 맥락에서 보면 하이데거적인 입장이라고 말할 수 있다. 주자의 형이상학은 형상을 지닌 형이하적인 것과 다른 차원의 리理를 논의한다는 점에서 과학주의 일원론이 아니며, 게다가 리理는 초월계에 존재하는 또 다른 어떤 실재가 아니라는 점에서 전통 형이상학의 과제와 구별되는 제3의 입장으로 해석될 수 있기 때문이다. 바로 이 점에서 주자의 형이상학적 입장이 현대적으로 보면 하이데거적인 것으로 귀결될 수 있으며, 바로 이렇게 보았을 때 그 정당한 현대 철학적 평가가 내려질 수 있다.

② 형이상학의 주제

하이데거의 형이상학에 있어, 복명復命하는 '존재'란 주자의 리理와 등근원적인 것으로 선험적 의미론의 관점에서 볼 때 동일한 메타포를 지닌다. 하이데거는 존재를 언표하기 위하여 세 가지 방식으로 표현

---

14. 이에 대한 주자의 입장은 특히 『太極圖說』 해설 및 '無極而太極'이란 언명을 절묘한 언사라고 예찬하는 象山 형체와의 논쟁에 잘 나타나 있다.

한다. 첫째 존재는 형상을 지닌 존재자가 아니라는 점에서 부정적인 언사로 단적인 초월, 즉 차라리 무無라고 표현할 수 있지만, 둘째로 적극적 측면에서 만물의 근거 혹은 기반Grund이며, 셋째로 나아가 존재자를 떠나 별개로 존재하는 또 하나의 사물은 아니라는 점에서 '존재자의 존재', '존재자 가운데 존재'라는 표현을 사용한다. 이와 마찬가지로 주자의 리理 또한 첫째 기氣와 분명하게 구별되면서(결시이물決是二物, 불상잡不相雜), 둘째로 만물의 근거(소이일음일양자所以一陰一陽者 리야理也. 만물지근지萬物之根砥 조화지추뉴造化之樞紐)이지만, 셋째 형상을 지닌 기를 떠난 별개로 존재하는 일물이 아니다(불상리不相離).

③ 형이상자와 인간

하이데거는 모든 전통적인 인간 본질 규정을 부정하고, 인간의 본질은 사물적인 존재자가 아니라 형이상자인 존재와의 공속성에서 찾고 있다. 하이데거는 인간 존재 즉 현존재Da-sein를 존재가 임재臨在해 있는 장소로 파악하면서, 오직 인간 존재만이 이 존재를 온전히 갖추고, 존재의 계시啓示를 계현開顯하고 있다. 바로 이 때문에 하이데거는 현존재 분석론을 기초 존재론이라고 불렀으며, 현존재를 존재의 목동이라고 했던 것이다.

분명 인간은 존재하는 그 무엇이다. 이러한 존재자로서 인간은 돌, 나무, 독수리와 같은 존재의 전체에 귀속된다. 그러나 인간의 특징적인 것〈인성人性〉은 …… 존재〈천리天理〉에 열려 있고, 존재〈천리〉 앞에 정위되어 있으며, 존재〈천리〉와 관계되어 존속하고, 그렇게 존재〈천리〉에게 대응하는 바로 이 점에서 성립한다. 인간은 본래적으로 이러한 대응 관계로서 존재하며 다만 이것일 뿐이다. …… 인간 내에는 존재〈천리〉에의 귀속이 지배하며, 이러한 귀속은 거기에 위탁되어 있는 존재〈천리〉를 경청한다. …… 인간〈인성〉과 존재〈천리〉는 상호 귀의한다. 그들은 상호 귀속적이다. 존재〈천리〉는 우리에게 귀속된다. 왜냐하면 오직 우리에게 있어서만 존재〈천리〉는 존재〈천리〉로서 존속할 수 있으며 즉 현존할 수 있기 때문이다. 인간과 존재〈천리〉는 이미 그들의 본질에서 상호 도달되어 있으며 서로 상대방으로 도달하면서 서로에게 귀의되어 있다.[15]

이와 마찬가지로 주자 또한 인간의 본질을 형이하의 기器적인 것에서 찾지 않고, 형이상자인 리理(곧 성즉리性卽理)에서 찾았다. 또한 오직 인간 존재만이 기氣의 정상精爽으로서 허령명각虛靈明覺한 마음을 지니고 형이상자인 (천天)리理를 온전히 갖추고 그것을 실현하고 있다고 주장한다. 위의 하이데거의 언명에서 '존재'를 필자가 첨가한 대로 〈천리天理〉로 대치시키고 읽어 보면, 이 구절은 인간의 본성은 곧 천리라고 말하는 주자의 제일명제인 '성즉리性卽理'라는 인간 규정을 부연하는 것에 불과하다. 다시 말하면 하이데거의 말로 표현된 인간은 유가의 '천인합일天人合一'의 이념을 찾을 수 있지 않을까?[16]

---

15. M. Heidegger, Die Frage nach dem Ding, Max Niemeyer, 1962, SS. 22-4. 인용문에서 〈 〉로 첨가한 것은 유가적으로 읽으면 그렇게 바뀔 수 있다는 것을 제시하기 위하여 필자가 첨가한 것이다.
16. 이와 연관해서는 다음 글을 참조하라. Tu Wei-Ming, "Neo-Confucian

④ 방법론

하이데거는 주관이 객관을 표상한다고 주장하는 전통적인 인식론을 비판하고, 존재·인식의 상관성에 주목하여 "존재의 실재성 혹은 실재성의 충실도 그 실재성을 인식하는 현존재의 명료성에 상관된다"고 하는 이른바 '해석학적 순환'der hermeneutische Zirkel의 상황에 놓여 있는 사태를 강조한 바 있다. 이러한 그의 입장은 급기야 "(철학적) 방법이 단지 사태에 지향해 있는 것이 아니라 …… 오히려 방법이 사태에 내속하는데, 이것은 방법이 곧 사태 자체이기 때문이다"는 유명한 언명으로 나타났다. 하이데거는 방법Methode이라는 말을 그리스 어원으로 풀이하여 '길'der Weg이라고 풀이하기도 하였다. 주자 또한 존재와 인식의 상관성에 각별히 유념하여 자신의 입장을 개진하고 있는 바, 이는 주자 철학의 핵심이 가장 간략하게 진술되어 있는 「대학격물보망장大學格物補亡章」의 다음의 글에 여실히 드러나 있다. "이미 알고 있는 리를 바탕으로(선이해) 사물에 나아가 리理를 궁구하기를 극진히

Ontology ; A Preliminary Questioning", Journal of Chinese Philosophy 7, D. Reidel Publishing Co, 1980. 이 논문에서 두유명은 신유학에서 형이상학은 부차적인 것이라는 입장을 비판하고, 형이상학과 인성론은 상호 공속적인 관계라고 지적하면서 이는 하이데거 철학에서 '존재'와 '현존재'의 관계와 같다고 주장하는데, 필자는 이 입장을 설득력 있는 논변이라고 생각한다. 그외 현상학을 차용하여 주희 철학을 해석하는 탁월한 논문으로는 다음을 참조하라. Lik Kuen Tong, "Nature and Feeling : The Meaning of Mentality in the Philosophy of Chu Hsi," Journal of Chinese Philosophy 9, D. Reidel Publishing Co, 1982. "주희 철학에서 인간 마음은 형이상학적 내용을 지닌다. 도가와 불가가 주장하듯이 공허한 것이 아니라… 참으로 마음은 도道가 기거하는 장소이다. 마음의 형이상학적 내용이 인간의 본질적 성性을 구성한다는 점에서 의식적인 마음의 리理는 정확히 형이상학적 지향성에 놓여 있다." pp. 8-9.

하면, 어느 날 활연관통하게 되어 뭇 사물의 표리 정조가 도달하지 않음이 없고 내 마음의 온전한 체와 큰 작용이 밝아짐이 않음이 없다"고 하는 주자의 말은 해석학적 순환성, 즉 존재＝인식의 등근원성을 주장하는 것에 다름 아니다.

하이데거는 그의 스승 후설이 필생의 과업으로 정치하게 전개한 현상학적 방법(판단중지, 현상학적 환원, 본질직관, 선험적 환원)을 출발점으로 자신의 철학을 개진하고, 그 주제정립 및 방법의 타당성에 대해 현대적 정신에 입각하여 철저하고 투명한 자기 정초를 시도하였다. 그러나 주자에게 있어서 이 점을 찾아보기는 극히 어렵다. 주자는 기껏해야 독서, 인물 비평, 시비를 가림 그리고 나아가 지적 구명(소이연지고로서의 리에 대해서) 등을 말하고 있을 따름이다.

바로 이 점에서 주자의 철학은 하이데거의 힘을 빌려 재구성될 필요가 있다고 주장하는 것이다. 그런데 주자의 입장에서 하이데거의 한계 또한 구명할 수 있다고 생각한다. 즉 하이데거의 현존재 분석론은 '본래적 상태' ⇒ 비본래적 상황으로의 전락Verfallen ⇒ 자각Entschlossenheit을 통한 원형회복의 순으로 전개되었다. 그러나 하이데거는 이러한 분석론을 개진하면서, 전락한 현존재의 변혁 가능성을 암시만 하고 있지 구체적으로 어떠한 방식으로 변혁할 것인지에 대해서는 침묵하고 있다. 그런데 주자는 이른바 '거경居敬'의 수양론을 궁리窮理와 함께 양 날개로 삼아 구체적으로 전개하고 있다고 하는 점에서는 하이데거보다 진일보한 측면을 지닌다고 하겠다.

이상의 네 가지 점에서 필자는 성리학(특히 주자)의 형이상학은 하이데거 철학을 원하여 창의적 재구성할 때 그 생생한 진면목이 부각될 뿐만 아니라, 현대 철학적 의미가 선명하게 부각될 수 있다고 생각한다. 그리고 다시 말하지만 필자의 이 주장은 문제해결이 아니라 단지 연구자들의 관심을 부각시키기 위한 문제제기에 지나지 않는다. 21세기적 현재적 상황에서 동양철학 다시읽기는 철학의 문제를 세계사적으로 조망하고, 그 언제나 동일하게 우리에게 반복되는 철학의 근본 문제를 해석·해체·해소를 통해 총체적이고 창의적으로 재구성해야 하는 것이라고 하겠다.

4장

왕양명의 용장오도
– '심즉리'에 대한
선험 현상학적 해석

양명 왕수인의 생애[1]

주지하듯 송명유학宋明儒學을 지탱하는 두 축으로 주자학과 양명학이 자리한다. 명대明代: 1468~1644에 유행한 양명학을 개창한 인물이 바로 왕수인王守仁.1472~1528(호는 양명陽明, 자는 백안伯安)이며, 흔히 양명선생으로 불린다. 송명유학의 전통에서 그의 철학은 주자학 혹은 정주리학程朱理學에 대한 반발로 해석되는데, 육구연陸九淵의 심학 노선을 계승한다는 의미에서 육왕심학陸王心學으로 묶이기도 하며, 단일한 사상체계로서는 양명학陽明學이라 불린다. 아래에서는『왕양명연보王陽明年譜』등에 근거하여 간단히 그의 생애와 학술을 정리한다.

왕양명은 명나라 헌종憲宗 성화成化 8년(1472)에 태어나서 세종世宗 가정嘉靖 7년(1528)에 세상을 떠났다. 절강성浙江省 여요현餘姚縣 출신이며, 부친 왕화王華.1446~1522는 과거에서 장원급제한 인물로 남경南京의 이부상서吏部尙書 등을 역임한 고위관료였다. 유복한 환경에서 자란 왕양명은 11세에 부친을 따라 북경으로 이주했다. 그는 17세에 혼인하였는데, 혼인이 있던 날 집에서 몰래 빠져 나와 도교 사원에 들러 도사와 함께 양생養生에 관해 논하며 시간을 보냈다는 이야기가 전해진다. 18세 때, 저명한 주자학자 누량樓諒. 1422~1491(호는 일재一齋)을 만나 격물설格物說에 대해 듣고는 배워서 성인이 되겠다는 포부를 품

---

1. 양명의 생애는 신유학의 전문가인 서강대의 정종모 박사의 도움을 받아 작성했다.

었다고 한다. 자유분방한 성격이었던 왕양명은 젊은 시절 유학은 물론 사장詞章, 병법, 도교를 넘나들며 공부했다. 주자학의 격물설을 이해하고자 대나무를 7일 동안 궁구하다가 실패한 적도 있고, 도교의 양생설에 심취하기도 했다. 그러한 패기와 활달함을 간직한 채 28세(1499) 때 회시會試에 합격하여 관료의 길을 걷게 된다.

관료로서 왕양명의 생애는 순탄치 않았다. 당시 환관으로서 전횡을 일삼던 유근劉瑾을 비판한 관료들을 옹호했고, 이로 인해 곤장형을 받은 뒤에 귀주貴州 용장역龍場驛의 역승驛丞으로 좌천되어 아득한 벽지로 유배를 떠나는 신세가 되었다. 그의 나이 35세 때의 일이다(1506). 척박하고 낯선 이민족 지역으로의 유배와 그곳에서의 실존적 고통은 그에게 유학의 가르침에 대한 근원적인 반성을 촉구했고, 새로운 학문적 도약을 가능케 하였다. 고통과 번민 및 유학의 가르침에 대한 침잠 속에서 무엇보다 그는 격물치지格物致知의 의미를 새롭게 깨달았다. 그가 내린 결론은 성인의 도道는 마음속에 온전하게 갖추어져 있으므로 바깥 사물의 이치를 구함으로써 얻어지는 게 아니라는 것이었으며, 이는 심즉리心卽理라는 명제로 표현되었다. 이러한 깨달음은 외부 대상에 대한 궁리窮理와 지식의 축적을 강조한 주자학의 주지주의나 외향주의에 대한 비판을 의미했다. 한편 이듬해에는 본격적으로 지행합일知行合一을 제창하기 시작했다. 이처럼 귀양에서의 깨달음을 발판으로 그는 본심本心의 자족성과 절대성 및 도덕 주체로서 인간이 갖는 존엄과 주체성을 강조한 심학心學으로 나아갔다.

양명은 1510년(39세) 말 유배에서 풀려 길안부吉安府 여릉廬陵의 지현知縣으로 임명되었다. 그 무렵 강학에서 정좌靜坐 공부를 특히 중시했으며, 주자학 중심의 학술 환경 속에서도 육상산陸象山의 학문에 대해 우호적인 입장을 피력하곤 했다. 몇몇 관직을 거쳐 1512년(41세)에는 남경태복사소경南京太僕寺少卿으로 승진했으며, 그 무렵 고향인 월越 지역에 들렀을 때 주자의 해석과 다른 방식으로『대학』의 친민親民, 지선至善, 격물格物 등을 논했다. 제자인 서애徐愛가 당신의 강의를 기록했는데 그 내용이『전습록傳習錄』상권에 수록되어 있다.

1513년(43세)에 양명은 부임지인 안휘성安徽省 저주滁州에 도착했고, 이듬해에는 다시 남경으로 옮겼다. 그 무렵 문인들이 많아졌으며 서애, 설간薛侃, 육징陸澄, 계본季本 등의 뛰어난 제자들이 양명의 곁을 지켰다. 당시에는 존천리거인욕存天理去人欲, 사상마련事上磨鍊, 성의誠意 등의 가르침을 베풀었다.

1516년(45세)부터 10여 년간 양명은 수시로 반란군 진압을 위해 동분서주하는 나날을 보냈으며, 1519년에는 영왕寧王 신호宸濠의 반란을 진압했다. 그런 와중에서도 강학에 매진하여『대학고본大學古本』(1518),『주자만년전론朱子晚年全論』(1518) 등을 간행했다. 1518년 제자 설간이 서애, 육징 등과 기록한 양명의 어록을 모아『전습록』이란 이름으로 간행했다(현재의『전습록』상권에 해당). 한편, 1520년(49세)에는 주자학자인 나흠순羅欽順과 편지로『대학고본』및 격물치지 등에 대한 주제로 논쟁을 벌였으며, 이듬해에 같은 심학 계열에 속하는 담약수湛若水와 격물에 관해 논변하였다.

1521년(50세)에 양명은 비로소 치양지致良知의 종지를 제시했다.『연보』에는 "이 해에 처음으로 치양지의 가르침을 제시했다"라고 기록되어 있는데, 양명 자신도 이후 치양지 세 글자를 자신의 종지로 내세웠으며, 나아가 양지良知가 곧 천리天理라고 강조했다. 1524년(53세)와 1525년에는 고향에서 강학에 힘쓰며 자신의 양지설良知說을 널리 전파했으며, 그 과정에서 만물동체설萬物同體說을 강의하기도 했다. 당시의 가르침은 『전습록』 중권에 수록된 「고동교에게 답하는 글(답고동교서答顧東橋書)」에 체계적으로 드러나 있다.

1527년(56세), 반란을 평정하기 위해 떠나기 전날 양명은 천천교天泉橋에서 사구교四句敎의 가르침을 제시했다. 그리고 곁에 있던 전덕홍錢德洪과 왕기王畿는 스승의 학설에 대해 이른바 사무설四無說과 사유설四有說로써 각자의 이해를 제시했다. 이듬해 양명은 반란을 평정했으나 임무를 마치고 돌아오는 과정에서 병으로 세상을 떠났다. 왕양명의 강의는 『전습록』(상, 중, 하권)으로 편집되었으며, 현재는 다른 저술과 함께 『왕양명전집』에 수록되어 널리 읽히고 있다.

1. 고전철학의 이념과 양명학

"철학이란 무엇인가?" 하는 물음은 철학의 근본 질문 중의 하나이다. 철학의 가장 중요한 특징은 '지혜사랑'이라고 하는 말이 함축하듯, 지식의 소유가 아니라 진리에 대한 주체의 태도이다. 그리고 철학적 학문이란 무지의 자각에서 출발하여 끊임없는 자기계발을 통해 온전한 자기정립을 하도록 이끌어주는 교화적 화두이다. 「헤라클레이토스의 단편」에 나타난 용례에 따르면, '지혜사랑'에서 '지혜'란 '우주 만물을 하나이게 하는 자'를, 그리고 '사랑'이란 '그 하나이게 하는 자에 화동·동화·응답함'을 뜻한다.[1] 또한 지혜사랑으로서 철학이란 인간만의 고유방식으로 "완전한 정신을 향한 불완전한 정신의 자기초월

---

1. M. Heidegger, Was ist das − die Philosophie, Gunther Neske Pfullingen, 1956, SS. 59−61. 신오현, 『철학의 철학』, 문학과지성, 1988, 59, 32, 88쪽 참조.

적 귀향편력"²이다. 이러한 지혜사랑의 전형은 "모든 서양철학은 플라톤에 대한 주석이다"는 말이 함축하듯, 플라톤의 「태양 · 동굴 · 선분의 비유」에 잘 나타나 있다. 플라톤의 이 비유들과 데카르트의 『방법서설』 · 『성찰』, 공자의 일생에 대한 회고(『논어』 2:4), 그리고 붓다의 일생과 불가의 「십우도十牛圖」 등을 살펴보면, 지혜사랑의 표본은 다음과 같이 구성 · 전개된다.

첫째, 지혜사랑은 현실의 자신의 존재와 삶의 방식 그리고 당대 일반인들이 믿고 있는 진리라는 것이 근거가 없는 허상이라는 것을 자각하고, 존재에 대한 경이감 혹은 삶에 대한 불안과 성인聖人에의 희구 그리고 궁극 진리 및 깨달음을 희구하는 데에서 출발한다.

둘째, 일체의 기성관념을 벗어나서, '사태 자체'를 추구하는 지혜사랑은 기존의 일상적 · 자연적 태도의 철두철미한 일대 변혁을 요구한다(태도전환 · 출가出家).

셋째, 지혜사랑은 철저한 태도 변환을 통해 궁진窮盡적으로 시행하여 만물의 존재근거이자 인식의 가능근거인 절대絕對에 대한 절대적 증득(무상정등각無上正等覺)으로 자기완성을 수행한다(태양관조 · 내성內聖 · 해탈解脫).

넷째, 절대에 대한 절대적 증득을 통해 자기완성을 수행한 철학자는 다시 세상으로 귀환하여, 중생을 자비심으로 교화하여 이상사회 건설에 매진한다(자리이타행自利利他行 · 외왕外王 · 지어지선止於至善).

---

2. 신오현, 「유가철학의 교학이념」 『철학의 철학』, 문학과지성, 1987, 385쪽 참조.

우리는 중국철학사에서 하나의 기념비적 사건으로 명대 유학의 새로운 지평(양명학陽明學, 심학心學)을 개시한 왕양명王陽明, 1472~1529의 「용장오도龍場悟道」역시 지혜사랑의 맥락에서 정위할 수 있다고 생각한다. 그래서 여기서 우리는 양명의 용장오도의 과정을 철학 일반의 구성·전개의 전형인 플라톤의 「동굴의 비유」를 표준으로 하여, 양명 철학은 하나의 이단이나 특수한 사례가 아니라 철학의 전형임을 증시하고자 한다. 그런데 양명철학을 에드문드 후설E. Husserl, 1859~1938의 선험 현상학의 방법으로 해석하여, 그 현대적 의미를 분명히 드러내고자 한다.

후설의 현상학으로 양명의 용장오도 및 그 철학이론을 해석하려고 하는 이유는 먼저, 후설의 철학이념과 방법론이 플라톤의 철학이념을 현대적으로 재구성한 전형으로 해석되고 있기 때문이다.[3] 둘째는 양명철학이 현대적으로 해석하면 후설의 선험 현상학과 그 목표와 대체에서 거의 일치하며, 셋째는 양명의 방법론은 후설의 현상학의 엄밀한 방법론에 의해 보완될 때 그 진면목이 드러나기 때문이다. 이 점과 관련하여 우선 다음과 같은 사실을 지적할 수 있겠다. 양명은 유학儒學을 '자신을 정립하는 학문'(위기지학爲己之學)이라 규정하며 성인의 경지에 도달하는 학문이라고 했는데,[4] 이는 현대 후설이 창시한 최선·최고의 의미에서 보편적인 자아의 해명으로서 현상학의 과

---

3. 이에 대해서는 다음 논문 참조. 이영경, 「후설의 철학이념과 플라톤」『철학연구』74, 2000, 227−243쪽.

4. 이에 대해서는, 진래(전병욱 역), 『양명철학』, 예문서원, 2003, 42쪽 참조.

제와 이념과 대략 일치된다. 즉 후설은 "자아의 자기해명으로서 보편적 현상학이 발생한다"고 지적하면서 '현상학'을 다음과 같이 규정하고 있다.

'보편적 현상학'은 ① 정확한 의미에서 우선 "자기-해명, 즉 자아가 어떻게 하여 자기 안에서, 그리고 자기에 대해 자신의 본질을 지닌 존재자로서 구성되는가?"하는 것을 체계적으로 보여주는 자기-해명의 현상학이다. 그런 다음 ② 보다 넓은 의미에서는 '자기-해명으로서의 현상학'이다. 첫째의 자기-해명으로부터 자아는 자아에 고유한 본질에 의해 그 자신 속에서 어떻게 다른 것, 즉 객관적인 것도 구성하고, 그래서 도대체 자아에 대해 그때마다 자아 속에 자아가 아닌 것으로 존재타당성을 가지는 모든 것을 구성하는가? 하는 것을 보여 주는 자기 해명으로서의 현상학이다.[5]

후설은 인식 이성의 철저한 자기비판·자기검증을 통하여 인식주체의 존재자체를 자기명증적·절대적으로 자명하게 인지함으로써, 인식 대상의 실재성은 오로지 선험적 자아의 지향적 구성임을 증시하고자 선험 현상학을 제시하였다. 그런데 그는 먼저 자기명증적인 선험적 자아의 자기해명이 선험 현상학의 핵심을 이루고, 다음으로 선험적 자아의 본질직관에서 선천적·형상적 학문으로 확장되며, 마지막으로 형상 현상학은 다시 일체 사실학을 선천적으로 정초함으로써

---

5. 후설(이종훈 역), 『데카르트적 성찰』, 철학과현실사, 1994, 148쪽.

경험 현상학으로 확장되어 하나의 통체적 학문우주 · 우주학문을 완성하려고 하였다. 그리고 후설은 선험 현상학에 도달하기 위한 엄밀한 방법론, 즉 현상학적 환원을 제시하고 있는데, 판단중지, 형상적 환원(본질직관) 그리고 선험적 환원 등아 바로 그것이다.

여기서 우리는 "오직 학문은 심학心學일 뿐이며" "마음 밖에는 리理 · 사물 · 선善 등은 없다" 혹은 "마음이 곧 이치이다(심즉리心即理)" 등과 같이 용장오도를 통해 나온 양명의 언명은 후설의 선험 현상학의 엄밀한 환원의 방법에 의해 해석 · 재구성될 때, 온전한 철학적 정초를 획득하며, 현대적으로 재조명될 수 있다고 주장하려고 한다. 그런데 편의상 우리는 「동굴의 비유」와 「용장오도」를 '초발심과 철학적 태도전환'과 '철학적 인식과 삶'으로 명명하여 나누어 기술하고자 한다.

2. 초발심과 태도전환

플라톤은 「동굴의 비유」에서 일상적 태도의 인간상황과 그 철학적 태도전환을 다음과 같이 묘사하고 있다.

비유하자면, 지하의 동굴과 같은 거처에서 살아가는 인간들을 상상해 보자. …… 그들은 어려서부터 목과 사지가 결박당한 채 그곳에서만 머물면서 단지 그 앞의 벽면만 볼 수 있다. 그들 위에는 저 멀리 높은 곳에 불빛이 빛나고 있다. 이 빛과 그들 사이에 위쪽으로 길이 하나 나 있고, 이 길을 따라 나지막한 벽이 세워져 있다. 마치 인형극을 공연하는 사람들이 앞에 휘장이 쳐놓고 이 휘장 위로 인형들을 보여 주듯이. …… 불빛에 의해 수인囚人들이 보고 있는 벽에 그림자를 드리우고 있는데, 수인들은 고개를 뒤로 돌릴 수 없기 때문에 오직 이 그림자만 볼 수 있을 뿐, 자신이나 서로가 누구인지 본 적이 없다. 그러면서 그들은 그 그림자를 실물로 확고하게 믿는다. …… 그런데 누군가가 결박에서 풀려나 일어나서 목을 돌리고 걸어가 그 빛을 쳐다보도록 강요받는다. 그러나 어둠에 익숙하던 그는 이 모든 것을 고통스러워하고 눈이 부셔 실물들은 잘 볼 수 없다. 그래서 차라리 빛을 외면하고 이전에 보았던 그림자들이 실물이고, 지금 보는 것이 환영이라고 믿고 싶어 한다.[1]

플라톤이 비유한 수인의 초발심과 태도전환에 비견되는 것을 양명에게서 찾는다면, 자신의 학문여정을 다음과 같이 말한 것이다.

공자의 전통은 맹자 이후 단절되었다. 1,500여 년이 지난 이후 주렴계周濂溪 · 정명도程明道가 비로소 다시 그 실마리를 좇아 찾았다. 그 뒤로는 변석辨析이 나날이 자세해졌지만, 또한 지리멸렬해져 도리어 다시 어둡게 되었다. 내가 일찍이 깊이 그 까닭을 연구해 보니, 대저 세유世儒들의 많은 말이 그것을 어지럽힌 것이다. 나는 일찍부터 과거 공부를 일삼았고, 사장詞章의 풍습에 뜻을 빼앗겼다. 그 이후 바른 학문에 종사해야 한다는 것을 조금 알았지만, 여러 학설들이 어지럽히고 피곤하게 하는 것의 고통을 받아 아득하여 들어갈 곳을 찾지 못하고 있었다. 따라서 노장老莊과 불가佛家에게 구해보니, 기쁘게도 마음에 이회되는 것이 있어 성인의 학문이 여기에 있다고 여겼다. 그러나 공자의 가르침과는 틈

---

1. Politeia, 514a-515d 참조. 앞으로 제시될 「동굴의 비유」는 앞서 제시한 박종현 역주의 『국가 정체』를 기본으로 하면서, 다음의 논문과 해설서를 도움을 받아 원의에 벗어나지 않는 범위 내에서 대화체를 재구성하였다. 이영경,「후설의 철학이념과 플라톤」『철학연구』 74, 2000, 227-243쪽. 장영란 풀어씀, 『플라톤의 국가, 정의를 꿈꾸다』, 사계절, 2008. 숀 세이어즈(김요한 역), 『플라톤의 국가해설』, 서광사, 2008.

이 있어 서로 맞지 않았고, 일상에서 실천해 보니 가끔 결점이 있어 귀착할 수 없었다. 그래서 혹 의지하기도 하고 어기기도 하고, 가기도 하고 돌아오기도 하였다. 그 뒤 용장으로 귀양 가서 오랑캐 땅에 곤궁하게 살면서 심성을 강인하게 단련시킨 나머지 황홀하게 깨달음이 있었다.[2]

양명1472~1529은 명대 명문가의 후예로 일찍부터 문장가로 촉망을 받고, 특히 18세에 루량婁諒. 1422~1491과 '주자朱子의 격물' 개념에 관해 토론하고, 주자식의 학문 방법론을 통해 성인에 이르는 길을 추구하기로 다짐했다. 그는 주로 송대 대가들의 저술들을 광범위하게 읽으면서, 줄곧 이 문제를 고심하였다. 훗날 이 과정을 다음과 같이 묘사하고 있다.

이 해(임자년, 양명 21세)에 송유宋儒들의 격물공부를 연구했다. …… 고정考亭(朱子)의 책들을 두루 구하여 읽고는, 하루는 선유先儒가 '뭇 사물에는 반드시 표리·정조가 있어 풀 한 포기·나무 한 구루도 모두 지극한 리理를 품고 있다'고 한 말을 떠올리고 마침 관서에 대나무가 많기에 바로 가져다가 그 리를 궁구하였지만, 깊이 생각하여도 얻지 못하여 병이 났다. 그리고 스스로 성현이 될 사람은 따로 있다고

---

2. 『王陽明全集』(이하『전집』) 卷3 『傳習錄』下,「朱子晚年定論」 "洙泗之傳 至孟氏而息 千五百餘年 濂溪明道始復追尋其緖 自後辨析日詳 亦然日就支離滅裂 旋復湮悔 五嘗深求其故 大抵皆世儒之多言有以亂之 守仁早歲業擧 溺志詞章之習 旣乃稍知從事 正學 而苦於衆說之紛撓疲爾 茫無可入 因求諸老釋 欣然有會於心 以爲聖人之學在 此矣 然於孔子之敎 間相出入 而借之日用 往往缺漏無歸 依違往返 且信且疑 其後謫 官龍場 居夷處困 動心忍性之餘."

생각하면서, 당시의 유행에 따라 사장학辭章學에 몰두했다.[3]

　여러 사람들은 격물의 방법은 회옹晦翁의 학설에 의존해야한다고 말할 뿐, 언제 그 말대로 실천해 본 적이 있는가? 나는 실제로 실천한 적이 있다. 젊었을 때 전錢씨 성姓의 친구와 함께 성현이 되기 위해서는 천하의 사물을 모두 궁구해야겠지만, 지금 단계에서는 어떻게 그런 큰 역량을 해낼 수 있겠는가? 하고 의견을 모으고, 우선 정자 앞의 대나무를 궁구해 보기로 하였다. 그 친구는 아침부터 저녁까지 대나무의 이치를 궁구하며 모든 정성을 쏟아 부었지만, 사흘이 되자 정신이 피로해져 병이 났다. 그때는 그가 그렇게 된 것이 정력이 부족한 탓이라고 생각하여, 내가 직접 대나무를 궁구하기 시작했다. 그러나 아침부터 저녁까지 궁구했지만, 그 이치를 얻지 못한 채 이레가 되자 나도 정신이 피곤하여 병에 들고 말았다. 결국 서로 마주 보고, '성현의 경지는 추구할 수 없다. 우리는 그들이 가진 그런 큰 역량이 없어서, 천하의 사물을 궁구하지 못 한다'고 탄식했다. 뒤에 오랑캐 땅에서 3년간 지내게 되었을 때 이 의미를 깨달으면서, 이에 천하의 사물이란 본래 궁구할 필요가 없다는 것을 깨달았다.[4]

---

3. 『전집』卷32, 『年譜』21歲條. 是年爲宋儒格物之學 … 遍求考亭遺書讀之 一日思先儒謂衆物必有表裏精粗 一草一木皆函至理 官署中多竹 卽取竹格之 沈思其理不得 遂遇疾 先生自委聖賢有分 乃隨隋世就辭章之學.

4. 『傳習錄』下, 卷三. 衆人只說格物要依晦翁 何曾把他的說去用 我著實曾用來 初年與錢友同論作聖賢要格天下之物 如今安得這等大的力量 因指亭前竹子令去格看 錢子早夜去格竹子的道理 竭其心思 至於三日 遍致勞神成疾 當初說他這是精力不足 某因去窮格 早夜不得其理 到七日亦以勞思致疾 遂相與嘆聖賢是做不得的 無他大力量去格物了.

대략 21세 전후에 이런 과정을 겪은 양명은 6년 뒤인 27세에 때에도 심心·리理에 대한 주자의 가르침을 이해하려 했지만, 또다시 실패한다. 양명은 "끝내 물리物理와 내 마음이 갈라낸 듯 둘이 되어버려, 또다시 병에 들고 말았다"고 술회한다. 이로 말미암아 양명은 "더욱더 성현이 되는 사람은 따로 정해져 있다"고 생각하고, "도사道士들을 만나 양생에 관한 담론을 듣기 위해 드디어 세속을 떠나 산에 들어갈 뜻을 갖게 되었다."[5] 이런 가운데 양명은 28세에 진사에 급제하고, 34세에는 당시 조정의 주도권을 잡고 있던 환관 유근劉瑾을 추방하라는 상소를 올렸다가 궁전 뜰에서 장杖 40대를 맞고, 벽지인 귀주 용장역으로 추방되었다. 자객의 집요한 추적에 극도의 심적 불안과 두려움에 떨며 용장에 도착하였지만, 양명은 험한 주거환경과 적대적인 주민들로 인해 더욱 심한 곤경에 처하게 된다. 이때 양명은 자신의 행동에 대한 뼈저린 회한과 다시는 고향으로 돌아가지 못할 것이라는 절망감과 고립감, 시시각각 다가오는 죽음의 위협 속에 살았다. 그러면서 양명은 또한 운명을 받아들이고자 스스로를 다그쳤지만, 죽음의 공포만은 쉽게 떨칠 수 없어 극도의 불안감에 떨게 되었다. 그는 자신의 석곽石槨을 만들어 두고 "오직 하늘의 명만 기다릴 따름이다"고 스스로를 경계하며,[6] 밤낮으로 조용히 앉아 평정을 구하게 된다. 이제 여기에 대해 현상학적인 분석을 시도해 보자.

---

5. 『전집』卷33『年譜』27歲條. 一日讀悔翁 … 然物理梧心終判爲二也 沈鬱旣久 舊疾復作 益委聖賢有分 偶聞道士談養生 遂遺世入山之意.

6. 『전집』卷33『年譜』37歲條. 乃爲石槨自警曰 吾惟俟命而已….

현상학적 환원

의식의 경험의 학으로서 현상학은 순수 현상의 인식과 인식의 궁극원천을 확인하는 것을 목표로 하고, 이러한 목표에 도달하기 위하여 '현상학적 환원'이라는 고유의 방법을 가동한다. 현상학적 환원의 방법은 '판단중지(현상학적 환원)', '형상적 환원(본질직관)' 그리고 최종적인 '선험적 환원' 등이 있다. 그런데 우리는 의식의 경험내용을 비판적으로 검토하기 위해서, 우선 '자연적 태도'에서 유래하는 존재타당성의 승인을 일단 유보하고(판단중지), 존재를 단지 의식의 현상으로서만 수용하는 잠정조치를 필요로 한다. 이러한 판단중지를 통해 우리는 '관조하는 내면의 눈'을 통해 반성할 수 있는 자리에 들어가게 된다. 그런데 여기서 '자연적 태도'란 다음과 같은 것이다.

"세계가 현존한다는 것이 자명한 것으로 정립되어 있고 항상 전제되어 있으며, 이러한 세계를 보편적 주제로 삼는 모든 학문을 우리는 철학에 대비해서 '자연적 태도의 학문들'이라고 명명한다. 이렇듯 경험된 세계현실을 가정한 다음, 모든 학문적인 인식을 성취하려는 노력과 기타 모든 인간적인 실천을 경험현실로서 전제된 세계에로 소급·연관시키는 이러한 행위가 바로 '자연적 태도'의 특성이다.[7]

자연적 태도란 "우리의 지각과 사유가 오로지 외적 사물만을 지향

---

7. 후설(신오현 역), 『현상학적 심리학강의』, 민음사, 1992. 240쪽.

하는데, 이 때 외적 사물들은 의심할 바 없이 자명하게 존재하는 것으로 가정하는 태도"[8]를 말한다. 이러한 자연적 태도에서는 제3자적인 실증적 방법으로 '순수 물리적인 것'을 계량화하며, 물리적이지 않는 관찰하는 정신(주관성)을 일종의 오염으로 취부하고 내던져 버린다. 그것은 '객관적인 것을 그 자체'로 파악한다고 주장하지만, 그 객관적인 것은 바로 그것을 어떤 방식으로 바라보는 주관과 분리될 수 없다. 이에 후설은 "한편으로는 과학주의자들의 이념(순수 객관적인 것을 그 자체로 탐구한다)을 명확히 드러내어 그 이념이 한갓 추상에 불과하다는 것을 알리고, 다른 한편 '주관적인 것'의 전모"[9] 즉 마음의 본성을 밝히는 과업을 선험 현상학의 목표로 제시하였다. 이러한 목표에 도달하기 위해서는 자연적 태도를 철저하게 바꾸는 '태도전환'이 필요한데, 그것을 '현상학적 환원'이라고 말한다.

'현상학적 환원'은 모든 실증성에 대한 일체의 정립을 유보하고, 인간의 근원조건으로 되돌아가고자 하는 시도이다. 인간 조건을 감안한 '근원경험'(직접 경험)의 관점에서 보자면, 인식대상은 인식주체의 상관자이며, 이 상관성을 벗어난 독자적 실재(말하자면 칸트의 물 자체 등)는 인간의 인식으로는 확보할 수 없다. 그렇다면 '물리주의'의 이념을 통해 '물리적인 것'으로 파악된 것은 '생생한 실재 자체'에 물리학의 이념의 옷을 입힌 것일 뿐, 결코 실재 자체라 할 수는 없다. 인간이 인식하는 실재는 인식주관에 의해 매개·투영·굴절된 '주관적 실재'이

---

8. 후설(신오현 역), 『현상학적 심리학강의』, 125쪽.

9. 후설(신오현 역), 『현상학적 심리학강의』, 255쪽.

지 '원초적 실재'가 아니다. 바로 여기서 인간 인식의 가능성과 한계성이 동시에 드러나며, 따라서 존재론과 인식론은 등근원적이라 할 수 있다.

분명 이 세계에는 무엇이 존재하지만, 우리의 관점에서 이 세계에 존재하는 것은 인식하는 마음에 현상되는 한에서만 우리에게 의미 있는 존재로 알려진다. 세계는 우리 마음과 독립적으로 존재하는 기성의 사실이 아니라, 우리 마음의 지향적 상관자이다. 즉 직접 경험의 세계라는 '근원경험'의 관점에서 본다면, 세계란 바로 '그' 세계를 의식하는 우리 마음의 상관자이며, 대상은 그 대상을 의식하는 우리 주관의 상관자일 따름이다. 바로 이러한 근원경험으로 되돌아가고자 하는 것이 '현상학적 환원'이다. 플라톤의 「동굴의 비유」에서 수인이 실재 세계로 눈을 돌리는 것과 양명의 용장오도에서의 외적 대상에서 내면으로의 전회(태도전환)는 바로 이러한 근원경험으로 환원이다.

플라톤의 「동굴의 비유」에서 '동굴 속에서 모형의 그림자를 실물로 여기고 사는 수인'이란 곧 일상에 매몰되어 삶을 영위하는 이른바 후설의 자연적 태도의 일반인들을 상징한다. 이러한 자연적 태도의 수인들은 자신들이 동굴 속에 결박되어 있다는 사실, 그들 앞에 현상되는 것이 모상의 그림자라는 것, 그리고 동굴 밖에 진실재의 세계가 있다는 사실을 인식하지 못한다. 여기서 모상이란 전승된 인식체계를, '모상의 그림자'는 전승된 인식체계의 그림자를 의미한다. 이는 곧 나와 타인, 그리고 세계에 대하여 남의 해석을 모방하여 대답할 뿐, 한 번도 스스로 보거나 사유한 적이 없는 '자연적 태도'의 삶을 상징한다. 그렇다면 이 수인들은 어떻게 참된 자기 및 타자인식, 그리고 세계인식에 도달할 수 있을까? 이러한 인식에 도달하기 위해서는 '일상적 · 자연적 태도'에서 '철학적 사유'에로 철저한 태도전환을 수행해야 한다.[10] 이 태도전환의 단초를 소크라테스—플라톤—아리스토텔레스는 '경이감'이라고 표현하였다. 그래서 철학은 '존재에 대한 경이감'에서 출발한다고 말한다. 그것은 우리가 실상으로 보고 믿는 인습된 가치체계가 기반 없는 허상이라는 것을 자각하고, 자신 · 타자 · 세계에 의문을 제기하며, 동굴 밖의 실재의 세계와 그 근원으로 정향하는 것이다.

용장오도

주자의 격물설格物說을 외적 대상적 사물이 지닌 리理의 탐구로 해석하여, 외적으로 나아가 만물의 리를 하나하나 탐구하려고 했던 양명의 방법은 바로 이러한 '자연적 태도'였다. 그리고 그는 당시의 일반인들이 지향하던 사장학辭章學에 대하여 다음과 같이 진단한다.

정자 · 주자 같은 대학자 이후로 사우師友의 도가 마침내 없어져서 육경六經은 훈고라는 지리멸렬한 방법에 의해 갈기갈기 찢기고, 문장을 짓고 과거를 준비하는 습속에 뒤덮여 성인의 학문이 거의 사라졌다.[11]

---

10. 이영경, 「후설의 철학이념과 플라톤」『철학연구』74, 2000. 232쪽.

11. 『전집』卷7「別三子書」. 自程朱諸大儒後 而師友之道遂亡 六經分裂於訓詁支離 蕪蔓於辭章業擧之習 聖學幾於息矣.

그리고 양명이 용장에서 3년간의 세월 보낸 뒤에 깨달은 것은 바로 '자연주의적 태도'로 외적 사물을 탐구하는 것으로는 궁극적인 진리를 증득할 수 없으므로, 근원경험 즉 내적 마음으로 회향하여 천리天理를 구명해야한다는 것이었다. 그래서 양명은 "예컨대 어버이를 섬기는 효, 임금을 섬기는 충, 벗을 사귀는 신, 백성을 다스리는 인은 그 사이에 허다한 도리가 있어 외적 대상에서 살피지 않을 수 없지 않겠는가?"는 질문에 다음과 같이 대답했다.

그와 같은 주장이 진리를 가린 것이 오래되었으니 어찌 한마디 말로 깨우칠 수 있겠는가? …… 부모를 섬김에 부모에게서 효를 찾는다 말인가? 임금을 섬김에 임금에게서 임금의 도리를 찾는다는 말인가? 벗을 사귀고 백성을 다스림에 벗과 백성에게서 신信·인仁의 리理를 찾는다는 말인가? 마음이 곧 리이다. 마음에 사욕의 가림이 없으면 곧 천리이니, 모름지기 외부에서 조금도 보탤 것이 없다. 이 온전하게 천리를 따르는 마음이 어버이를 섬기는 일에 드러나면 이것이 바로 효이고, 임금을 섬기는 일에 드러나면 이것이 바로 충이고… 단지 이 마음의 인욕을 버리고, 천리를 보존하는 일에서 공부하여 나아가면 된다.[12]

12.『傳習錄』上. 愛曰 如事父之孝 事君之忠 交友之信 治民之仁 其間有許多道理在 恐亦不可不察 先生嘆曰 此說之蔽久矣 豈一語所能悟 … 且如事父不成去父上去求個孝的理 事君不成去君上求個忠的理 交友治民不成去友上民上求個信與仁的理 都只在此心 心卽理也 如心無私欲之蔽卽是天理 不須外面添一分 以此純乎天理之心 發之事父卽是孝 發之事君便是忠 … 之此心去人欲存天理上用功便是.

양명은 또한 "사물은 마음 밖에 있는데, 어떻게 신체 · 마음 · 앎이 하나의 일입니까?"라는 질문에 대하여 다음과 같이 대답한다.

> 그 꽉 채우고 있는 곳을 일러 신체라 하고, 그 주재하는 곳을 일러 마음이라고 한다. 마음이 발동한 곳을 일러 의지(意)라 한다. 의지가 영명靈明한 곳을 일러 앎(知)이라 한다. 의지가 건너가 붙어 있는 곳이 물物이다. 단지 하나의 일(一事)일 따름이다. 의지는 허공에 매달려 있지 않고, 반드시 사물에 붙어 있다.[13]

주 · 객의 이분을 철저하게 거부하는 양명은 마음 · 의지 · 앎 · 사물의 관계를 일원적인 하나의 사건이라고 말한다. 특히 여기서 양명은 이전 학자들이 소홀히 하였던 '의지(意)'의 의미를 전면에 부각시켜 '마음 · 물'의 관계를 해명하는 결정적 역할을 수행한다고 말하는데, 이것이 바로 '현상학적'이다. 정인재 교수는 다음과 같이 이를 해석한다.

> "마음이 발동한 곳이 '의意'라고 한 것은 마음이 작용한 측면을 가리킨다. 이것은 후설 현상학에서 '의식작용Noesis'이라고 할 수 있고, '의'가 있는 곳 또한 작용한 곳이 '물物'이라고 한 것, 또한 '의'가 건너가 드러나 있는 곳, 또 의가 드러나 있는 곳이 '물'이라고 한 것은 모두 '의식대상 Noema'과 비슷하다. 그리고 모든 의식은 그 자체 독립적인 것이 아니라,

---

13. 『傳習綠』下. 九川疑曰 物在外 如何身心義知是一件 先生曰 … 指其充塞處言之謂之身 指其主宰處言之謂之心 指心之發動處謂之意 指意之靈明處謂之知 指意之涉著處謂之物 只是一件 意未有縣空的 必表萬事.

'무엇에 대한 의식'이므로 반드시 어떤 것을 지향한다. 이것을 의식의 지향성(의향성)이라고 하는데, 여기서 말하는 '의'는 바로 이러한 특성을 가지고 있다. …… 양명의 심학은 후설의 현상학과 매우 유사하다고 하겠다. 그러나 양명은 주로 윤리적 문제에, 후설은 인식론적인 의미가 더 강조되어 있다고 할 수 있다."[14]

양명은 "(정자는) '물物에 있으면 리理가 된다(재물위리在物爲理)'고 했는데, 어째서 선생님께서는 '마음이 곧 이치이다(심즉리心卽理)라고 하십니까?"라는 질문에 "'물에 있으면 리가 된다(재물위리在物爲理)'에서, '재在'자 위에 '심心'자를 하나 덧붙여야 한다(심재위리心在物爲理). 이 마음이 물物에 있으면 리理가 된다. 예컨대 이 마음이 어버이를 섬기는 데 있으면, 효가 된다."[15]고 말하였다. 이처럼 양명이 말하는 리理는 결코 외적 사물에 존재하는 독립적 법칙이 아니라, 마음이 지향적인 활동 가운데 펼쳐놓는 조리이다. 그래서 그는 "리는 마음의 조리이다. 이 리가 어버이에게 펼쳐지면 효가 되고, 군주에게 펼쳐지면 충이되고 …… 천만가지 변화가 지극하여 다 써서 버릴 수가 없다. 그러나 나의 한 마음에서 펼쳐진 것이 아닌 것이 없다."[16]고 말한다.

---

14. 정인재, 「유학의 실재관」『동서양의 실재관』, 한국정신문화연구원, 1994, 85쪽.

15. 『傳習錄』(上), 又問 心卽理之說 如何爲之心卽理 先生曰 在物爲理 在字上當添一心字 此心在物則爲理 如此心在事父則爲孝.

16. 『전집』「書諸陽卷」, 理也者 心之條理也 是理也 發之于親則爲孝 發之爲君則爲忠 … 千變萬化至 不可窮軻 而莫非發于吾之一心.

3. 철학적 인식과 삶

플라톤의 철학적 삶과 양명의 용장오도

플라톤은 '철학적 인식'과 그 인식을 성취한 '철학적 삶'을 다음과 같이 묘사하고 있다.

그러나 처음에는 볼 수 없었지만, 점차 태양아래 보이는 지상의 광경들에 익숙해진다. 처음에는 그림자들을 쉽게 보고, 다음으로 물속에 비친 사람들이나 다른 것들의 영상을 보게 되고, 그리고 실물들을 보고, 마지막으로 그는 태양을 물속이나 다른 자리에 있는 투영이 아니라 제자리에 있는 태양을 그 자체로 보게 된다. …… 그런 다음 그는 태양은 계절과 세월을 가져다주며, 가시적 영역의 모든 것을 다스리고, 또한 모든 면에서 …… 모든 것의 원인이 되는 것이라고 결론짓는다. ……
그러나 옛날 동굴에 살던 생각을 하면서 그 곳에서의 지혜, 그곳에서의 수인들을 생각하면서 변화로 인해 자신은 행복하다고 생각하면서도 그곳의 수인들을 측은하게 여긴다. …… 그래서 그는 수인들을 구하기 위하여 동굴로 다시 내려간다. 어둠 속으로 하강하여 이전 자리에 다시 앉지만, 갑자기 햇빛에서 벗어났으므로 그의 눈은 어둠으로 가득하게 된다. …… 그래서 다른 사람들의 비웃음만 사고 만다. 그들은 이 사람이 어리석게 된 것은 동굴에서 탈출하여 눈을 버렸기 때문이라고 생각하고 동굴에서 나가는 것은 가치가 없는 것이라고 여긴다. 그래서 그들의 결박을 풀어주고 동굴 밖으로 탈출시키려고 시도한다면 그를 죽여버릴 것이다.[1]

여기에서 수인이 동굴을 탈출하여 좀 더 확실하게 보게 되는 실물의 그림자는 감각경험에 근원을 두고 성립된 '과학적 인식'을, 물속에 비친 사람들이나 다른 것들의 영상들이란 '수학적 인식'을 말한다. 이 모든 것은 개연적 확률이거나 어떤 전제에 의존해 있다. 그러나 철학적 인식은 "가정(전제)들에서 출발하여 그 근원으로 추리해 나가는 것이 아니라, …무전제의 원리에서 출발하여 나아가는 것으로, 앞부분의 영상 없이 형상들 자체를 이용하여 탐구를 진행하여"[2] '무전제의 시초'까지 물어가면서, 전제의 진리를 절대 확실하게 인식할 때 비로소 성립한다. 그것은 절대 존재에 대한 절대적 인식으로 곧 '태양의 인식'에 비유될 수 있다. 그래서 플라톤은 절대로서의 태양에 대해 다

1. Politeia, 515d-517a.
2. Politeia, 510b.

음과 같이 말한다.

"태양은 보이는 것들에게 '보이는 힘'을 제공할 뿐만 아니라, 또한 그
것들에 생성과 성장 그리고 영양을 제공해준다. …… 그러므로 인식되
는 것들이 '인식될 수 있는 것도 '좋음'에 기인할 뿐만 아니라, 그것들이
존재하게 되고 그 본질을 갖게 되는 것도 그것에 의해서 이다. '좋음'은
단순한 존재가 아니라, 지위와 권능에서 모든 존재를 초월한다."[3]

플라톤에서 절대적 인식의 대상인 태양은 첫째, 가시적 세계에 대
해서는 빛과 주인을 주고, 예지적 세계에서는 그 자신이 주인이 되어
우리가 진리와 통찰을 지니도록 도와주는 '인식과 진리의 기원'이다.
둘째, 선의 이데아로서 모든 면에서 가장 좋은 자로서 무질서를 질서
지우는 것이다. 셋째, 만물 가운데 하나의 사물이 아니라, 장엄함과
힘에서 일체 존재자를 넘어선다.[4] 이러한 태양 개념은 궁극자를 지시
하는 선진 유가의 천天, 혹은 신유학의 리와 거의 일치한다.

그런데 '지혜사랑'의 진정한 의미는 단순히 절대에 대한 절대적 인
식으로 종결되는 것이 아니라, "전체 사회의 행복을 증진하는 데에 있
다."[5] 동굴 밖으로 탈출하여 태양을 관조한 자는 반드시 다시 동굴 안
으로 귀환하여 자리이타自利利他의 교화행을 수행해야 한다. 플라톤은

---

3. Politeia, 509b. 박종현 역주, 『국가』, 서광사, 1997. 438-9쪽.
4. Politeia, 511b, 517c, 508e 및 Timaios 30a.
5. Politeia, 519c-e.

그 이유를 철학자의 '수인들에 대한 연민'과 '사회적 의무'라 하고 있지만, 인간이란 그 존재 자체가 고립된 존재자가 아니라 사회적·공동체적·정치적·관계적 존재라는 데에서 기인한다. 절대에 대한 절대적 인식이 철학적 인식의 최종목표라면, 자비행慈悲行을 통한 대중교화는 철학의 궁극실현이다. 역사상 지혜의 학으로 자비의 실천을 가장 강조한 불교뿐만 아니라, 유교 또한 '수기치인' 혹은 '내성외왕지학'이라고 불린 까닭은 바로 이 점에 기인한다. 양명의 「용장오도」 또한 이러한 구조이다.

밤낮 단정히 앉아 묵좌하고서 정일靜—하기를 추구하였다. 오랜 시간이 지나 가슴 속이 후련해졌다. …… 성인이 여기에 있다면 무슨 다른 도리가 있겠는가 하는 생각에 미치자 홀연히 밤에 격물치지의 종지를 크게 깨달았다. 꿈인지 생시인지 모르겠지만, 마치 누가 나에게 무엇을 알려 주는 것 같아서 나도 모르는 사이에 펄쩍 뛰니 따르는 사람들이 모두 놀랐다. 성인의 도는 본래 나의 본성에 넉넉한데, 예전에 사물을 향하여 (밖으로 나아가) 리를 구한 것은 잘못이라는 것을 비로소 알게 되었다. 이에 오경五經의 기억되는 말로 증명해 보니 들어맞지 않는 것이 없었다. 이에 『오경억설』을 지었다. 지역주민들과 기거한 지가 오래되자 나날이 왕래가 잦아지고 친하게 되었다. (그들은 양명의) 오두막이 누추하다고 여겨 벌목하여 용강원, 빈양실, 하누제, 군자루, 완역와 등을 지어주었다. 사주의 수령이 사람을 보내 양명을 모욕하려 했지만, 지역주민들이 함께 격분하여 때려주었다. 이에 수령이 크게 화가 나서 상관인 모응규에게 보고했자, 모응규는 양명에게 가서 사과하도록 명했다. 그러나 양명은 사과하는 것을 거부하고, 모응규에게 서신을 보냈다. 수령은 점차 복종하였다. 수서에서 안선위가 선생의 명성을 듣고 위문하고 쌀과 돼지를 보내고, 사령을 주었고, 또한 거듭해서 금 · 비단 · 안장을 갖춘 말을 보냈지만 받지 않았다.[6]

양명의 이 용장오도 또한 절대(리理)에 대한 절대적 인식을 증득한 철인이 중생교화 및 인의 실천으로 나아간 것을 분명히 보여준다. 그런데 양명의 이 갑작스런 깨달음을 두고 선불교적 혹은 도가적 기법, 맹자 · 육상산 전통의 유가적 방법이라고 하기도 하고, 심지어는 만성적 불면증과 심한 우울증에 의해 만들어진 환각이라고 비하하기도 한다. 그렇지만 이 용장오도는 양명의 인격발전뿐만 아니라 중국사상사에서 기념비적 사건으로, 명대 양명학이라는 새로운 학문기류를 조성한 획기적인 전환점이 되었다.[7]

그런데 여기서 간과하지 않아야 할 점은 리理의 인식 방법이다. 리가 양명에게 왜 그렇게 중요했던가? 정 · 주 이래 중국의 신유학은 특수 목적에 종사하는 잠정적 · 우연적 경험의 세계를 탐구하는 것이 아

---

6. 『전집』 卷33 『年譜』 37歲條. 日夜端居澄黙 以求靜一 久之 胸中灑灑 … 因念 聖人處 此 更有何道 忽中夜大悟格物致知之旨 寤寐中若有人語之者 不覺呼躍 從者皆驚 始 知聖人之道 吾性自足 向之求理於事物者誤也 乃以黙記五經之言證之 莫不吻合 因 著五經憶說 居久 夷人亦日來親狎 以所居湫濕 乃伐木講龍岡書院及寅賓堂 何陋軒 君子亭 玩易窩以居之 思洲守遣人至驛侮先生 諸夷不平 共毆辱之 守大怒 言諸當道 毛憲副科令先生請謝 且諭以禍福 先生致書復之 守漸服 水西安宣慰問先生名 使人 饋米肉 給使令 旣又重以金帛鞍馬 俱辭不受 ….

7. 뚜 웨이밍(권미숙 역), 『한 젊은 유학자의 초상』, 통나무, 1994, 186.

니라, 항구적·보편적 질서(리理)를 추구하는 리학이었다. 리학은 궁극적 최고진리, 일체의 가정이나 감각을 초월한 영원불변의 형이상학자에 관한 학문이라는 점에서 아리스토텔레스-데카르트적인 체계에 따르면 제일학문(철학)이다. 리는 당시 중국사상계에서 철학적 인식의 궁극 목적이었다. 마치 플라톤의 '이데아의 이데아'로서 선의 이데아(태양)가 인간의 자기 이해와 세계 이해의 목표이자 조명인 동시에 그 원동력이고, 우주cosmos를 질서지우는 조명인 동시에 세계의 구성·창조·변조를 위한 원동력이듯이, 신유가에게 천리는 자연을 자연으로 나타나게 하는 빛인 동시에 자연이 자연으로 화생化生하는 원천이다.[8] 인간완성(성인聖人)을 지향할 때에 천리를 올바로 인식하여 천명을 실천하고 천지의 화육을 돕는 것은 필수적이라 할 수 있다. 송명시대에 리의 인식은 철학적 인식의 절대 필수요건이었다.

양명의 격물설 비판

여기서 양명이 비판했던 주자의 '격물설'을 살펴보고 논의를 전개해보자. 주자는 유명한 「격물보망장」에서 말했다.

이른바 앎의 완성은 사물에 나아가는 데에 달려 있다는 것은, 나의 앎을 완성하려면 사물에 나아가 그 리를 궁구하는 데에 있음을 말한다. 신

---

8. 신오현, 「인간의 이념성과 역사성」, 『자아의 철학』, 문학과 지성, 1985, 48쪽.

령스런 우리 마음은 앎이 있지 않음이 없고, 천하의 사물들은 리를 지니고 있다. 그런데 오직 리에서 아직 궁구하지 못한 것이 있어, 그 앎이 완성되지 못함이 있다. 이런 까닭에 『대학』은 학자들에게 반드시 천하의 사물에 즉하여 이미 알고 있는 리를 바탕으로 더욱 궁구하여 그 극치에 도달하도록 가르쳤다. 만일 힘쓰기를 오래하여 어느 날 아침 활연관통하면, 뭇 사물의 표리·정조가 이르지 않음이 없고, 내 마음의 온전한 체와 큰 작용이 밝지 않음이 없게 된다. 이것을 사물이 (내 마음에) 도달했다고 말하고, (사물에 대한 나의) 앎이 지극해졌다고 말한다."[9]

주자는 '격물格物'의 '격'을 이르다(지至)'로, '물物은 사事이다'고 풀이하여, "사물의 이치를 궁구하여 미루어 나아가 극처에 도달하지 않음이 없고자 하는 것이다"고 해석한다. 그리고 '치지致知'의 '치致'는 '미루어 다함(추극야推極也)', '지知'는 '앎(식識)'으로 풀이하면서, "나의 지식을 궁극에까지 미루어 나아가, 그 앎이 다하지 않음이 없고자 하는 것이다."고 주석하였다.[10] 이러한 주자의 격물치지론에 대해 양명은 '인간 마음'과 '외적 사물의 리'를 둘로 나누는 이원론이라고 비판한다.

---

9. 『大學章句』「格物補亡章」 所謂致知在格物者 言欲致吾之知 在卽物而窮其理也 蓋人心之靈 莫不有知 而天下之物 莫不有理 惟於理有未窮 故其知有不盡也 是以大學始教 必使學者 卽凡天下之物 莫不因其已知之理而益窮之 以求至乎其極 至於用力之久而一旦豁然貫通焉 則衆物之表裏精粗 無不到 而吾心之全體大用 無不明矣 此謂物格 此謂知之至也.

10. 『大學章句集註』 경1:4에 대한 朱子註. 致推極也 知猶識也 推極吾之知識 欲其所知無不盡也 格至也 物猶事也 窮至事物之理 欲其極處無不到也.

주자의 이른바 '격물格物'이란 물에 즉하여 그 리를 궁구(即物而窮其理)하는 데에 있다. 물에 즉하여 리를 궁구한다는 것은 바로 사물 하나하나에서 이른바 '정리定理'를 추구하는 것이다. 이 때문에 나의 마음이 사물 하나하나 중에서 리를 궁구하는데, 마음과 리를 자르듯이 둘로 나누는 것이다.[11]

"신령스런 우리 마음은 앎이 있지 않음이 없고, 천하의 사물들은 리를 지니고 있다"는 이 구절을 두고, 정인재 교수는 양명의 설명에 따르면서 주자가 인식주체와 인식대상을 둘로 나누었다고 지적하고 있다.[12] 그렇다면 주자는 진정 양명 등이 주장하듯이 이원론을 주장하는 것일까? 이 구절의 전체적인 뜻은 인식하는 마음과 실재하는 사물은 별개의 것이 아니라, "존재의 실재성 혹은 실재성의 충실도는 그 실재를 인식하는 우리 마음의 명료성에 상관된다"고 하는 이른바 현상학적인 "존재·인식의 점진적 상관성"(의식작용－의식대상의 상관성)을 주장하는 것이라고 할 수 있다.

주자는 인식·존재의 근원적 통일로서 '신령한 마음'을 설정하고, 그 마음의 앎을 풀어 밝혀 존재 자체(리)의 실재성의 문제와 존재인식의 타당성 문제를 동시에 해결하려고 하였다. 나아가 주자가 마음의 앎과 사물의 리를 나눈 것은 인식의 완성으로 나아가는 과정상에서 말한 것이다.

---

11. 『傳習錄』(中), 朱子所謂格物之云者 在即物而窮其理也 即物窮理是就事事物物上求其所謂定理者也 是以吾心而求理於事事物物之析心與理爲二矣.
12. 정인재, 앞의 논문, 71쪽.

성性은 마음이 갖추고 있는 리이다. 천은 또 리가 따라서 나오는 것이다. 사람이 이 마음을 갖고 있기에 (리의) 전체가 아님이 없으나, 리를 궁구하지 않으면 은폐되는 것이 있이 이 마음의 한량을 다하지 못하는 것이다. 그러므로 마음의 전체를 지극히 하여 다하지 않음이 없는 자는 반드시 리를 궁구하여 알지 못함이 없는 자이다. …… 『대학』의 순서로 말하면, 성을 안다는 것은 사물이 궁구되었다는 것을 말하며, 마음을 다하면 앎이 지극해짐을 말한다.[13]

주자는 분명 인간 마음과 성性(=리理)은 자기 관계임을 분명히 하고, 활연관통하여 인식이 완성되면 뭇 사물의 표리·정조와 우리 마음의 전체·대용이 하나가 된다고 말한다. 주자가 이원론자로 간주되는 것은 리가 인식하는 마음에 독립적인 사물 각각에 내재하는 정리定理로 제시한 것에 기인할 것이다. 주관 독립적인 외재적 사물에 내재하는 정리를 정립하는 것은, 후설이 말하는 현상학적 환원의 최종 관문인 '실증성에 대한 일반정립'을 완전히 중단하고 주체의 관점에서 현상을 구성하는 코페르니쿠스적 전회인 이른바 '선험적 환원'이 명시적으로 제기하지 않는 것이 되고 만다. 각각의 사물에 내재하는 정리는 현상학에서 '형상적 환원'[14]에 의해 도출되는 형상(본질)에 유비되

---

13. 『孟子集註』7상:1에 대한 주자주. "性則心之所具之理 而天又理之所從以出者 人有是心 莫非全體 然不窮理則 有所蔽而無以盡乎此心之量 故能極其心之全體而無不盡者 必其能窮夫理而無不知者也 …. 以大學之序言之 知性則物格之謂 盡心則知之之謂也."

14. 후설은 '자유로운 상상'에 힘입은 '본질직관'을 통해 사물을 본질 연관을 분별해 내는 것을 '형상적 환원eidetische Reduktion'이라고 말하는데, 그는 이를 다음과 같이

는 것으로 영역 존재론에서 추구되어야 할 것이며, 아직 선험 현상학의 관점에 도달하지 못한 것이라 할 수도 있다. 주자가 사물에 내재하는 본질적 정리를 주장하는 한 "마음 밖에는 어떠한 이치도·사물도 없다(심외무리心外無理, 심외무물心外無物)"고 하는 '모든 의미발산의 중심'으로서 '선험적 주체'를 정립하지 못한 것으로 볼 수 있는 것이다.

후설의 선험적 상황과 양명의 심물동체心物同體

후설은 "세계를 타당한 의미로서 자기 안에 담지하고, 그 의미로부터 그 편에서 필연적으로 전제하고 있는 자아 자체는 현상학적 의미에서 '선험적'이다"[15]고 주장하고 있다. 그리고 이러한 '선험적 상황'을 다음과 같이 묘사한다.

세계가 우리에 대해서 가지는 모든 의미는 …… 경험·사유·평가하는 우리의 고유한 삶의 내면성 안에 지향적으로 포함되어 있으며, 우리

말하고 있다. "자의적인 '變樣'을 수행하는 가운데에, 그리고 變樣을 수행하는 기간 중에, 變樣되어 차이나는 것과 관계없이 이를테면 變體들 가운데 언제나 모종의 합치가 보존되며, 이 합치 중에 필연적·불변적으로 남아 있는 그 무엇 혹은 그 내용으로서 보편적인 本質이 보존된다는 사실이다. … 이와 같은 보편적인 본질이 '形相'(Eidos)이며, 플라톤적인 의미에서 이데아이지만, 플라톤적인 모든 形而上學的 해석에서 벗어난 純粹하게 파악된, 따라서 由變樣의 도정에 발생하는 이데아觀照를 통하여 우리에게 직접적·직관적으로 주어지는 그대로 파악된 이데아이다." 후설(신오현 역), 『현상학적 심리학강의』, 166쪽 참조.

15. 후설(이종훈 역), 『데카르트적 성찰』, 철학과현실, 1994, 148쪽.

의 고유한 의식생성意識生成 중에 형성되는 '의미'이다. 모든 존재타당성
은 우리 자신 안에서 실현되고, 이러한 존재타당성을 정초하는 경험과
이론의 모든 명증성은 우리 자신 안에서 생동적으로 · 계속해서 습관적
으로 우리에게 동기를 부여한다.[16]

    존재 · 인식의 관계에서 인식대상인 존재를 직접 확인하는 일이 원
리적으로 불가능하다면, 존재 · 인식 관계는 인식하는 자의 자기 내
적 관계로 환원되어 인식자의 위상이 '절대적'인 것으로 판명된다. 다
시 말하면 인식 주체는 절대적이며, 일체 현상은 절대적인 '선험적 자
아'의 지향적 구성임을 발견하게 된다. 우리는 인식대상인 존재 자체
로 곧바로 도달하는 것이 아니라, 객관적 존재의 현상(=경험)을 비판
적으로 검토하면, 인식대상의 실재성은 오로지 선험적 자아의 지향적
구성이라는 것을 확증하게 된다(선험적 환원). 바로 이렇게 선험적 환
원을 수행하면 존재 자체의 실재성 문제와 존재인식의 타당성 문제가
동시에 해결된다.

    양명의 입장은 바로 이렇게 선험적 환원의 수행에서 나온 것으로
선험의 영역, 즉 인식주체가 대상세계를 지향적으로 구성한다고 말한
다. 이에 양명은 "마음 이외에 사물이란 없고, 마음 이외에 사태가 없
으며, 마음 이외에 리가 없으며, 마음 이외에 의義가 없고, 마음 이외
에 선善도 없기에"[17] "마음 밖에 탐구할 어떠한 학문도 없다"고 선언한

---

16. 후설(신오현 편역), 『심리현상학에서 선험현상학으로』, 민음사, 1994, 240쪽.
17. 『전집』券4, 「與王純甫」 및 卷10 「紫陽書院集序」 참조.

다. 이러한 선험적 지평에서 보면, 마음은 모든 의미 발산의 중심이다. 그래서 양명은 다음과 같이 선언한다.

"허령불매虛靈不昧하여 여러 이치가 갖추어져 있어 온갖 사태가 나온다(중리구이만사출衆理具而萬事出). (따라서) 마음 밖에 리가 없고, 마음 밖에 사물이 없다."[18]

여기서 "여러 이치가 갖추어져 있어 온갖 사태가 나오다(중리구이만사출衆理具而萬事出)"는 언명은 주자의 "여러 이치를 갖추고 만사에 응한다(구중리이응만사具衆理而應萬事)"[19]는 진술에 대한 수정이다. 이 몇 글자의 수정이 '주관·객관의 상관성'을 말하고 있는 주자와 '선험적 절대성으로 주체를 정립'하는 양명의 관점의 차이를 여실히 보여준다. 양명의 이런 주장은 다음과 같은 방식으로 표현되는 선불교의 '절대적 유심론'과 상당한 연관관계가 있다는 사실 또한 부인할 수 없다.

"모든 법이 모두 자신의 마음에 있으니 어찌 자신의 마음을 따라서 진여眞如의 본성을 단박에 드러내지 않는가? 『보살계경菩薩戒經』에서 나의 본래 근원인 자성自性이 맑고 깨끗하다고 하였거늘, 마음을 알아 본성을

---

18. 『傳習錄』上. 虛靈不昧 衆理具而萬事出 心外無理 心外無事.
19. 『大學章句集註』경1장에 대한 주자주. 明明之也 明德者人之所得乎天而虛靈不昧 以具衆理而應萬事者也 但爲氣稟所拘 人欲所蔽 則有時而昏 然其本體之明 則有未 嘗息者 故學者當因其所發而遂明之 以復其初也.

보면 자연히 불도佛道를 성취하여 즉시 활연豁然하게 본 마음을 도로 증
득한다."[20]

그런데 양명은 심心의 절대성을 불성이 아닌 유가의 '천'과 연결시킴
으로써 여전히 유가로 남고자 하였다.

사람은 천지만물의 마음이며, 마음은 천지만물의 주체이고, 마음은
곧 하늘이다. 마음을 말하면 곧 천지만물을 모두 제시한 것이니, 친절하
고 간이하다.[21]

이렇게 심·물관계를 하나의 사건, 나아가 '심물동체心物同體'를 주장
하는 양명의 논리는 "마음 밖에 리가 없다(심외무리心外無理)"는 주장
을 거쳐, 결국 "마음이 곧 리이다(심즉리心卽理)"는 절대 주체의 성립
으로 귀결된다.

---

20. 慧能(되옹 성철 역주), 『돈황본단경』, 一切萬法 盡在自身心中 何不從於自心 頓現
眞如本性 菩薩戒經云 我本源自性 淸淨 識心見性 自成佛道 卽時豁然 還得本心.
21쪽.

21. 『전집』卷6, 「答季明明德」 人者 天地萬物之心也 心者 天地萬物之主也 心卽天 言
心則天地萬物皆擧之矣 而又親切簡易.

4. 선험철학에 대한 비판의 해명

　이제 후설 및 양명과 같은 '절대'에 대한 절대적 인식을 추구하는 선험철학에 대해 제기되는 몇 가지 비판을 해명하는 것으로 논의를 종결지으려 한다.

　양명이 증득한 '본심本心(양지良知)'은 인식작용이나 인식기능이 아니라, 모든 인식의 원천이며 인식을 가능하게 하는 근거이며, 원천적으로 인식하는 자 그 자체이다. 그의 철학 체계를 일반적인 방식으로 표현한다면, '선험적 관념론'(혹은 절대적 유심론)으로 칭할 수 있다. 이렇게 표현된 그의 철학체계 또한 실재론−반실재론, 유물론−관념론 등과 같이, '또 하나의 대립된 존재자에 대한 어떤 표상정립이 아닌가?'라고 반문할 수 있을 것이다. 그러나 주관 · 객관, 의념意念 · 소념所念, 존재 · 사유가 동일한 실재를 지칭하기 위해 시설된 양명과 후설의 선험적 관념론은 결코 주−객 분리 · 대립의 사고에서 비롯된 유有 · 무無와 물질物質 · 정신精神과 같은 어떠한 이원적 대립도 초월할 뿐만 아니라, 모든 실증성에 대한 일반정립을 중단했다는 점에서 '존재자 표상'에서 비롯된 상대적 세계관들과 단적으로 구분된다. 왜냐하면 앞서 언급했듯이 '선험적 관념론'은 이른바 '선험적 환원'을 통하여 세계 내에 존재하는 모든 것의 존재타당성을 철저하게 괄호 치고 (판단중지), 유·무의 존재와 그 인식에 대한 문제가 아니라, 그 이전에 그것을 가능하게 하는 조건과 존재 타당성 그리고 그 의미를 문제시하기 때문이다.

그렇다면 왜 '관념론'인가? 그것은 '세계'를 이전처럼 더 이상 자체적으로 존재하는 것으로 무비판적으로 수용하는 것이 아니라, '선험적 주관성'의 지향적 구성, 즉 선험적 주관이 의미를 부여함으로써 구성된 산물로 이해하기 때문이다. 그렇다면 이는 현실 과학의 성과를 부정하는가? 많은 사람들이 그렇게 비판하여 왔지만, 선험적 관념론으로서의 철학은 현실 과학의 성과를 결코 부정하지 않는다. '선험적 관념론'은 "자연적 태도에서 본, 즉자적인 세계 안의 존재자의 입지에서 본 모든 존재와 그에 대한 인식활동 및 성과를 전혀 부정하지 않고, 단지 현실의 존재와 현실 과학의 인식, 현실 과학의 근거와 기원 및 의미를 투철하게 증득하려는 입장(선험적 관점)일 따름이기 때문이다."[1]

양명의 유명한 '암중화巖中花'에 대한 언명은 그의 '마음 밖에 사물은 없다(무심외지물無心外之物)'는 말은 그가 유아론의 함정에 빠진 것이 아니라는 것을 잘 설명해 준다. 정인재 교수는 다음과 같이 설명해 주고 있다.

---

1. 신오현, 『원효철학 에세이』, 민음사, 2002, 326쪽 참조.

"양명은 결코 스스로 피었다가 지는 꽃나무를 부정한 것이 아니라, 그것은 꽃을 보는 의식과 연관되었을 때 의미를 갖는다는 말이다. ······ 즉 그는 꽃이 아직 의식의 구조 속에 들어오지 않아서 의상意像에 있어서 고요한 상태에 있다는 것이지, 꽃이 존재하지 않았다고 주장한 것이 아니다. 양명은 스스로 피었다 지는 꽃에 대해 어떤 이의를 제기하지 않았고, 그가 드러내려고 한 것은 꽃의 존재 문제가 아니었다."[2]

양명이 부정하는 것은 단지 마음 밖에 독립되어 실재하는 것으로 추정된 물 자체의 존재이다. 만일 물 자체가 마음 밖에 실재한다면, 그것은 나의 마음 안에 드러날 수 없을 것이며, 따라서 물 자체로서 저 꽃은 나의 마음속에 드러날 수 없다. 양명은 저 객관 대상을 인식 주관 속에 해체한 것이 아니라, 인식의 해방(치양지致良知)을 통해 사물의 본질직관과 대상을 도덕적으로 합일시키고 있다.[3] 양명은 마음을 선험적 절대성으로 정립했기 때문에 주관주의적 오류 및 유아론 또한 벗어날 수 있었다. 절대絶對(=상대를 단절함)적 주체는 주·객의 상대를 대립을 넘어서는 것이기 때문에 그 자체가 이미 보편적이며 상호 주관적이다. 양명적인 선험 철학에서는 세계를 구성하는 '선험적 자아(本心)'가 가장 중요한 문제로 등장한다. 그렇다면 '선험적 자아'란 무엇인가? '선험적 환원'을 통해 존재의 유·무 문제를 판단중지한 이후에 "적어도 '우리에게' 의미 있는 세계가 존재하기 위해서는 일체 존

2. 정인재, 앞의 논문, 90-91쪽.
3. 법성, 『앎의 해방, 삶의 해방』, 한마당, 1989, 154쪽.

재에 의미를 부여하는 자아가 필연적으로 선재해 있어야 하는데, 이러한 자아 또는 주체를 후설은 '선험적 자아'(주체성)이라고 부른다. 그렇다면 여기서 문제는 '선험적 자아'와 '경험적 자아'의 관계이다.

선험적 자아는 경험적 자아와 병립하는 또 하나의 자아로 실체적인 어떤 것인가? 그런데 선험적 자아는 경험적 자아가 아니지만, 그렇다면 경험적 자아와 병립하는 또 하나의 자아가 아니다.[4] 앞서 인용하였듯이 양명은 "그 꽉 채우고 있는 곳을 일러 신체라 하고, 그 주재하는 곳을 일러 '마음'이라고 한다. 마음이 발동한 곳을 일러 의지(의意)라 한다. 의지가 영명한 곳을 일러 앎(지知)이라 한다. 의지가 건너가 붙어 있는 곳이 물物이다."고 말하여 마음 · 의지 · 앎 · 사물의 관계를 일원적인 하나의 사건으로 분명히 제시하고 있다. 여기서 양명이 말하는 신체의 주재자로서 심心은 자아 혹은 주체라고 할 수 있다. 양명은 「사구교四句教」에서 일원의 관계인 심 · 의를 다음과 같이 묘사하고 있다.

"선악을 초월해 있는 것이 마음의 본체이다(무선무악심지체無善無惡心之體)."

---

4. 후설은 이에 대해 다음과 같이 말하고 있다. "나의 '先驗的 自我'는 선험적인 자기경험으로서 명백히 나의 자연적인 인간-자아로부터 구별되지만, 결코 통상적인 의미에서 제2의 것, 자연적인 인간-자아로부터 분리되어 있는 것, 자연적인 相互 外在에서의 이중성이 아니다. 명백하게도 그것은 진정 단순한 態度變更, 즉 나의 순수 심리학적 자기 경험을 先驗的인 자기경험에로 변성시키는 先驗的인 判斷中止를 통하여 매개되어 있는 '態度變更'에 지나지 않는다. 그에 따라서 나의 영혼에서 발견될 수 있는 모든 것들은 이러한 態度變更을 통하여, 그것들에게서 고유하게 본질적인 것을 인수하는 가운데, 하나의 새롭고, 絶對的이며, 先驗的인 의미를 얻게 된다. 후설(신오현 역), 『심리현상학에서 선험현상학으로』, 256-7쪽.

"선도 있고 악도 있는 것이 의념이 일어남이다(유선유악의지동有善有惡意之動)."

여기서 '심지체心之體(양지)'는 '선험적 자아'이고, '의지동意之動'은 '경험적 자아'로 볼 수 있다. 이 양자는 체용관계로서 일원一源·무간無間한 것으로, 등잔과 불빛과 같이 하나이며 둘이고 둘이면서 하나인 관계이지, 각각 별개로 존재하는 실체가 아니다. 즉 이 양자는 말하자면 상호전위相互轉位의 관계이다. 선험적 자아가 있기에 세계구성의 근거가 가능하며, 경험적 자아가 있기에 삶이 생명성을 지니고 풍요로워진다. 요컨대 선험적 자아는 경험적 자아, 인류, 사회, 역사, 자연의 총화로서 세계에 존재하며, 단지 이 세계를 자신에게 의미 있는 세계로서 명증적으로 자각하기 위한 잠정조치로서 이 세계를 초출(환원)하고, 이렇게 이해된 세계를 자신의 현실 삶에 승화하기 위해 다시 세계로 귀환한다.

5장

남명 조식의
위기지학 이념

남명 조식 연보[1]

1501년(연산군 7) – 조식曺植은 경상도 삼가현三嘉縣 토동 출생. 자는 건
중楗仲, 호는 남명南冥(혹은 산해山海), 본관 창녕昌寧. 부는 승문
원承文院 판교判校를 지낸 조언형曺彦亨, 모는 인천仁川 이씨李氏
충순위忠順衛 이국(李菊)의 여식.

1507년(중종 2) – 7세 부친으로부터『시경』·『서경』등을 배움.

1515~18년(중종 10~13) – 15세 때에 유교경전과 그 주석서 및 제자백
가·천문지리·의학·수학, 및 심지어 병법이 이르기까지 두루
공부. 18세에 귀경하여 대곡大谷 성운成運·동고東皐 이준경李浚
慶·청송聽松 성수침成守琛 등과 교류.

1519년(중종 14) – 19세 기묘사화己卯士禍로 정암靜庵 조광조趙光祖의 부
고를 들음.

1520년(중종 15) – 20세 진사/생원 및 문과 초시 급제.

1522년(중종 17) – 22세 남평조씨南平曺氏 충순위忠順衛 조수曺琇의 여식
과 혼인.

1525년(중종 20) – 25세 원나라 노재魯齋 허형許衡의 언명을『성리대전』
을 읽다가 크게 깨우치고, 귀가하여 육경사서와 송유들이 남긴
글을 정력을 쏟아 공부. 공자·주렴계·정명도·주자의 초상화

---

1. 남명 조식 연보는『남명집』(한길사, 2001)에 수록된 것을 중심으로 요약·정리했다.

로 병풍을 만들어 매일 아침 정성을 기울임.

1526년(중종 21) – 26세 부친상으로 시묘살이를 함.

1530년(중종 25) – 30세 신어산神魚山 아래 산해정山海亭을 지어 기거함

1532년(중종 27) – 32세 규암圭菴 송인수宋麟壽가 보낸 『대학』의 뒤에 "서
송규암인수대학후書宋圭菴麟壽大學後"라고 씀.

1536년(중종 31) – 36세 서암棲庵 정지린鄭之麟이 와서 수학.

1538년(중종 33) – 38세 헌릉 참봉에 임명되었으나 나아가지 않음.

1545년(인조 1) – 45세 을사사화로 어진 친구들의 부고를 듣고 눈물 흘
림. 11월에 모친상.

1548년(명종 3) – 48세 전생서典牲署 주부로 임명되었으나 나아가지 않
음. 토동으로 돌아와 계부당鷄伏堂과 뇌룡정雷龍亭을 지어 강학.

1553년(명종 8) – 53세 퇴계의 출사권유에 사양하는 서간을 보냄.

1555년(명종 10) – 55세 단성현감에 임명되었으나 사양 · 상소하여 "대
비(문정왕후文定王后)는 진실로 생각이 깊다하나 깊은 궁궐 속의
한 과부에 불과하고, 전하는 어리니 돌아가신 임금님의 어린 자
식일 따름"이라고 말하면서 국정전반에 대해 비판함.

1561년(명종 16) – 61세 덕산德山의 사륜동絲綸洞으로 옮겨 산천재山天齋
건립.

1566년(명종 21) – 66세 10월에 명종을 알현했지만, 실망하고 돌아옴.

1567년(선조 즉위년) – 67세 선조가 교서로 불렀지만, 사장辭狀만 올리
고, "나라를 다스리는 길은 임금이 학문과 인격을 닦는 데 있다"
고 직간.

1568년(선조 원년) – 68세 선조의 전지傳旨가 있었고, 69세 종친부宗親府
전첨典籤에 임명되고, 70세에 선조가 다시 불렀지만 끝내 사양함.

1572년(선조 5년) – 72세 1월에 옥계玉溪, 동강東岡, 한강寒岡, 각재覺齋 등이 문병. 남명은 '처사處士'로 자칭하고, 경敬 · 의義를 논하면서 숨을 거둠. 조정에서는 통정대부通政大夫 사간원司諫院 대사간大司諫을 증직贈職하고, 부의賻儀를 내리고, 예관禮官을 보내 치제致祭.

남명은 사림이 권간權奸들에게 수차례 죽임을 당하여, 도학이 거의 사라지려는 시대에 태어나 분발정진해서 유학을 진흥시키고 후학을 가르쳐 인도한 큰 공이 있었음.

1576년(선조 9) – 유림과 제자들이 덕산서원德山書院을 건립하여 석채례釋菜禮를 행함.

1592년(선조 25) – 임진왜란이 발발하자, 남명의 제자인 망우당忘憂堂 곽재우郭再祐, 내암來庵 정인홍鄭仁弘, 송암松庵 김면金沔 등이 의병을 일으켜, 국가와 민족을 구출하는 공을 세움.

1604년(선조 37) – 『남명집』 초판 간행.

1615년(광해군 7) – 성균관 유생의 상소로 대광보국숭록대부大匡輔國崇祿大夫 의정부議政府 영의정領議政 겸 영경연홍문관 예문관춘추관관상감사領經筵弘文館藝文館春秋館觀象監事 세자사世子師를 증직하고, '문정文貞'이라고 시호를 내림.

1623(명종 원년) – 인조반정仁祖反正으로 (임진왜란 때에 공이 있던) 남명의 제자나 재전제자들로 구성되었던 대북정권大北政權이 몰락.

남명 조식(경상우도를 대표)은 퇴계 이황(경상좌도)과 거의 동시대
의 인물로 그 사상 경향은 다양하게 해석되어 왔다. 물론 남명에 대
한 여러 해석들은 나름의 근거가 있지만, 여기서는 남명의 학문을 어
떤 시대적 사조나 관점에 의해 해석하기보다는 '보편적인 유학(철학)'
의 패러다임으로 재구성하여, 그 특징을 선명하게 드러내고자 한다.
이 글은 남명의 자전적인 글인 「서규암소증대학책의하書圭庵所贈大學冊
衣下」와 그의 철학시인 「원천부原天賦」를 주 텍스트로 택하면서, 가능한
한 남명의 직접 언명을 통해 그 학문이념을 '위기지학爲己之學'으로 규
정·재구성하여 제시하고자 한다.

1. 유가철학의 이념을 통한 남명학의 재구성

　일반적으로 과학(분과학문)은 귀납−가설적인 방법으로 실증되는 대상에 대한 객관적 지식을 획득하여 일상생활에서 유실하게 활용하는 것을 목적한다. 그러나 철저하게 자아에 대한 해명을 추구하는 '지혜사랑'으로서 철학은 우선 철학하는 주체의 무지의 자각에서 출발하여, 끊임없는 자기계발을 통해 온전한 자기정립·실현을 추구하도록 이끄는 것을 목적으로 시설된 일종의 교화적 화두라고 할 수 있다. '지혜를 사랑하는 자philosophos(애지자愛智者)' 혹은 '학문을 좋아하는 자(호학자好學者)'는 모든 것을 아는 지자知者·성인聖人(생이지지生而知之)과 자신의 무지조차 알지 못하는 '우둔한 자'의 중간 존재(학이지지學而知之, 곤이지지困而知之)이다.

　철학의 원의를 지시하는 '지혜사랑'이 진·선·미의 삼위일체를 형성하는 지혜에 대한 에로스적인 희구, 즉 "완전한 정신에 도달하기 하기 위한 불안전한 정신의 자기초월적 귀향편력"[1]이라면, 유학 또한 "완전한 정신인 성인에 도달하는 것을 목표로 하는 군자의 학문"이라고 정의할 수 있다. 그렇다면 성인을 추구하는 군자의 학문이란 어떤 것인가? 우선 공자의 언명에서 그 실마리를 찾아보자.

> 옛날에 배우는 사람은 자기를 정립하였지만, 오늘날에 배우는 사람은 남이 알아주기를 바란다.[2]
> 군자는 자기에게서 구하고, 소인은 다른 사람에게서 구한다.[3]
> 군자는 자신의 무능함을 근심하지, 타인이 자신을 알아주지 않는 것은 근심하지 않는다.[4]
> 타인이 알아주지 않아도 화내지 않으면, 또한 군자가 아닌가?[5]

공자가 정립한 군자의 학문은 상대적 · 대상적 차원에서 '남을 위하는 학문(위인지학爲人之學)'이 아니라, 절대적 · 주체적 차원에서 모든 가치판단의 근원과 책무를 자기에게서 추구하는 '자기정립의 학문(위기지학爲己之學)'이며, 이는 주체의 성실성을 그 요체로 한다. 군자에 대한 다음과 같은 질문이 가능하다. 먼저 군자는 무엇으로 자기정립을 시도하며, 둘째로 자기정립을 이룩한 군자는 어떤 근거에서 자기

---

1. 신오현, 「유가철학의 교학이념」『철학의 철학』, 문학과지성, 1987, 385쪽 참조.
2. 『논어』 14:25. 子曰 古之學者爲己 今之學者爲人.
3. 『논어』 15:20. 子曰 君子求諸己 小人求諸人.
4. 『논어』 15:18. 子曰 君子病無能焉 不病人之不己知也.
5. 『논어』 1:1. 人不知而不慍 不亦君子乎.

에게서 구하는가(자아의 정체해명), 나아가 셋째로 '위기지학'이란 어떤 성격의 '학문'인가? 하는 것이다.

셋째 질문에 먼저 대답한다면, 유교의 '학문學問'은『중용』의 언명대로 "널리 배우고(박학博學), 자세히 묻고(심문審問), 신중히 생각하고(신사愼思), 밝게 분별하며(명변明辨), 돈독하게 실천하는(독행篤行)" 행위의 총체이다.[6] 그렇다면 유교의 자기정립의 학문은 한갓 이론적 인식이 아니라, 지·행 혹은 지·덕의 일치, 즉 앎과 인격성숙의 병진을 지향한다. 요컨대 군자가 추구하는 '자기정립의 학문'은 지·인·용으로 대표되는 군자의 삼달덕, 혹은 인의예지로 표현되는 인간의 덕을 쌓아 현실의 사회적 제 관계에서 온전히 실천하는 완전한 인격의 성인에 도달하는 길을 배우고 실천하는 '성학聖學'이다. 공자는 이러한 성학의 여정을 제시해 주었다.

"나는 15세에 학문에 뜻을 두었고(지우학志于學), 30세에 뜻을 세웠고(이립而立), 40세에 의혹되지 않았고(불혹不惑), 50세에 천명을 깨달았고(지천명知天命), 60세에 귀가 순해졌고(이순耳順), 70세에 마음이 하고자 하는 바를 쫓아도 법도를 넘지 않았다."[7]

공자의 일생에 대한 이 회고는 불완전한 정신이 끊임없는 호학을 통해(지우학, 이립), 궁극자를 인식하고(불혹, 지천명), 간단없는 극

6.『중용』11장. 博學之 審問之 愼思之 明辨之 篤行之.

7.『논어』2:4. 子曰 吾十有五而志于學 三十而立 四十而不惑 五十而知天命 六十而耳順 七十而從心所慾不踰矩.

기복례의 수행을 통하여 사사로운 의지와 기필하는 마음, 그리고 고집과 아상이 자연스럽게 없어져(이순),[8] 마침내 자연적인 마음이 우주적 법도와 온전히 일치하는, 말하자면 존재·당위가 일치하는 성인에 도달하는 여정의 표본을 제시해 주고 있다. 그리고 첫 번째와 두 번째 문제는 남명의 학문을 다루면 자연히 드러날 것이므로, 그 언명에 즉해서 그는 어떻게 자기정립을 이루었는지를 살펴보기로 하자.

---

8. 『논어』 9:4. 子絶四 毋意 毋必 毋固 毋我.

2. 유학과 남명의 위기지학爲己之學 이념

문목공文穆公 정구鄭逑가 「제문祭文」에서 남명은 "어려서 문장을 업으로 삼아, 여러 서책에 널리 통하더니, 마침내 오인吾人의 대업이 여기에 있지 않다고 깨닫고, '위기지학'에 전념하였다."[1]고 증언하고 있듯이, 남명은 32세 때에 규암圭庵 정림수宋隣守, 1499~1547가 선물한『대학』의 책갑 안에 글을 남겨 자기정립의 과정을 기술하고 있다.

㉮ 나는 애초에 타고난 자질이 매우 둔한데다 스승과 벗들의 규계規戒도 없어서, 오직 남에게 오만한 것을 고상함으로 여겼다. 사람에게만 오만하였을 뿐만 아니라 세상에 대해서도 오만한 마음이 있어, 부귀와 재리財利를 보면 마치 지푸라기나 진흙처럼 멸시했다. 사람됨이 가벼워 진

---

1. 김충렬, 「남명 조식 선생의 생애와 학문정신」, 『한국의 사상가 10人: 남명 조식』, 예문서원, 2004, 54쪽에서 재인용.

실하지 못하고, 호쾌한 휘파람을 불거나 팔을 걷어붙였으며, 항상 세상사를 잊고 살 것 같은 기상이 있었다. 이 어찌 돈후敦厚·주신周信·박실朴實한 기상이겠는가? 날마다 소인이 되는 쪽으로 달려가면서도 스스로 모르고 있었다. 약관에 문과 한성시에 합격하고 …… 그 뒤 합격하거나 떨어지기도 하면서 나이 서른을 넘겼다. 또 문장이 과문科文의 형식에 맞지 않는다고 생각하여, 다시 평이·간실한 책을 구하여 보았다. 그래서 처음으로 『성리대전』을 가져다 읽었다.

㉯ 하루는 『성리대전』을 보다가 허씨許氏가 "이윤의 뜻을 뜻으로 삼고, 안자의 학문을 배워서, 나아가 벼슬하면 나라를 위해 크게 하는 일이 있어야 하고, 물러나 은거해 있으면 스스로 지킬 줄 알아야 한다. 나아가 벼슬해도 하는 일이 없고, 물러나 은거하면서도 지키는 것이 없다면, 뜻하고 배운 바가 무슨 소용이 있겠는가?"라고 한 말을 보고서 흠칫 자신을 돌아보니, 부끄럽고 위축되어 정신을 잃을 것 같았다. 배운 것이 형편없어 거의 일생을 그르칠 뻔한 것과, 애초에 인륜이나 일상생활에서의 일들이 모두 본분 속에서 나오는 것인 줄 몰랐던 것에 대해 깊이 탄식하였다.

㉰ 드디어 과거 공부에 싫증이 나서 다시 이를 포기하고, 학문에 전념하여 점점 근본적인 곳으로 나아가게 되었다. 이는 꼭 어린 나이에 부모를 잃고 어디로 가야 할지 몰라 하다가, 하루아침에 문득 자애로운 어머니의 얼굴을 뵙고 자기도 모르게 손을 흔들고 발을 구르며 춤을 추는 것과 같았다. 나의 벗 원길은 이를 보고 기뻐하여 나에게 『심경』을 주었으

며, 미수眉叟는 나에게 이 책(『대학』)을 주었다. 이때를 당해서는 마치 저녁에 죽더라도 유감이 없을 듯하였다. …… 사람들은 대체로 곤궁함을 걱정하지만, 나에게서 곤궁함은 바로 통달함이 되었다. 여러 번 과거에 낙방하여 곤궁하였기 때문에 형통하기를 구하다가 가야할 길을 찾게 되었고, 그 길을 가다가 본지풍광本地風光을 볼 수 있었고, 부형의 기침 소리를 들을 수 있었다. 굶주리다가 먹을 것을 얻고 근심하다가 즐거움을 얻게 되었으니, 나의 곤궁함을 세상 사람들의 통달함과 바꿀 수 있겠는가? 나는 바꾸지 않으리라. 다만 다리 힘이 없어서, 용감히 나아가고 힘껏 행하지 못할까 두려울 뿐이다. 자신을 잘 돌이켜볼 수 있는 방법이 모두 이 책에 있는데 나의 벗이 이로써 나를 권면하니, 남이 착하도록 도와주려는 그의 뜻이 어찌 쇠를 끊을 수 있을 정도일 뿐이겠는가? 힘 쓰기를 게을리 하느냐, 부지런히 하느냐는 전적으로 나에게 달려 있으니, 마땅히 단순히 책으로만 보지 않음이 옳으리라.[2]

필자가 연구한 철학자 및 철학의 전형으로 실례(예컨대, 플라톤의 「동굴의 비유」, 데카르트의 『성찰』, 불가佛家의 「심우도尋牛圖」, 왕양명의 '용장오도' 등)를 분석해 보면, '지혜를 사랑하는 철학하는 정신'은 일반적으로 다음과 같은 4단계의 과정을 겪는다.

첫째, 기존의 가치체계, 진리체계를 맹신하며 일반인으로서 평균적인 삶을 영위한다.

---

2. 조식(경상대학교 남명학 연구소 옮김), 『남명집』, 「書圭庵所贈大學冊衣下」, 253-6쪽.

둘째, 철학하는 정신은 기존의 가치 및 진리체계에 당혹감(경이감) 혹은 불안감(우환의식)을 지니고는 것에서 출발하여 철두철미한 태도변화를 한다.

셋째, 태도변환을 통해 철학하는 정신은 궁극적인 것에 대한 절대적인 인식을 증득한다.

넷째, 궁극적인 절대인식을 증득한 철학자는 자비행으로 중생을 교화한다.

위의 남명의 글은 여기서 필자가 제시한 철학하는 정신이 겪게 되는 1~3단계와 어느 정도 조화를 이룬다. 남명이 "날마다 소인이 되는 쪽으로 달려가면서도 스스로 모르고 있었다."라고 술회하듯이, 유가에서는 기존의 가치 및 진리체계를 맹신하며 일상인으로 평균적인 삶을 영위하는 사람을 '소인小人'(세유世儒 · 누유陋儒 ↔ 군자유君子儒)이라고 부른다. '소인'이란 자기정립을 이루지 못하고 타자를 의식하는 삶을 영위하며, 인간됨의 도리를 추구하는 것이 아니라, 자신의 이익만을 도모하는 사람이다.[3] 이들은 자신의 이익에 치우쳐 이익집단을 형성하기 때문에 두루 통하지 못하고,[4] 이익에 매몰되어 인간적 삶에 대해 반성적 태도를 견지하지 못하기 때문에 외적 사물에 수동적으로 이끌리어 물화되기 마련이다. 그래서 맹자가 지적했듯이, 손가락이 남과 같이 않으면 천리를 멀다고 여기지 않고 가서 고치려 하지만, 마음을

---

3. 『논어』 4:16. 子曰 君子喩於義 小人喩於利.

4. 『논어』 2:14 小人比而不周.

잃고서는 찾을 줄 모른다. 그렇다면 우리가 소인적 생활태도를 벗어나서 다른 방식의 삶, 즉 군자(대인)로 나아갈 근거는 그 어디에 있는가?

군자의 자기정립

맹자 이래 유교는 여타 이목지관과는 다르게 우리 마음은 반성의 능력을 지니고 있기 때문에 외적 대상에서 회향하여 우리의 본성 혹은 본심으로 정향하여 자기정립·실현할 수 있다고 말하고 있다. 자기정립을 이루지 못하여 항상 타자를 의식하고, 자신의 이익만을 도모하는 소인적인 삶의 태도는 인간의 진정한 본향이 아니기 때문에 불안하며, 그 길은 인간이 나아가야할 바른 길이 아니기에 불편할 따름이다. 인간이 기거할 본래 처소는 본성으로부터 부여받은 인仁이며 (인지안택人之安宅), 가야할 바른 길은 의義(인지정도人之正路)이다. 자기의 본성에 말미암은 바른 길을 가는 삶이기에(거인유의居仁由義) 그 마음은 떳떳하고 당당하며,[5] 의義가 모여서 호연지기浩然之氣가 양성되어 대인 혹은 군자가 된다고 아성 맹자는 말했다.

철학에서 인간의 자기존재·운명 혹은 삶의 방식에 대한 자각은 내면의 깊은 '우환(불안) 의식'에서 나온다. 이러한 불안 혹은 우환의식은 인간본성을 알지 못하여 자기정립을 하지 못해 인간다운 삶을 영위하지 못하고 있다는 자각의 근거가 된다. 그래서 여기서 남명이 인

---

5. 『논어』 7:36. 子曰 君子 坦蕩蕩 小人 長戚戚.

용하고 있는 안회는 같은 인간(동류)으로 이 세상에 태어났는데, "순임금은 어떤 사람이고, 나는 어떤 사람인가?"("어떻게 해서 순임금은 성인으로 삶을 영위하였지만, 나는 왜 단순히 일반인으로만 살고 있는가?")라는 자기존재 및 삶의 방식에 대한 철저한 물음을 제기했다.[6] 이러한 자기 존재방식에 대한 물음을 제기하고, 자각을 통해 성인의 길에 나가는 것이 바로 유학의 본령이다. 성리학의 개조 주렴계周濂溪는 이정二程을 교육할 때, 항상 "중니仲尼와 안회安回가 좋아한 학문은 어떤 학문이었는지를 탐구하라"고 말한 것은 바로 이런 이유에서다. 이들이 좋아한 학문에 대해서는 다음 구절이 그 단서를 제공해 준다.

"군자는 먹음에서 배부르기를 구함이 없고, 거처에서 편안하기를 구함이 없고, 일에서 민첩하면서 말에서 신중하고, 도가 있는데 나아가 올바르면 학문을 좋아한다고 이를 만하다."[7]

애공이 묻기를, "제자 가운데 누가 학문하기를 좋아합니까?" 공자께서 대답하시길, "안회라는 사람이 있어 학문을 좋아하여, 노여움을 옮기지 아니하고(불천노不遷怒) 잘못을 되풀이하지 않았습니다(불이과不貳過). 불행히 단명하여 죽었습니다. 이제는 없으니, 학문을 좋아하는 자를 들어보지 못했습니다."[8]

---

6. 『맹자』 3상:1. 顔淵曰 舜何人也 予何人也.

7. 『논어』 1:14. 子曰 君子 食無求飽 居無求安 敏於事而愼於言 就有道而正焉 可謂好學也已.

8. 『논어』 6:2. 哀公問 弟子 孰爲好學 공자對曰 有顔回者 好學 不遷怒 不貳過 不幸短

"안회는 중용을 택하여 한 가지 선을 얻으면, 받들어 가슴에 간직하여 잃지 않았다."[9]

'학문을 좋아하는' 군자는, 우선 그 의지가 신체적 욕망에서 발생하는 인심人心의 대상인 세속적 이익에 골몰하는 것이 아니라, 인격의 완성에 뜻을 두고 당위적 도를 실천한다. 나아가 '학문을 좋아한다'는 것은 단순히 관조적·이론적 인식만 추구하는 것이 아니라, '노여움을 옮기지 않음'과 '잘못을 두 번 다시 되풀이하지 않음' 등으로 표현되듯이 극기복례의 수행을 통해 선을 아는 지혜와 반성·실천하는 용기를 지녀야 한다. '호학한다는 것'은 바로 선을 향한 지행여일知行如一의 길로서, 칸트적 표현을 빌리면 선의지가 완숙한 경지에 도달하도록 추구하는 것이다. 이는 곧 '생이지지生而知之'에 대비되는 '학이지지學而知之'의 경지로 존재·당위가 일치하는 성인을 향한 군자의 자강불식自强不息을 말한다. 그래서 공자는 "호학은 지知 자체에 가깝다."[10]라고 말하고 있다. 호안정胡安定, 1033~1107이 1056년에 태학太學에서 유생들에게 제시했던 「안자소호하학론顔子所好何學論」에 대한 정이천程伊川, 1033~1107은 대답은 이를 잘 설명해 준다.

성인의 문하에서 그 무리가 3,000인데 오로지 안자만이 학문을 좋아

命 死矣 今也則亡 未聞好學者也.

9. 『중용』 8장. 子曰 回之爲人也 擇乎中庸 得一善則拳拳服膺而弗失之矣.

10. 『중용』 20장. 好學 近乎知.

한다고 일컬어졌다. 대저『시』·『서』와 육예六藝를 3,000제자가 익혀 통하지 않음이 없었지만, 안자만 홀로 좋아한 것은 어떤 학문인가? 학문으로써 성인에 이르는 길이다. 성인도 학문으로 이를 수 있는가라고 묻자, 그렇다고 말하였다. 학문의 길은 어떠한가라고 묻자, 말하기를 ……무릇 학문의 길은 그 마음을 바로 잡고(정심正心), 그 본성을 기를 따름이니(양성養性), 알맞고 바르고(중정中正) 성실(성誠)하면 성인이다.[11]

앞의 인용문 ㉯는 25세에 남명이 자기존재에 대한 철저한 불안 혹은 우환의식을 지니면서 삶에 대한 궁극적인 태도변화를 시도하면서, 학문을 통해 성인에 이르고자 확고한 발심을 하였다는 것을 보여준다. 아래「남명 조식 선생의 연보」의 기록은 이를 뒷받침한다.

절간에서 친구들과 함께 공부하다가『대학』에서 원나라 학자 노재魯齋 허영許衡의 글을 읽고 과거를 위해 하는 공부가 크게 잘못되었음을 깨닫고, 그 길로 집으로 돌아와 육경六經 · 사서四書와 송유宋儒들이 남긴 글 등 유학의 정수를 공부하기에 전념하였다. 공자 · 주렴계 · 정명도 · 주자의 초상화를 그려 네 폭 병풍을 만들어 자기 곁에 펴두고서 아침마다 우러러 절을 올려 마치 직접 가르침을 받듯이 극진히 정성을 기울였다.[12]

11.『二程全書』『伊川文集』卷43,「顏子所好何學論」聖人之門 其徒三千 獨稱顏子爲好學 夫詩書六藝 三千者 非不習而通也 然則顏子所獨好者 何學也 學以至乎聖人之道也 聖人可學而至歟 曰然 學之道如何 曰 … 凡學之道 正其心養其性而已 中正而誠則聖矣.
12.「남명 조식 선생의 연보」1525년(25세) 조.『남명집』601쪽.

선생이 깨끗이 과거에 미련을 끊고 성인聖人을 배우고자 하여 과거를 포기하고 경敬·의義에 힘을 쏟았다. 견고한 자세로 의지를 굳게 정하여 한 때의 취향趣向으로 진퇴를 삼지 않고 자신을 닦는 경지를 궁구하였으니, 이는 대체로 부모의 가르침이 그러했기 때문이다.[13]

앞의 인용문은 ⊕는 남명이 성인이 되기 위한 학문에 나아가기로 결심하고 정진하여, 나름의 깨달음을 얻는 과정을 기술하고 있다. 규암이 선물한 『대학』의 책갑 안에 썼던 이 글은, 그 내용에서 『대학』에서 "나아가 머무를 경지를 안 뒤에 의지의 정함이 있고, 의지의 정함이 있는 이후에 마음이 고요할 수 있고, 마음이 고요한 뒤에 편안할 수 있으며, 마음이 편안한 뒤에 모색할 수 있고, 모색한 이후에 터득할 수 있다"[14]고 말한 과정을 그대로 답습하고 있다. 여기서 주목할 구절은 첫째, 학문에 전념하여 점점 근본적인 곳으로 나아갔으며, 둘째 곤궁하였기 때문에 형통해지기를 구하다가 가야할 길을 찾게 되었고, 그 길을 가다가 본지풍광本地風光을 볼 수 있었고, 셋째 (성인이 되기에) 힘쓰기를 게을리 하느냐, 부지런히 하느냐는 전적으로 나에게 달려 있다는 말이다.

---

13. 『圭庵先生文集』券2, 「孺人李氏墓碣銘並序」 先生脫然欲學 聖人便罷試擧 用力敬義 緊把得定 不以一時趨向爲進退 究其自修之地 蓋父母之敎然也.
14. 『대학』 경1장. 知止而后 有定 定而后 能靜 靜而后 能安 安而后 能慮 慮而后 能得.

남명의 본지풍광 本地風光

남명이 성인이 되고자 하는 학문에 정진하여 점점 더 근본적으로 곳으로 나아가 본지풍광本地風光[15]을 보았다고 말하고 있는데, '근본적인 것'과 '본지풍광'은 무엇을 말하는 것일까?

'근본적인 것'이란 유가의 근원인 천天·천명天命 혹은 성리학적 용어로 천리天理를 말하고, 본지풍광(본래면목)이란 천명으로 주어진 인간 마음의 본성 혹은 덕을 말한다.[16] 공자는 "하늘이 나에게 덕을 주셨으며,"[17] 나아가 "하늘의 명령으로 주어진 본성의 덕을 알지 못하면, 본성의 덕으로 자기정립을 하지 못하기 때문에 군자가 될 수 없다"[18]고 말하였다. 그리고 공자가 말하는 천명과 인간 본성의 덕, 그리고 인도의 관계는 유가의 종지를 압축적으로 제시하고 있는 『중용』 수장에 잘 나타나 있다.

하늘의 명을 일러 성性이라 하고, 그 성性에 따르는 것을 일러 도道라고 하며, 그 도를 닦는 것을 일러 교敎라 한다.[19]

---

15. 本地風光이란 禪宗의 용어로 심성의 본래 모습이란 뜻으로 本來面目이라고도 한다. 本來面目이란 깨달은 경지에서 나타나는 자연 그대로의 조금도 인위를 가하지 않은, 모든 사람들이 갖추고 있는 心性을 말한다. 전관응 감수, 『불교학대사전』, 홍법원, 2001년, '본지풍광' 및 '본래면목'조.

16. 선불교의 사구계인 "教外別傳, 不立文字, 以心傳心, 見性成佛"을 연상하라.

17. 『논어』 7:22. 子曰 天生德於予 桓魋其如何.

18. 『논어』 20:3. 子曰 不知命 無以爲君子也.

19. 『중용』 1장. 天命之謂性 率性之謂道 脩道之謂敎.

유가에 따르면, 하늘의 명령으로 우리가 지니고 태어난 본성의 덕은 다름 아닌 인의예지 등으로 대표되는 덕목들이다. 따라서 인을 행하도록 운명을 받고 태어난 것이 바로 인간이라고 할 수 있다. 그래서 공자는 "군자는 인을 떠나서 어디에서 이름을 이루겠는가? 군자는 밥 먹는 사이에도, 급하고 구차한 때에도, 그리고 심지어 넘어지고 엎어지는 때에도 인을 어기지 않는다."[20]고 말하고 있는 것이다. 남명은 말년의 「무진년에 봉리는 봉사」에서 이 점을 다음과 기술하고 있다.

> 백성을 잘 다스리는 도는 다른 데서 구할 것이 아니라, 요점은 임금이 선을 밝히고 몸을 정성스럽게 하는 데에 있을 뿐입니다. 이른바 선善을 밝힌다는 것은 이치를 궁구함을 이름이요, 몸을 정성되게 한다는 것은 몸을 닦는 것을 말합니다. 천성天性 안에는 모든 이치가 다 갖추어져 있으니, 인의예지가 그 본체이고, 모든 선이 다 이로부터 나옵니다. 마음은 이치가 모이는 주체이고, 몸은 이 마음을 담는 그릇입니다.[21]

그리고 이 점은 남명 철학의 정수가 가장 잘 제시되어 있는 「원천부原泉賦」에 가장 명확히 잘 기술되어 있다.

> 땅 속에 물이 있는 것은 천일天一이 북쪽에서 생기게 하기 때문이지
> 하늘에 근본한 것은 다함이 없나니, 이 때문에 쉼 없이 흐른다네

---

20. 『논어』 4:5. 君子 去仁 惡乎成名 君子 無終食之間 違仁 造次 必於是 顚沛 必於是.
21. 『남명집』, 「戊辰封事」, 321쪽.

한 샘물이 솟아나는 것을 살피면, 길가에 고인 물과는 다르니.

비록 방울방울 솟는 물에 불과하지만, 천지를 다 먹여도 넉넉하다네

근본이 없다면 그렇지 아니하리니…….

물이 끊임없이 구덩이를 메우고 나아가는 것을 미루어보아 마땅히 평소에 덕행을 쌓아야 한다네

일상생활에서 행하는 것을 궁구하는 것이 천리에 상달하는 근본이라네!

온갖 이치가 다 본성에 갖춰져 있어 운용에 따라 모두가 활발해진다네

필요에 따라 취하여 써도 남음이 있는 것이니

마치 물이 지하에서 솟아나는 것과 같다네.

작은 덕은 흐르는 내와 같고 큰 덕은 무궁한 조화를 이루나니,

모두가 근본을 충실히 하는 데서 오는 것이라네!

만물의 다양함은 한 가지 이치로 귀결된다네

큰 근원이 곤륜산에서 발원하여 온 천지 사방에 가득 퍼지니

큰 물결 하늘에 닿을 듯이 도도히 흘러가면, 결코 물길을 바꾸거나 흐리게 할 수 없다네

또한 군자가 선의 단서를 미루어 극진히 하는 데는 근본을 세우는 것이 무엇보다 중요하다네

경계하노니 마음으로 세상만사에 응대하면 온갖 물욕의 감정이 마음을 흔들고 돋운다네

학문으로 근본을 삼으면, 물욕의 감정이 마음을 흔들지 못한다네

물욕의 감정에 빠져버리면 근본이 없어지며, 물욕의 감정에 흔들리면 쓰임이 없어질 것이니,

'경敬'으로써 그 근원을 함양하고, 하늘의 법칙을 근본으로 삼아야 하리라.[22]

남명의 이「원천부」는 주자가 기축지오己丑之悟를 경험하고 기술했다고 전해지는 대표적인 철학시(오도송悟道頌)인 다음과 같은「관서유감觀書有感」과 그 철학적 맥을 같이한다.

반 이랑 네모진 못에 거울 하나 열리니
하늘빛과 구름 그림자 함께 배회하는 구나!
묻노니 그것은 어찌 그렇게 맑을 수 있는가?
원두源頭(근원)에서 활발한 물 솟아나고 있기 때문이네[23]

여기서 '반 이랑 네모난 연못(반묘방당半畝方塘)'이란 천리天理를 구비하고 있는 '허령명각虛靈明覺한 마음(일심一心)'을, '거울 하나 열리니(일감개一鑑開)'는 마음의 우주반조 혹은 세계구성을 의미한다. '하늘 빛 구름 그림자가 함께 배회한다(천광운영공배향天光雲影共徘徊)'는 사물에 감응하는 마음의 운용을 말한다. '(못의) 맑은 물'이란 우리 마음이 지니고 태어난 선한 본성을 말한다. 결구의 '원두로부터 솟아나는 물(위

---

22. 『남명집』,「原泉賦」, 149-153쪽.

23. 『朱子大全』 卷1,「觀書有感」, 半畝方塘一鑑開 天光雲影共徘徊 問渠那得清如許 爲有源頭活水來.

유원두활수래爲有源頭活水來)'이란 천리天理의 본연本然을 밝힌 것이다.[24] 즉 물의 근원으로서 '원두源頭'는 심성의 근원으로 천天 혹은 천리天理라고 말할 수 있다(성즉리性卽理). 남명의 「원천부」는 이 근원을 회복하려는 생각을 분명히 했다. 즉 물의 생성원리, 근원의 중요성, '성'이라는 근원의 실체, '성'의 공효, 성에 도달하는 방법들을 두루 제시하여 본성의 회복방법을 제시하고 있다.[25]

남명이 말하는 '땅 속에 있는 물'이란 바로 우리가 얻어 지니고 태어난 인의예지로 대표되는 인간 본성의 덕을 말한다. 이 인의예지로 대표되는 인간본성의 덕은 천명으로 우리에게 주어져 있기에, 남명은 그 물은 하늘에 근본을 두고 있다고 말했다. 만물 가운데 오직 인간만이 기氣의 정상精爽으로 구성된 신령한 마음을 지니고 태어났기에, 천리天理를 가장 온전히 갖추고 만사에 응대한다. 그래서 남명은 "천성 안에는 모든 이치가 다 갖추어져 있으니, 인의예지가 그 본체이고, 모든 선善은 이로부터 나온다"고 「무진봉사戊辰封事」에서 말했고, 여기서는 "온갖 이치가 다 본성에 갖춰져 있어 운용에 따라 모두가 활발해진다"고 한다. 이 본성의 덕은 끝없는 천리天理의 작용에 원천을 두고 작용하기에 "하늘에 근본을 둔 것은 다함이 없나니, 때문에 쉼 없이 흐르며", 나아가 "온갖 이치가 다 본성에 갖춰져 있어 운용에 따라 모두가 활발해진다. 필요에 따라 취하여 써도 남음이 있다"고 말하고 있다. 이는 주자의 이른바 '실학'의 이념과 정확히 일치한다.

---

24. 신오현, 「현상학적 철학개념」, 『철학』46, 118-9쪽.
25. 정우락, 『남명문학의 철학적 접근』, 박이정, 1998, 103쪽.

이 편(「중용」)은 곧 공자의 문하에서 마음을 전수한 법이니… 그 글은 처음에는 하나의 리理를 말하고, 중간에 흩어져서는 온갖 일이 되고, 필경 다시 합하여 하나의 리理가 된다. 놓으면 온 우주에 충만하고 거두면 물러나 세미한 곳에 감추어져 있으니 그 의미가 끝이 없으니 모두 '실학'이다. 잘 읽는 자는 완색하여 터득함이 있으면 종신토록 쓴다고 할지라도 다하지 못함이 있을 것이다.[26]

앞에서 "첫째 군자는 무엇으로 자기정립하며, 둘째로 자기정립을 이룬 군자는 어떤 근거에서 자기에게서 구하는가?"하는 문제를 제기하였다. 이제 이에 대한 남명의 대답을 찾아볼 수 있다. 즉 군자는 "천명의 본성인 인의예지의 덕으로 자기정립을 이루며, 이 본성의 덕에 모든 이치가 두루 갖추어져 있기 때문에 군자는 자기에게서 구한다."

그렇다면 이제 남명의 "(성인이 되기에) 힘쓰기를 게을리 하느냐, 부지런히 하느냐는 전적으로 나에게 달려 있다"라는 언명 또한 그 연장선상에 있다고 하겠다. 이 언명은 맹자의 말을 빌려 표현하면 더 분명해 진다. 공자의 '위기지학' 이념을 맹자는 '잃어버린 마음을 구하는 학문'(구방심지학), 곧 '대체大體인 인의仁義로 자아를 정립하는 학문'으로 계승하였다. 즉 "군자는 자기에게서 구한다"는 공자의 언명을 맹자는 '내재하는 본성의 덕'으로 자기정립을 이룬다고 풀어 설명하고, 이를 통해 대인·소인이 구분된다고 말하고 있다.

---

26. 朱子,「中庸章句」首章 앞의 해설. 此篇 孔門傳授心法 其書 始言一理 中散爲萬事 末復合爲一理 放之則彌六合 卷之則退藏於密 其味無窮 皆實學 善讀者 玩索有得焉 則終身用之 有不能盡者矣.

구하면 얻고 버리면 잃으니, 이 구함은 얻음에 있어 유익함이 있으니 나에게 있는 것을 구하기 때문이다. 구함에 도가 있고, 얻음에 명이 있으니 이 구함은 유익함이 없으니 밖에 있는 것을 구하기 때문이다. 만물은 모두 나에게 갖추어져 있으니, 자신을 돌이켜 성실하면 즐거움이 그보다 큼이 없다. 힘써 서恕를 행하면, 인仁을 구함에 그보다 더 가까운 것이 없다.[27]

인의예지는 밖으로부터 우리를 녹여서 들어오는 것이 아니라, 우리가 본래 지니고 있건만, 반성하지 않을 따름이다. 그러므로 구하면 얻고 놓으면 잃는다.[28]

오곡은 종자의 아름다운 것이지만, 참되게 익지 못하면 피만도 못하니, 대저 인仁 또한 익숙히 함에 달려 있을 뿐이다.[29]

맹자의 "구하면 얻고 버리면 잃는 나에게 있는 것"이란 인의예지로 대표되는 인간 본성이다. "구함에 도가 있고 얻음에 명이 있는 외부의 것"이란 '부귀 · 이달 등과 같은 외적 욕망대상'이다. 나아가 절대 주체성의 정립을 표현하는 "만물이 모두 나에게 갖추어져 있다"는 말은

---

27. 『맹자』7상:3~4. 孟子曰 求則得之 舍則失之 是求有益於得也 求在我者也 求之有道 得之有命 求無益於得也 求在外者也 孟子曰 萬物皆備於我矣 反身而誠 樂莫大焉 强恕而行 求仁莫近焉.

28. 『맹자』7상:6. 仁義禮智非由外鑠我也 我固有之也 不思耳矣 故 求則得之 舍則失之.

29. 『맹자』6상:19. 孟子曰 五穀者 種之美者也 苟爲不熟 不如荑稗 夫仁 亦在乎熟之而已矣.

"(소우주인) 인간의 본성에 모든 만물의 이치가 가장 온전히 갖추어져 있다"는 뜻이다. 이렇게 '모든 만물의 이치를 온전히 갖추고 있는 군자는 자기에게 구하고, 자기에게 성실하여 자기완성을 이루면 그것은 곧 타자까지 완성시키는 것(서恕=여如+심心)이기 때문에, 즐거움이 그보다 더 클 수 없다고 하겠다. 그리고 맹자는 '나에게 있는 인의예지'와 '나의 밖에 있는 부귀와 이달'로써 대체와 소체를 나누고, 그것이 바로 대인과 소인이 나누어지는 근거가 된다고 하였다.

인仁은 사람 마음이며, 의義는 사람의 길이다. 그 길을 버리고 따르지 않고 그 마음을 잃고는 구할 줄 모르니 슬프다. 사람이 닭과 개가 도망가면 찾을 줄 알면서도 마음을 잃고는 구할 줄 모른다. 학문의 길은 다른 곳에 있는 것이 아니라, 그 잃어버린 마음을 구하는 것일 따름이다. …… 손가락이 남과 같지 않으면 싫어할 줄 알되, 마음이 남과 같지 않으면 싫어할 줄 모르니 이를 일러 유를 알지 못한다고 말한다. …… 잘 기르고 잘못 기르는 것을 상고하는 근거는 어찌 다른 곳에 있겠는가? 자기에게서 취할 따름이다. 몸에는 귀천과 대소가 있으니, 작은 것으로 큰 것을 해치지 말고, 천한 것으로 귀한 것을 해치지 말며, 그 작은 것을 기르는 자는 소인이 되고, 그 큰 것을 기르는 자는 대인이 된다. …… 음식을 밝히는 사람은 사람들이 천하게 여기니, 작은 것을 기르고 큰 것을 잃기 때문이다. …… (맹자) 말하기를, 귀와 눈은 생각하지 못하여 사물에 가리어지니, 사물이 이 물(오관)과 교차하면 사물에 끌려갈 따름이다. 마음은 생각(사思)할 수 있으니, 생각하면 얻고, 생각하지 않으면 얻지 못한다. 이는 천이 우리 인간에게 부여한 것이니 먼저 그

큰 것에 정립한다면 그 작은 것이 빼앗지 못할 것이니 이것이 대인이 되게 한다.[30]

이 구절을 통해 우리는 남명의 "군자가 선의 단서를 미루어 극진히 하는 데는 근본을 세우는 것이 무엇보다 중요하다."는 언명에서 '근본의 정립'이 무엇인지를 분명히 알 수 있다. 맹자가 "반성할 능력을 타고난 마음이 우리 몸의 귀하고 큰 부분(大體)인 인의仁義에 뜻을 두고 정립하면 우리는 대인이 되고, 감각적인 기호에 이끌리어 식색 등에 수동적으로 이끌려 함닉하면 소인이 된다"고 말하고 있듯이, 인의예지로 대표되는 본성의 덕으로서 자신을 정립·실현하는 것이 곧 근본을 정립하는 것이라고 할 수 있다.

지금까지 우리는 남명이 32세에 「규암이 선물한 『대학』의 책갑 안에 쓴 글」을 통해 "일상적인 소인의 삶의 방식에서 회향하여, 자기존재에 대한 우환의식을 갖고 철저한 자각을 하고, 태도전환을 통해 성인이 되는 학문에 뜻을 정하고, 학문에 전념하여 근본적인 곳으로 나아가 길을 발견하고, 궁극적인 진리인 본지풍광을 자각하고, 그 체득과 실천은 전적으로 자신에게 달려 있다"고 말하는 것을 살펴보았다. 이

---

30. 『맹자』 3하:11-15. 孟子曰 仁 人心也 義 人路也 舍其路而不由 放其心而不知求 哀哉 人有鷄犬放 則知求之 有放心而不知求 學問之道 無他 求其放心而已矣 … 指不若人 則知惡之 心不若人 則不知惡之 此之謂不知類也 … 所以考其善不善者 豈有他哉 於己 取之而已矣 體有貴賤 有小大 無以小害大 無以賤害貴 養其小者爲小人 養其大者爲大人 … 飮食之人 則人賤之矣 爲其養小以失大也… 曰 耳目之官 不思而蔽於物 物交物 則引之而已矣 心之官則思 思則得之 不思則不得也 此天之所與我者 先立乎其大者 則其小者不能奪也 此爲大人而已矣.

제 남은 과제는 우리가 제시한 철학하는 정신의 마지막 네 번째 단계인 "절대 진리를 자각한 철학자가 이타적인 자비행으로 중생을 교화한다"는 것을 남명이 어떻게 실천하였는지를 살펴볼 때가 되었다.[31]

---

31. 참고로 플라톤은 「동굴의 비유」에서 탈출하여 마침내 태양을 관조하여 절대진리를 증득한 철인의 자비행을 다음과 같이 묘사하였다. "그러나 옛날에 살던 동굴을 생각하면서 그 곳에서의 지혜, 그곳에서의 수인囚人들을 생각하고는 자신의 변화로 인해 자신은 행복하다고 여기면서도 그곳의 수인들을 연민하게 된다. … 그래서 그는 다시 수인들을 구하기 위하여 동굴로 다시 내려간다. 다시 어둠 속으로 내려가 이전의 자리에 앉지만, 갑자기 햇빛에서 벗어나왔으므로 그의 눈은 어둠으로 가득하게 된다. … 그래서 다른 사람들의 비웃음을 사고 만다. 그들은 이 사람이 어리석게 된 것은 동굴에서 나가 눈을 버렸기 때문이라고 생각하고 동굴에서 탈출하는 것은 가치 없는 것이라고 한다. 그래서 그들의 결박을 풀어주고 동굴 밖으로 탈출하게 하려고 시도한다면 그를 죽여 버릴 것이다." Politeia, 515d-517a.

3. 남명의 현실참여 의식

그런데 흔히들 남명을 은일隱逸의 처사處事(둔세문민遁世無憫의 고항지사高亢之士)라고 말하기도 한다. 명유名儒 율곡栗谷은 다음과 같이 남명을 평가했다.

삼가 살피건대 조식은 세상을 피하여 홀로 서서 뜻과 행실이 높고 깨끗하니, 진실로 일대一代의 일민逸民이다. …… 그러므로 문인들이 그를 추종하여 도학군자라고 칭하는 것은 …… 그러나 근래의 처사處士라고 하는 이들로서 식과 같은 시종 절개를 보전하여 천 길 벼랑 같은 기상을 가진 이가 별로 없었다. …… 조식은 시세時世에 응한 비상한 선비라고 하겠다.[1]

---

1. 한국정신문화연구원, 「경연일기」2, in 『국역율곡전서』 IV, 1988, 102-3쪽.

만일 남명이 단순히 은일의 처사라면 이타적인 중생교화의 마지막 단계는 있을 수 없었을 것이다. 남명은 비록 사화士禍 때문에 일생을 초야에서 보냈지만, 결코 현실을 망각한 은둔자가 아니라 유가의 수기치인의 이상을 지닌 인물이었다. 그는 수차의 상소上疏를 통해 척족戚族정치의 폐단을 시정하고, 세도世道를 만회해야 한다고 시종 솔직하고 과격한 언사로 직간直諫하였다. 요컨대 누증불기累徵不起한 남명을 두고 사람들은 문세무민遁世無悶한 고항지사高亢之士로 알고 있으나, 조정에서 관직을 제수하면 남명은 곧 국정을 논하는 소장疏章을 올렸고, 또 임금의 부름에 상경하여 어전御殿에서 직접 소회를 개진하였다.

남명은 처음부터 군신의 의리를 폐하려고 했던 것은 아니었다.[2] 오히려 초야에 묻혀 있었지만, 우국애민의 마음으로 현실을 등지지 않고 경세적인 생각을 늘 지니고 있었다. 그래서 남명은 왕의 부름에 "신이 홀로 산중에 굽어 민정을 살피고 우러러 하늘을 보며, 탄식하고 울먹이다가 눈물을 흘린 적이 자주 있습니다."라고 말하였다. 이 점은 성운이 묘비명에서 "남명은 세상사를 잊지 못해 나라를 걱정하고 백성을 애달파하였다. 매번 달 밝은 밤이면 홀로 앉아 슬피 노래를 부르고, 노래를 마친 뒤에는 눈물을 흘렸다."고 증언하고 있다.[3] 남명의 이러한 심정은 다음 구절에도 잘 나타나 있다.

---

2. 이수건, 「남명 조식과 남명학파」 『한국의 사상가 10人: 남명 조식』, 예문서원, 2004, 111쪽.

3. 최석기, 「청왕봉처럼 우뚝한 남명의 정신세계」 『남명집』, 38쪽에서 재인용.

가을 강 부슬비 속에 낚시 드리움직하고,

봄 들자 산고사리 돋아나니 가난하지 않다네

일편단심으로 이 세상 소생시키고자 하는데,

누가 밝은 해를 돌려 이내 몸 비춰줄는지?[4]

정치를 하는 것은 사람에게 달려 있고, 사람을 쓰는 것은 자신이 하고, 자신을 수양하는 것은 도로써 하는 것입니다. …… 훗날 전하께서 왕천하王天下의 지경에 이르도록 덕화德化를 베푸신다면, 저는 마부의 끝자리에서 채찍을 잡고 그 마음과 힘을 다해서 신하의 직분을 다할 것이니, 어찌 임금을 섬길 날이 없겠습니까?[5]

그런데 남명이 끝내 초야에 있을 수 밖에 없던 이유에 대해서는 그의 다음과 같은 언명들이 잘 설명해 주는 듯하다.

고정처럼 어진 분도 참수하는 설이 있음을 면치 못하였는데, 하물며 인심이 지극히 교묘한 우리나라에 있어서이겠습니까? 전시대 한훤당寒暄堂과 효직孝直 같은 분들도 모두 선견지명이 부족했는데, 하물며 나와 그대들 같은 사람이겠습니까? …… 나는 평생 다른 기예를 배우지 못하고, 혼자 책만 보았을 뿐입니다. 입으로 성리를 말하고자 하면 어찌 남들보다 못하겠습니까, 오히려 그 점에 대해 기꺼이 말하고 싶지 않았습

---

4. 『남명집』「次徐花潭韻」, 136쪽.
5. 『남명집』, 「乙卯辭職疏」, 311-8쪽.

니다. 그대는 매양 기미幾微를 살피지 못하니, 하루아침에 화란이 발생하면 피하기 어려울 듯합니다.[6]

저의 나이는 예순에 가깝고 학문은 어두우며, 문장은 과거시험 끝자리에도 뽑힐 수 없고 행실은 물 뿌리고 비질하는 일을 제대로 해내기에도 모자랍니다. …… 또 전하의 나라일이 이미 그릇되었고, 나라의 근본이 이미 망했으며, 하늘의 뜻은 이미 떠나버렸고, 민심도 이미 이반되었습니다. …… 이런 때를 당해서는 비록 재주가 주공周公·소공召公을 겸하고, 지위가 정승 자리에 있다 하여도 어떻게 손을 쓰지 못할 것입니다. 하물며 한 보잘 것 없는 몸으로 초개와 같은 재주를 가진 신이 무엇을 할 수 있겠습니까?[7]

일찍이 공자는 출처와 연관하여 "위험한 나라에는 들어가지 아니하고, 어지러운 나라에는 기거하지 않으니, 나라에 도가 있으면 나오고 도가 없으면 은일한다."[8]고 말하면서 인물평을 한 적이 있다.

공자께서 안연에게 일러 말씀하시길, "쓰이면 행하고, 버려지면 물러나 은거하는 것은 오직 나와 너와 그렇게 할 수 있다."[9]

---

6. 『남명집』, 「與吳御史書」, 194쪽.
7. 『남명집』, 「乙卯辭職疏」, 312쪽.
8. 『논어』 8:13. 危邦不入 亂邦不居 天下有道則見 無道則隱.
9. 『논어』 7:10. 子謂顔淵曰 用之則行 舍之則藏 惟我與爾有是夫.

공자께서 말씀하시길, "영무자는 나라에 도가 있으면 슬기를 나타내고, 나라에 도가 없으면 우직을 보였다. 그의 슬기는 따를 수 있지만, 그 우직은 따를 수 없다."[10]

남명은 이러한 공자의 언명에 나타난 안연과 영무자처럼 출처出處한 군자로서 오직 의義에만 따르는 삶을 영위했다고 할 수 있으리라.[11]

용을 잡는 기술을 가진 사람은 희생을 잡는 부엌에 들어가지 않고, 왕도정치를 보좌할 수 있는 사람은 패도정치를 하는 나라에 들어가지 않는다. …… 만약 이윤이 탕 임금을 만나지 못했다면 마침내 유신有莘의 교외에서 죽었을 것이고, 만약 부열이 고종을 만나지 못했다면 마침내 부암傅巖의 들판에서 늙어갔을 것이니, 도를 굽혀가면서까지 벼슬구하기를 구하지 않았을 것이다. 가령 자릉이 탕 임금이나 고종 같은 임금을 만났더라면, 또 어찌 마침내 시골구석에서 늙어 동강桐江에서 낚시질하는 한 늙은이로 지냈을 뿐이겠는가? 성현이 백성에게 마음 쓴 한가지이니, 또한 그 만난 때가 다행함과 불행함이 있었던 것이다.[12]

---

10. 『논어』 5:20. 子曰 寧無子 邦有道則知 邦無道則愚 其知 可及也 其愚 不可及也.

11. "내가 일찍이 그대에게 작은 고을로 물러났다 그만두라고 권유하였는데, 지금은 그렇지 않습니다. 그대는 벌써 중한 명망을 얻었는데, 고을을 다스리게 되면 그곳 사람들이 반드시 그 점을 생각할 것입니다. 따라서 한층 더 진가를 발휘하게 될 것이니, 물러나는 것은 더욱더 나아가는 것이 될 것입니다. 모두 의義로써 헤아리기에 달려 있습니다." 『남명집』, 「與吳御史書」, 197쪽.

12. 『남명집』, 「嚴光論」, 333-6쪽.

4. 남명 위기지학爲己之學의 의의

　지금까지 철학사에 등장한 가장 전형적인 보편적인 철학의 패러다임을 염두에 두고, 유학의 본령을 형성하는 공자와 맹자의 언명을 그 보증으로 하여 남명의 학문 이념을 재구성적으로 제시하여 그 특성을 규명하여 보았다.

　남명은 25세에 남명이 자기의 존재방식에 대한 철저한 불안의식을 갖고 궁극적인 태도변화를 시도하면서, 성인聖人에 이르는 학문을 추구하기를 확고하게 결심하였다. 이러한 성학聖學에 전념하여 점점 근본적인 곳으로 나아가 본지풍광을 관조觀照하고, 마침내 성인이 되기 위해 부지런히 정진하였다. 여기서 남명이 관조한 본지풍광이란 천명으로 주어진 인간의 본성의 덕을 말하였다. 남명의 「원천부」는 이 본지풍광이 어디에서 유래하며, 어떻게 체득하여 실천하는 지를 기술해 주는 남명의 대표적인 철학시라고 할 수 있다.

　나아가 남명의 출처의식에 대해 살펴보았는데, 그의 출처관은 일반인의 오해에도 불구하고, "위험한 나라에는 들어가지 아니하고, 어지러운 나라에는 기거하지 않으니, 나라에 도가 있으면 나오고 도가 없으면 은일한다."는 공자의 언명을 그대로 답습하여 체득한 데에서 나온 것이라고 하겠다. 이상으로 우리는 남명의 위기지학爲己之學의 이념은 유가철학의 전통을 정통적으로 계승하고 체득한 데에서 나온 것이라는 것을 증시하였다.

6장

퇴계와 고봉의
사단칠정논쟁

퇴계 이황의 생애

퇴계退溪 이황李滉, 1501~1570은 조선조 유학을 대표하는 학자이다. 온아한 인품과 진리에 대한 개방적인 자세로 끊임없이 학문에 정진하여 일가一家(영남학파)를 이룬 인물이다. 퇴계의 생애는 일반적으로 세 시기로 구분한다. 즉 출생에서부터 문과에 급제하기 이전(33세, 중종 28년)의 제1기의 수학기, 34세의 급제에서부터 49세에 사직서를 올리며 해관解官을 청했던 제2기의 출사기, 그리고 50세에 임소任所를 이탈·낙향하여 물러나 계곡에 기거하면서(退居溪上) 부름에 거의 응하지 않고 강학에 열중하다 세상을 떠났던(70세) 제3기이다.

퇴계는 어느 유명 철학자 못지않게 많은 아픔을 겪었다. 태어나 몇 개월이 되지 않아 아버지를 여의고 홀어머니 슬하에서 성장하여, 어렸을 때 학문에 너무 열중한 나머지 건강을 잃어 평생을 지병으로 고생하였으며, 결혼하였으나 그리 오래지 않아 상처喪妻의 아픔까지 겪었다. 비교적 늦은 나이(34세)에 출사하였으나, 사화士禍 때에 명망이 높던 친형 해瀣를 잃었으며, 자신도 모함에 걸렸다. 이러한 어려움에도 불구하고 퇴계는 성인이 되는 학문에 뜻을 두고 정진하면서, 후학을 양성하며 훗날을 기약하였다. 그에 대한 종합적인 평가인 「졸기」에는 다음과 같이 기록되어 있다.

"비록 늙은 어머니를 위하여 과거를 통해 벼슬을 하기는 하였으나, 명망이 높아지기를 좋아하지는 않았다. 을사년 난리에 거의 불측한 화에 빠질 뻔하고, 권간들이 조정을 어지럽히는 꼴을 보고는 되도록 외직에 보임되어 나가고자 하였고, 얼마 후 형 해瀣가 권간을 거슬러 억울한 죽음을 당하자, 그때부터는 물러가 은거할 뜻을 굳히고 벼슬에 임명되어도 대부분 나가지 않았다. …… 이황은 겸양의 뜻에서 감히 작자作者로 자처하지 않아 특별한 저서는 없었지만, 학문을 강론하고 수응酬應한 것을 붓으로 쓰기 시작하여 성훈聖訓을 밝히고 이단을 분별했는데, 논리가 정연하고 명백하여 학자들이 믿고 따랐다."[1]

퇴계의 인물됨과 생애에 대해서는 이 정도로 말하고자 한다. 철학자는 오로지 그의 저서로 말한다고 했듯이, 그의 인간됨에 대해서는 그의 글이 말해준다고 생각한다. 다만 조선조 유학사에서 퇴계와 쌍벽을 이루는 율곡栗谷 이이李珥, 1536~1584의 다음과 같은 글을 독자들에게 제시하고자 한다.[2]

이황 선생은 성품과 도량이 온순·순수하기가 옥과 같으셨다. 성리학에 뜻을 두시고, 젊었을 때 과거에 급제하여 발신發身하였으나, 벼슬하는 것을 즐기지 않았다. 을사사화 때에 이기李芑[3]가 선생의 명예를 시기하여 관작을 삭탈하라고 주청했다. 많은 사람들이 억울한 일이라 했으므로, 이기는 관작을 회복시키는 주청을 올렸다. 선생께서는 간신배들

---

1. 『선조수정실록』 3년 경오(1570, 융경4), 12월 1일(갑오), 〈숭정대부판중추부사 이황의 졸기〉.
2. 『退溪集』 「언행록」 6에 「유사遺事」라는 제목으로 李珥가 撰했다고 기록되어 있다. 퇴계의 생애와 성품에 대해 많은 것을 알게 해주는 글이다.
3. 이기李芑, 1476~1552. 본관 덕수德水. 자 문중文仲. 호 경재敬齋. 윤원형과 함께 을사사화의 원흉元兇이다.

이 정권을 잡는 것을 목도하고 더욱 조정에 서고자 하는 뜻을 버렸다. 그래서 관직에 제수되었지만 나아가지 않는 경우가 허다했다. 명종은 선생께서 담담하게 물러나심을 아름답게 여겨서 그 품계를 여러 번 올려 자헌대부資憲大夫에 이르렀다.

예안의 퇴계에 복거卜居하였으므로, 스스로 퇴계라고 호를 지었다. 먹는 것과 입는 것은 겨우 만족할 정도였지만, 담박한 것에 맛을 들여, 권세와 이익 그리고 영화 따위는 뜬구름처럼 여겼다. 만년에 도산에 집을 지으니, 자못 은자의 정원과 같은 흥취가 있었다. 명종 말년에 명령召命을 여러 차례 내렸지만, 확고하게 사양하고 나아가지 않았다. 명종은 이에 '현인은 초빙해도 오지 않는다(초현부지招賢不至)'는 시제詩題로 내어 가까이 있는 신하에게 시를 지으라고 하고, 또한 다시 화공에게 선생께서 기거하는 도산을 그려 올리도록 명하였다. 명종이 선생을 우러러 사모함이 이와 같았다.

선생의 학문은 의리가 정밀하여 한 결 같이 주자의 가르침을 따랐다. 여러 학설들의 같음과 다름을 소상하게 알고 조리 있게 통달하였으나, 모두 주자의 학설로 절충하였다. 한가히 홀로 기거하면서 전분典墳[4] 이외에 다른 것에는 마음을 두지 않았고, 혹 때로는 물과 돌 사이에 소요하면서 성정을 읊조리면서 엄숙·신명나는 흥취에 취했다. 배우는 이들이 물으면 곧바로 터득한 것을 전부 일러 주었을 뿐만 아니라, 또한 사람을 모아서 사도師道로 자처하지도 않았다. 평상시에도 긍지에 힘쓰지 않아, 다른 사람과 크게 다른 것이 없는 듯하였

---

4. 삼분 오전(三墳五典)의 준말. 이는 삼황 오제(三皇五帝)의 글을 말하는 것으로, 전(典)은 소호(少昊)·전욱(顓頊)·제곡(帝嚳)·제요(帝堯)·제순(帝舜)의 5전(五典)을 말하고, 분(墳)은 복희(伏羲)·신농(神農)·황제(黃帝)의 3분(三墳)을 말한다.

다. 그러나 선생은 출처와 진퇴, 사양하는 것과 받는 것, 그리고 주는 것과 받는 것에서는 털끝만큼의 어긋남이 없었다. 그래서 다른 사람이 무엇을 보내면 마땅하지 않으면, 끝내 받지 않았다.

금상[5]이 즉위한 초기에 조야朝野에서는 지극한 정치가 실현되기를 바랐고, 선비들의 공론은 모두 선생이 아니면 성스러운 덕을 성취할 수 없다고 하였고, 임금 또한 선생을 촉탁할 뜻이 있었다. 그러나 선생께서는 세상이 쇠하고 풍속이 말단에 이르렀고, 유자儒者가 무엇을 하는 것이 어렵고, 임금의 마음이 정성스럽게 바른 정치를 구하지 않고, 또한 대신들 또한 학식이 없어서 무엇인가 한 가지라도 시도해볼 만 것이 없다는 것을 목도하시고는 간절히 작록을 사양하셨다. 반드시 물러나기를 기약하고, 이미 도산으로 귀환하신 뒤에는 시정時政에 대해 언급하지 않으셨다. 그래도 오히려 세상의 여론은 선생께서 다시 나오기를 바라고 있었지만, 갑자기 돌아가니 향년 70세였다. 조야에서 모두 애통해 했다. 임금은 부고를 듣고서 너무도 슬퍼하며 영의정으로 추증하고, 1등의 예로써 장사지낼 것을 명했다. 아들 준寯은 선생의 유언에 의해 예장을 사양하였지만, 조정에서는 허락하지 않았다. 태학의 여러 유생들이 제물을 갖추고 제문을 지어 가서 제사를 지냈다.

선생은 비록 별다른 저서는 없었으나, 의론하는 가운데 성인의 지혜를 발휘하셨고, 현인의 가르침을 밝히고 드높인 것이 세상에 많이 통행되고 있다. 중종 말년에 처사處事로서 화담 서경덕[6]이 도학으로 세상에

---

5. 선조(宣祖, 1552~1608, 재위: 1567~1608)를 말한다.
6. 서경덕徐敬德은 1489(성종 20)~1546(명종 1)에 생존한 조선 중기의 학자.개성 출신. 본관은 당성唐城. 자는 가구可久, 호는 복재復齋 · 화담花潭. 리理보다 기氣를 중시하는 독자적인 기일원론氣一元論을 완성하여 주기론主氣論의 선구자가 되었다.

서 명망이 있었지만, 그의 이론은 기운을 이치로 인식한 것이 많았다. 그래서 선생께서 그것을 병통으로 여겨서 낱낱이 변별하여 말씀하시니, 그 말씀과 뜻이 명쾌하고 통달한 것이어서, 배우는 자들은 모두 신뢰하고 온당한 것으로 여겼다. 선생은 유학의 종장宗匠이 되어, 조정암趙靜庵[7] 이후에 그와 비견될 만한 사람은 없었다. 그 재주나 그릇은 혹 정암에 미치지 못할지 모르나, 의리를 깊이 궁구하여 정미精微를 다함에 있어서는 정암이 그에게 미치지 못할 것이다.

이것이 바로 퇴계를 흠모하여 직접 도산서원에 내려가기 뵙기도 하고, 수차례 서신 교환을 통해 사림의 출처와 학문에 대해 토론하고, 나아가 퇴계의 학문에 대해 비판을 가하기도 했던 율곡이 퇴계가 세상을 떠난 뒤에 그의 삶과 학문에 대한 종합적으로 내린 평가이다.

퇴계의 학문을 알려주는 문헌은 여러 가지가 있을 수 있겠지만, 「사단칠정분이기왕복서」가 가장 중요하다는 점에 대해서는 그 누구도 이견을 제시하지 않을 것이다. 이 서간을 통해 퇴계와 고봉의 학문적 이론은 알 수 있다. 하지만 이 서간에서는 완성된 학문이론보다는 퇴계와 고봉이 진리를 성취하려고 노력했던 학문적 자세와 불굴의 정신을 배울 수 있다고 생각한다.

이 서간은 당시 거의 60세로 학계의 종장으로 추앙받던 퇴계가 30세 초반의 신진학자에게 자신의 입론이 오류가 없는지를 묻는 서간에서 출발한다. 이 서간을 받은 고봉은 수많은 전거를 찾아 사색에 사색

---

7. 조광조趙光祖.1482~1519. 조선 전기의 학자·정치가. 중종 때 도학정치道學政治를 주창하며 급진적인 개혁정책을 시행했으나, 훈구勳舊 세력의 반발을 사서 결국 죽음을 당했다. 본관은 한양漢陽. 자는 효직孝直, 호는 정암靜庵.

을 거듭하여 정성을 다해 답변한다. 이 답변을 받은 퇴계는 끊임없이 자신의 이론에 오류가 있는 지를 검토하여 수정할 것은 수정하고, 반론할 것을 또 반론하는 서간을 보낸다. 이 서간을 받은 고봉 또한 퇴계의 서간을 문장 하나, 문자하나 빠뜨리지 않고 검토하여, 양자 간의 차이점과 합의점을 변별하여 또 서간을 보낸다. 이들은 무려 8년간 이렇게 하기를 반복하면서 마침내 합의점을 도출해 내고 서로에게 만족감을 표시하는 서간을 보냈다.

그렇다면 이들은 왜 이렇게 했을까? 그것은 바로 진리에 대한 탐구, 선善에 대한 사랑이 있었기에 가능한 것이었다. 진리에 대한 불굴의 탐구정신으로 성인聖人으로 완성된 삶을 지향하려는 태도가 내재화되어 있었기 그것이 바로 삶으로 나타났다고 할 수 있을 것이다. 이 서간들을 보면, 완성된 철학이론도 중요하지만 그 이론을 탐구해 나가는 방법과 정신이 더욱더 절실하다는 것을 느끼게 된다.

1. 사단칠정논쟁의 배경

주자朱子는 흔히 집대성자라고 한다. 그는 과거시험을 위한 교재 혹은 생활의 지침서의 역할에 그치고 있던 유가 경전을 철학적으로 새롭게 주석하고, 유교에 결여된 형이상학적 체계를 건립함으로써 새로운 유학 사조(성리학, 주자학, 정주학, 신유학, 성명의리지학)을 완성하였다. 주자는 당시 횡행하던 도교와 불교가 인륜을 말살하고 초월적 허무주의를 설파하고 있다고 진단하고, 이를 비판·극복할 수 있는 학문으로서 유학을 재정립했다. 가깝게는 이른바 북송北宋 오자五子(주돈이周敦頤, 장재張載, 소옹召雍, 이정자二程子)의 학문을 창의적으로 계승·발전시켜 정교한 리기론理氣論을 정립하고, 이를 바탕으로 경전의 문자적 해석에 치중했던 훈고학적 경전 해석을 혁신·재해석하여 유가 정신을 재구성했다.

주자는 우주론뿐만 아니라 인성론에서도 형이상학적 정초를 시도했다. 그의 인성론은 기본적으로 맹자의 성선설을 정통으로 인정하는 입장에서 성립되었다. 그런데 맹자는 "인간의 본성은 선하다."고 주장하면서 「유자입정의 비유」를 통해 증명하였지만, 그 유래와 암시만 했을 뿐(진심盡心 → 지성知性 → 지천知天=사천事天) 명확히 형이상학적으로 정초하지 않았다. 주자는 맹자의 성선설을 형이상학적으로 정초할 단초를 "인간의 본성이란 바로 보편적인 천리이다(성즉리性卽理)"는 정자의 언명에서 찾았다. 이렇게 인성이 천리이고 그 자체 선한 것이라면, 악은 도대체 어디에서 유래하는 것일까? 주자는 이 문제를 해결할 단서를 장재의 천명지성天命之性과 기질지성氣質之性의 구별에서 찾았다.

주자는 천명의 인간 본성은 모두 선하지만, 인간의 몸을 구성하는 질료인 기질에서 유래한 욕망에 의해 그 본성이 가리어짐으로 인해 선한 본성이 완전히 실현되지 못하고 악으로 전락할 가능성이 있음을 논리화하였다. 이렇게 주자의 공로에 인해 인간의 본성·감정이 우주론적 토대인 리·기와 어떻게 연관되는가? 하는 점은 어느 정도 이론화되었다. 그러나 주자가 아직 명확히 이론화하지 못한 것이 있었는데, 인간 본성에서 유래하는 순수하게 선한 도덕 감정인 '사단'과 인간의 감정일반을 지칭하는 '칠정'을 어떻게 우주의 근원인 리·기와 연관하여 정립함으로써 유가의 형이상학을 완성할 것인가 하는 문제였다. 주자이후 성리학적 심성론 및 수양론의 완성은 실로 이 문제의 해결에 달려 있다고 해도 과언이 아니었는데, 사단칠정논쟁은 바로 이런 연유에서 대두되었다.

2. 사단칠정논쟁의 경과

발단과 고봉의 문제제기

고려 중기 신진사대부인 안향安珦, 1243~1306 혹은 백이정白頤正, 1247~1323에 의해 전래된 성리학은 조선의 건국1392과 더불어 국가 이념으로서 전면적으로 활발하게 논의되었다. 특히 화담花潭 서경덕徐敬德, 1489~1546과 회재晦齋 이언적李彦迪, 1491~1553 등은 리기 및 태극론 등에서 상당히 성숙한 이론을 정립·발전시켰다. 이들의 문제는 리기·태극론을 심성론과 연관하여 어떻게 정립할 것이며, 궁극적으로 성인이 되는 수양론으로 어떻게 귀결시킬 것인가 하는 것이었다.

이런 과정에서 1537년 추만 정지운은 『성리대전』의 「인물지성人物之性」을 근거로 「천명도설」을 구성하여, 태극·리기론을 사단·칠정과 연관시켰다. 후에 퇴계는 조카 교蕎를 통해 이 도안을 입수하고, 문제가 있다고 생각하여 직접 정지운을 찾아가 토론 끝에 자신의 의견이 반영된 개신된 도안(「천명신도天命新圖」, 1553)을 작성하는 계기를 마련하였다. 이때 퇴계는 「천명구도」에서 "사단은 리에서 발현하고(사단四端 발어리發於理), 칠정은 기에서 발현한다(칠정七情 발어기發於氣)."는 구절을 "사단은 리의 발현이고(사단四端 리지발理之發), 칠정은 기의 발현이다(칠정七情 기지발氣之發)"고 수정하였다. 즉 퇴계는 처소격조사인 '어於'를 소유격(리理의 발현, 기氣의 발현)의 '지之'로 바꿈으로써 사단·칠정과 리·기 관계를 단순히 '영역'관계만이 아니라, 명확한 근거관계로 정립하고자 하였다.

당시(1558년) 문과시험에 장원을 했던 고봉 기대승(31세)[2]이 성균관 대사성(삼품 당상관)으로 학계의 최고 권위에 있던 퇴계(58세)를 방문하여 퇴계의 언명에 의문을 제기했다. 고봉을 접견한 퇴계는 몇 달 후 (1959년 1월) 멀리 전라도 광주에 내려가 있던 고봉에게 서간까지 보내

---

1. 소유격은 주격으로도, 목적격을 해석될 수 있는 애매한 표현이다. 즉 '리理의 발현'이란 '리理가 발현한 것'이라는 주격으로 해석될 수 있지만, 또한 '리理가 발현된 것(理之所發)'으로도 해석될 수 있다. '기氣의 발현' 또한 '기氣가 발현한 것'으로 해석되기도 하지만, '기氣가 발현된 것(氣之所發)'으로도 해석될 수 있다.

2. 고봉高峰 기대승奇大升 1527년(중종 22) ~ 1572년(선조 5) 자는 명언明彦이고, 호 고봉高峯, 존재存齋로, 시호 문헌文憲이다. 진라남도 나주 출신. 본관은 행주. 1549년 (명종 4) 사마시에 합격하고, 1558년 식년문과 을과에 장원으로 급제하였다. 그 뒤 승문원부정자와 예문관검열 겸 춘추관기사관에서 시작하여 다양한 관료생활을 역임하고, 말년인 1572년에 성균관대사성, 종계변무주청사, 그리고 대사간·공조참의를 지내다가 병을 얻어 귀향하던 중 죽음을 맞이하였다. 1558년 문과에 응시하기 위하여 서울로 가던 중 김인후·이항 등과 만나 태극설太極說을 논하였고, 정지운의 「천명도실天命圖說」을 습득하여 탐구하게 되자 퇴계를 찾아가 의견을 나누었다. 그 뒤 퇴계와 12년에 걸쳐 서신을 교환하였고, 그 가운데 1559년에서 1566년까지 8년 동안에 이루어진 사칠논변은 유학사상 지대한 영향을 끼친 논쟁으로 평가되고 있다. 제자로는 정운룡·고경명·최경회·최시망 등이 있으며, 저서로는 「논사록」·「왕복서」·「이기왕복서」·「주자문록」·「고봉집」 등이 있다.

어, 자신의 수정된 의견에 대해 자문을 구하였다. 이것이 바로 조선시대 삼대논쟁 중 첫 번째로 손꼽히는 사단칠정논쟁의 시작이 되었다. 여기서 퇴계는 다음과 같이 말했다.

> 지난번에 서로 만나고자 하던 소망은 이루어졌습니다. 그러나 한 번의 꿈처럼 짧은 순간이어서 함께 깊이 토론할 겨를이 없었지만, 오히려 서로 흔연히 계합하는 곳이 있었습니다. 또한 선비와 벗들을 사이에서 공이 논변한 사단·칠정설을 전해 들었습니다. 저 또한 일찍이 그 말이 온당하지 않아서 병통으로 여겼습니다. 공의 따끔한 논박을 받고서 성글고 잘못되었다는 것을 더 잘 알게 되었습니다. 즉시 고쳐서, "사단의 발현은 순수한 리 때문이니 선하지 않음이 없고(사단지발四端之發 순리純理 고무불선故無不善), 칠정의 발현은 기를 겸하기 때문에 선과 악이 있다(칠정지발七情之發 겸기兼氣 고유선악故有善惡)."라고 하였습니다. 이와 같이 말하면 병통이 없을는지 모르겠습니다.[3]

그러나 퇴계의 이러한 서간을 받은 젊고 총명하여, 혈기가 넘쳤던 고봉은 퇴계의 수정된 언명에 만족하지 못하고 직접 논박하는 서간을 보낸다.

> 대개 사람의 마음이 아직 발현하지 않았다면(미발未發) 본성이라 하고, 이미 발현하였다면(이발已發) 감정이라 합니다. 본성은 선하지 않음

---

3. 「與奇明彦大升:己未」

이 없지만, 감정은 선·악이 있다는 것이 본래부터 그러한 리理입니다. 다만 자사와 맹자가 취하여 말한 것이 다르기 때문에, 사단·칠정의 구별이 있게 되었을 뿐 칠정 이외에 다시 사단이 있는 것은 아닙니다. 그런데 지금 만약 '사단은 리에서 발현하면서 선하지 않음이 없고(사단四端 발어리이무불선發於理而無不善), 칠정은 기氣에서 발현하면서 선·악이 있다(칠정七情 발어기이유선악發於氣而有善惡)'고 말한다면, 이는 리·기를 판연히 갈라서 두 가지 것으로 간주하는 것이며, 칠정은 본성에서 나오지 않고 사단은 기에 타지 않는다는 것이 됩니다. 이 말의 뜻에 병통이 있어 후학의 의심이 없을 수 없습니다. 만일 또한 '사단의 발현은 순수한 리이기 때문에 선하지 않음이 없고, 칠정의 발현은 기를 겸하기 때문에 선·악이 있다'고 고친다면, 비록 앞의 학설보다는 조금 나은 듯하지만, 저의 생각으로는 여전히 온당하지 않는 것 같아 염려됩니다.[4]

고봉은 "자사와 맹자가 이론을 정립할 때 취한 용어의 구별에서 사단·칠정의 구별이 있을 뿐, 칠정 이외에 또 다시 사단이라는 것은 없다"는 것이다. 즉 사단이 비록 순수하게 선하다고 하더라도, 그것 또한 '감정'이라는 점에서 감정 일반을 지시하는 칠정에 포함되며(칠정포사단七情包四端), 따라서 사단·칠정을 각각 리의 발현과 기의 발현으로 나누어 귀속시키는 것은 어불성설이라는 것이다.

---

4. 「奇明彦非四端七情分理氣辯」

퇴계의 1차 답변

고봉의 문제제기를 접한 퇴계는 심혈을 기울여 자신의 입장을 정리하여 서간을 보낸다. 이 서간에 나타난 퇴계의 그 핵심 진술은 다음과 같다.

① 대개 사단은 감정이고 칠정 또한 감정입니다. 같은 감정인데 어째서 사단·칠정이라는 다른 이름이 있는 것입니까? 이것이 바로 보내주신 서간에서 이른바 '가리켜 말한 것이 다르다(소취언지자所就而言之者 부동不同)'는 것입니다. 그러나 '가리켜 말한 것이 다르면' 또한 구별이 없을 수 없습니다. ……

② 측은·수오·사양·시비는 무엇으로부터 발현합니까? 인·의·예·지의 본성에서 발현합니다. 희·노·애·구·애·오·욕은 무엇으로부터 발현합니까? 외적 사물이 사람의 형기形氣에 접촉하여 마음에서 움직여 대상에 연하여 발출하는 것입니다. …… 이것을 미루어 보면 두 가지가 모두 리와 기에서 벗어난 것은 아니지만, 그 유래하는 곳(소종래所從來)에 근거하여 각각 주도하는 것(소주所主)과 중한 것(소중所重)을 가리켜서 말한다면, 어찌 어떤 것은 리라 하고 어떤 것을 기라고 말할 수 없겠습니까? ……

③ 사단·칠정이 유래하는 곳을 따져 보지도 않고서 대충 리·기를 겸하고 선·악이 있다고 여기면서 깊이 분별하여 말하는 것은 옳지 않다고 하는 것은 …… 리·기를 하나로 여겨 분별함이 없는 것으로 …… 계속 이런 방식으로 한다면 부지불식간에 차츰차츰 기를 본성이라고 논

하는 폐단에 빠져들고, 인욕人欲을 천리天理로 오인하는 병통에 떨어질 것입니다.[5]

　여기서 퇴계는 ①에서 고봉의 지적에 따라 사단 또한 감정이라는 점에서 칠정의 범주에서 벗어나지 않는다는 것을 우선 인정한다. 이 점에서만 고봉과 퇴계의 주장이 같다. 그러나 그는 비록 칠정의 범주 안에 사단이 포함된다(칠정은 사단을 포함한다) 하더라도, 사단·칠정은 '가리켜 말하는 것이 다르기' 때문에 그 개념을 구별해야 한다는 점에서 고봉과 의견을 달리한다. 즉 고봉은 사단·칠정은 명의名義는 비록 다르다고 하더라도, 사단 또한 감정이라는 점에서 감정 일반을 논하는 칠정의 범주 내에서 논의해야 한다고 주장한다. 반면에 퇴계는 사단 또한 감정이라고 하더라도 그 명의가 다르다면 유래하는 곳에 따라서 구별해서 나누어 말해야 한다는 것이다. 그렇다면 어떻게 구별되는가? 퇴계는 ②에서 사단은 사덕이라고 하는 본성에서 발현한 것이고, 칠정은 외물과 접촉한 형기가 마음을 움직여 발현하는 것이라는 점에서 유래하는 곳이 다르며, 따라서 각각 주도하는 것과 중한 것을 가리켜 사단은 리의 발현으로, 그리고 칠정은 기의 발현으로 나누어 귀속시켜야 한다는 것이다. 그리고 퇴계는 ③에서 사단·칠정이 이렇게 유래하는 곳이 다름에도 불구하고 분별하지 않는다면, 리와 기를 하나로 여기게 되어 결국에는 기에서 유래하는 인욕을 본 천리의 본성으로 오인하는 폐단에 빠질 수 있다고 경고하고 있다.

---

5. 「答奇明彦 論四端七情第一書」

리기론의 관점에서 보면, 퇴계 또한 리·기가 현실에서 상수相須하여, 분리될 수 없다는 것을 인정한다. 그러나 리·기가 상수相須·불리不離하여 하나의 어떤 사태(물)을 이루었다 하더라도(동同), '리는 리일 뿐이고(리자리理自理) 기는 기일 뿐이다(기자기氣自氣)'는 점에서 서로 나누어 귀속시키지 않을 수 없다(리와 기는 서로 섞이지 않는다: 불상잡不相雜: 이異)는 것이다. 따라서 사단 또한 칠정과 마찬가지로 하나의 감정(동同)이지만, 그 유래하는 곳을 추구해 보면 사단은 인간 본성에서 유래한 천리의 발현이고, 칠정은 형기가 외적 사물에 감응하여 발출한 기의 발현이기에 구별하여 다르게(이異) 귀속시켜야 한다(동중유리同中有異).

퇴계가 이렇게 사단·칠정을 각각 그 유래하는 곳에 따라 리의 발현과 기의 발현으로 굳이 구분하여 귀속하려고 한 이유는 무엇인가? 그것은 퇴계가 ③에서 언명한, 즉 "리·기를 하나로 여겨 부지불식간에 차츰차츰 기를 본성이라고 논하는 폐단에 빠져들고, 마침내 인욕을 천리로 오인하는 병통에 떨어질 것"을 염려했기 때문이다. 즉 사단이라고 하는 순수 도덕적인 감정의 근거 확보가 바로 퇴계 사단칠정론의 핵심과제라고 할 수 있다.

고봉의 반론

퇴계의 1차 답변을 접한 고봉 또한 장문의 서간을 보내 조목조목 반론한다. 그 핵심 논거는 다음과 같다.

그러나 칠정이라는 것은 비록 기의 간섭을 받는 것 같지만, 리 또한 본래부터 그 가운데 있습니다. 그러므로 발현하여 절도에 맞는 것은 곧 천명의 성·본연의 체(본연지체本然之體)로서 맹자가 말한 사단과 실상은 같으나, 이름이 다릅니다. 발현하여 절도에 맞지 않는 것은 기의 품부됨과 물욕이 그렇게 만든 것이지, 성의 본연이 그런 것은 아닙니다. 그러므로 제가 지난번 설명에서 "칠정 이외에 또 하나의 사단이 있는 것이 아니다"고 한 것은 바로 이것을 말한 것이며, 또한 "사단·칠정이 애초부터 두 가지 의미가 있는 것이 아니다"고 한 것도 이것을 말한 것입니다.

이것으로 말씀드리면, "사단은 리를 위주로 하고, 칠정은 기를 위주로 한 것이다.……"고 말씀하신 것은 그 대강은 비록 같지만, 상세한 내용에서는 다른 데가 있습니다. …… 칠정이 어찌 리·기를 겸하고 선·악이 있지 않겠으며, 사단이 어찌 칠정 가운데 리이며 선한 것이 아니겠습니까? 이와 같은 데에도 사단·칠정을 리·기에 나누어 귀속시키면서 서로 관섭하지 않는다고 하신다면, 이 또한 한쪽으로 치우쳤다고 할 것입니다. …… 보내 주신 논변에서 "측은·수오·사양·시비가 어디에서 발현하는가? 인·의·예·지의 본성에서 발현한다"고 하셨습니다. 어리석은 저의 생각에, 사단이 진실로 인·의·예·지의 본성에서 발현하지만, 칠정도 인·의·예·지의 본성에서 발현합니다. …… 대체로 각기 유래하는 곳이 있다는 것은 그 원두原頭의 발단이 다르다는 것을 말합니다. 사단·칠정이 모두 본성에서 발현하는 것인데, 각기 유래하는 곳이 있다고 하면 옳겠습니까? 사단·칠정이 절도에 맞는 것과 맞지 않는 것을 가지고 각기 유래하는 곳이 있다고 하면 혹 도리에 가까울 수도

있습니다.[6]

　고봉의 주장은 퇴계가 ①에서 각각 유래하는 곳 및 위주로 하는 것에 따라 사단과 칠정, 리의 발현과 기의 발현으로 나누었지만, 사단뿐만 아니라 칠정 또한 본성의 발현(성발위정性發爲情)이라는 점에서 퇴계의 구분은 올바른 것이 되지 못한다는 것이다. 그리고 퇴계의 언명②에서 사단 또한 기 가운데 리이며, 칠정 또한 리·기를 겸한 것이기 때문에 사단·칠정의 각각 리의 발현과 기의 발현으로 나눈 것은 구분이 너무 심한 것이라고 한다. 나아가 ③에서 칠정이 사단을 포함한다는 점에서 감정이 발현하여 절도에 맞는 것이 바로 사단이지, 이른바 사단이라는 것이 칠정 이외에 별개로 존재하는 것이 아니라는 것이다. 또한 기의 품부와 물욕이 절도에 맞지 못하여(중절中節) 악을 가져오는 것이지, 본연의 성이 악을 가져오는 것은 아니라고 말한다.

　고봉은 리·기는 현실에서 나누어지지 않는다(불상리不相離)는 관점에서, 선·악은 기가 리의 발현을 은폐하느냐에 달려 있지, 유래하는 곳에 의해 결정되지 않는다고 주장한다. 따라서 고봉은 사단이란 기품이나 물욕에 구애되지 않고 절도에 맞게 리를 구현하는 데에서 성립하는 것이지, 단순히 리에서 유래했다고 사단이라고 말하는 것은 아니라고 주장한다. 나아가 현실 존재에서 보았을 때, 사단 또한 기 가운데에 리이고, 칠정 또한 리를 겸한다는 점에서 각각 리·기로 분속시키는 것은 구분이 너무 심하다는 것이다. 이렇게 본다면 퇴계는

6.「高峰答退溪四端七情書」

사단·칠정을 주된 유래하는 곳에 의해 나누었다면, 고봉은 리·기가 나누어지지 않는다는 관점에서 중절中節(선善)·부중절不中節(악惡)의 관점에서 나누고 있다고 할 수 있다.

퇴계의 수정안과 반론

고봉의 이런 비판을 받은 퇴계는 우선 자신의 제1서書에서 표현상 약간의 착오가 있었음을 인정하는 「개본」을 보낸다. 그리고 고봉과 자신의 차이점을 열거한 후, 근본은 같으나 방향이 다른 것과 끝내 동의할 수 없는 것을 조목별로 나누어 집중적으로 다루고 있다. 먼저 퇴계는 현실의 존재론적인 측면에서 "리·기는 서로 떨어질 수 없다(리기불상잡理氣不相離)"는 점만은 부정할 수 없었다. 그래서 이제 그는 다음과 같이 약간의 수정된 입장을 제시한다.

대개 혼륜하여 말하면 칠정은 리·기를 겸한다는 것은 두말 할 나위 없이 분명합니다. 그런데 칠정을 사단의 상대로 하여 각각 구분하여 말한다면, 칠정의 기에 대한 관계는 사단의 리에 대한의 관계와 같습니다. 따라서 그것들이 발현하는 것이 각각 혈맥이 있고, 그 이름에는 모두 가리키는 것이 있기 때문에 위주가 되는 것에 따라 나누어 귀속시킬 수 있습니다. 저 또한 칠정이 리의 간섭을 받지 않고, 외적 사물이 우연히 접촉하자 감응하여 움직인다고는 생각하지는 않습니다. 또한 사단이 외적 사물에 감응하여 움직이는 것도 진실로 칠정과 같습니다. 다만 사단은 리가 발현하여 기가 따르고(사단즉이발이기수지四端則理發而氣隨之), 칠정은 기가 발현하면 리가 타는 것(칠정즉기발이리승지七情則氣發而理乘之)일 뿐입니다.[7]

이것이 바로 사단·칠정에 대한 퇴계의 이른바 '호발설互發說'의 최종 정식이다. 이 호발설에서 퇴계는 이전의 논의를 보완하여 리·기를 아울러 언급하여 떨어질 수 없는 관계라는 사실을 표현하기 위해 노력했다. 그러나 여기서도 퇴계는 사단·칠정은 발현하는 혈맥이 있고, 이름이 위주가 되어 지시하는 것이 있다고 말하면서, 결국 칠정과 기의 관계는 사단과 리의 관계와 같다고 하는 기존의 입장을 되풀이 하고 있다. 나아가 여기서 퇴계는 가치론적인 개념을 도입하여 리·기는 권리상 주종主從관계에 있어야 함을 역설하고 있다고 할 수 있다. 다음과 같은 퇴계의 언명을 대개 이런 뜻에게 기술된 것이라고 하겠다.

같은 곳에 입각하여 논한다면 두 가지 뜻이 없다는 말은 그럴 듯합니다. 그러나 만약 두 가지를 상대적인 것으로 열거하고 그 근원을 추구해 보면 실로 리·기의 분별이 있는데, 어찌 다른 뜻이 없다 하겠습니까? …… 맹자가 한쪽을 떼어내어 사단만을 말했을 때에, 어찌 '리의 발현'만 가리켜서 말한 것이 아니겠습니까? 사단이 유래하는 곳이 이미 리라면 한다면, 칠정이 유래하는 곳은 기가 아니면 무엇이겠습니까?[8]

7.「答奇明彦論四端七情第二書」
8.「答奇明彦論四端七情第二書」

248

고봉의 재반론과 논쟁의 타협

퇴계의 수정안과 반론이 담겨있는 서간을 받은 고봉은 제3서를 보내, "모두 30여 조목에서 이미 의견이 같은 것은 18조목이고, 다른 것이 17조목인데, 이미 같은 것은 모두 큰 절목이고 다른 것은 소소한 나머지 논의입니다. 그렇다면 이미 같은 것으로 다른 것을 궁구한다면, 다른 것도 끝내 같은 것으로 귀결될 것입니다."고 말하면서, 다음과 같이 합의를 시도한다.

"나누어 귀속시킬 수 없다"고 했을 때, 칠정은 리·기를 겸하고 선·악이 있다는 것은 이미 전현들의 정론인데도, 지금 선생께서는 사단·칠정을 상대적인 것으로 거론하여 번갈아 말씀하면서 사단은 리라 하고 칠정은 기라고 하셨으니, 그렇다면 이것은 칠정의 가운데 리라고 하는 한쪽만을 도리어 사단이 점유하는 것이 되어, 선·악이 있다는 것은 마치 기에서만 나오는 것과 같은 것입니다. …… "사단은 리가 발현함에 기가 따르고, 칠정은 기가 발현함에 리가 탄다"고 하는 두 구절은 매우 정밀합니다. 그러나 비루한 저의 생각으로는 이 두 구절의 뜻은 칠정은 '리의 발현'과 '기의 발현'을 겸하여 지니고 있고(칠정즉겸유七情則兼有), 사단은 단지 '리의 발현' 한쪽만을 지닐 뿐이다(사단즉지유리발일변四端則只有理發一邊)라고 여겨집니다. 저는 이 두 글귀를 "감정이 발현함에 혹 리가 움직여 기가 함께 갖추어지기도 하고, 혹 기가 감응하여 리가 타기도 한다.(정지발야情之發也 혹리동이기구或理動而氣俱 혹기감이리승或氣感而理乘)"라고 고치고 싶습니다.

고봉의 지적은 다음과 같다. 칠정은 사단을 포함한다는 점에서 사단·칠정은 상대적인 것으로 대등하게 거론될 수 없다. 따라서 퇴계가 사단·칠정을 대등하게 말하고 있는 호발설은 감정이 사단을 포함하는 방식으로, 이를테면 "감정이 발현함에 혹 리가 움직여 기가 함께 갖추어지기도 하고, 혹 기가 감응하여 리가 타기도 한다"는 등의 표현으로 고쳐야 할 것으로 보인다는 것이다. 나아가 고봉은 또한 사단은 순수 본성의 발현이라는 점에서 리와 연관시켜 '리의 발현'이라고 말할 수 있지만, 칠정은 리·기와 선·악을 겸한다는 것이 정론이기 때문에 사단을 리에 연관시킨 것과 같은 방식으로 칠정을 오로지 기와 연관시켜 '기의 발현'이라고 말할 수는 없다고 한다.

퇴계와 고봉의 사단·칠정을 리·기로 나누어 귀속시키는 것에 대한 논쟁은 사실상 이 서간으로 끝이 난다. 퇴계는 고봉이 답한 서간 가운데 몇 단락 비평해 두고, 다시 화답하지 않는데 그때가 1562년 겨울로 퇴계 나이 62세였다. 이후(1566) 고봉은 「사단칠정후설四端七情後說」과 「기명언사단칠정총서奇明彦四端七情總論」을 보내서 타협점을 모색하고, 논쟁을 종결짓고자 한다. 고봉은 먼저 퇴계의 지론의 근거였던 "주자의 언명을 반복해서 참구하니, 자신의 이전 설명이 극진하지 못했다"고 말하는 것으로 시작하여, 우선 퇴계의 호발성을 승인하는 말로써 예의를 갖춘다.

맹자가 사단을 논하면서 "무릇 나에게 있는 사단을 확충할 줄 안다면 ……"이라고 말하였습니다. 대저 자신에게 있는 그 사단을 확충하고자 하였으니, '사단은 리의 발현이다'는 것은 진실로 그러하다고 하겠습니

다. …… 무릇 칠정이 성하면 더욱 방탕해지기 때문에 절제하여 중에 맞
도록 하고자 했으니, 칠정이란 바로 기의 발현이란 것 역시 그렇다고 하
겠습니다. 이것으로 보면 사단·칠정을 리·기에 나누어 귀속시키는 것
은 자연히 의심할 필요가 없으며, 사단·칠정이라는 이름과 뜻에도 진
실로 그런 까닭이 있다는 것을 살피지 않을 수 없습니다.[9]

그러나 고봉은 여전히 자신의 핵심 입론인 "칠정은 사단을 포함한
다", "칠정 가운데 절도 맞아 선한 것은 사단과 다르지 않다", 그리고
"칠정은 리·기를 겸한다"는 주장 또한 철회하고 있지 않다.

그렇다면 칠정이 발현되면서 절도에 맞는 것은 처음에는 사단과 같습
니다. 그것은 칠정이 비록 기에 속하지만 리가 본래 스스로 그 가운데
있기 때문에, 발현하여 절도에 맞는 것은 바로 천명의 성과 본연의 체이
니, 어찌 이것을 기의 발현이라고 하여 사단과 다르다고 할 수 있겠습니
까? 이것은 또한 살피지 않을 수 없습니다.[10]

이른바 감정이란 희·노·애·구·애·오·욕의 정으로서 『중용』의
이른 바 희·노·애·락과 동일한 감정입니다. 대체로 이미 이 마음이
있어 사물에 감응하지 않을 수 없다면 감정은 리와 기를 겸한다는 것을
알 수 있습니다.[11]

9.「奇明彦四端七情後說」
10.「奇明彦四端七情後說」
11.「奇明彦四端七情總論」

고봉의 이런 절충안에 대해 퇴계는 대체로 만족을 표시하고, 마침내 다음과 같이 말하여 논의를 종결짓고 있다.

지난번에 보내주신 사단·칠정에 대한 후설과 총론은 반복하여 완미해 보았습니다. 옛 사람들의 이른바 "처음에는 엇갈리며 순서를 달리했지만, 마침내 충분히 의견을 주고받아 활짝 피어 같은 곳으로 귀결된다"는 것이 진정 헛말이 아니었습니다. …… 진실로 지난 날 공의 밝은 견해와 숭고한 논의가 지금 보내온 후설과 총설처럼 투철·명료하게 통하였다면 어찌 '말단의 다름'이 있었겠습니까? 일찍이 우리 두 사람이 주고받은 논변을 한 권의 책으로 만들어 때때로 반성하고, 잘못된 곳을 고치려고 했지만, 간혹 수합·상재하지 못하여 한스럽습니다.[12]

12.「重答奇明彦」

3. 논쟁의 평가와 현대적 의의

퇴계의 입장

추만의 「천명구도」에서 "사단은 리에서 발현하고(사단四端 발어리發 於理), 칠정은 기에서 발현한다(칠정七情 발어기發於氣)"는 말을 수정한 데에서 출발한 퇴계의 언명은 다음과 같이 3단계로 정립되었다.

① 사단은 리의 발현이고(사단四端 리지발理之發), 칠정은 기의 발현이다
(칠정七情 기지발氣之發).

② 사단의 발현은 순수한 리이기 때문이니 선하지 않음이 없고(사단지
발四端之發 순리純理고무불선故無不善), 칠정의 발현은 기를 겸하기 때
문에 선·악이 있다(칠정지발七情之發 겸기兼氣 고유선악故有善惡).

③ 사단은 리가 발현하여 기가 따르고(사단四端 즉리발이기수지則理發而
氣隨之), 칠정은 기가 발현하면 리가 타는 것이다(칠정七情 즉기발이리

승지則氣發而理乘之).

　퇴계의 최초 입론 ① 처소격인 '어於'를 소유격의 '지之'로 바꿈으로써 사단·칠정과 리·기를 단순히 '영역'이 아니라, 명확한 '근거관계'로 정립한 것이다. 그러나 이 입장은 마치 사단·칠정이 각각 리 혹은 기의 독자적인 발현으로 해석될 소지를 갖고 있으며, 칠정 또한 절도에 맞는가(중절中節) 혹은 맞지 않는가 하는 것에 따라 선·악이 발생한다는 사실에 위배된다. 그래서 퇴계는 ②의 입장을 제안했다. 리·기는 각자 독자적으로 발현하는 것이 아니라 동시에 함께 발현한다는 전제하에서, 사단은 기의 용사用事를 받지 않는 순수 리의 발현이기 때문에 선하고, 칠정은 리·기가 함께 발현한 것이기 때문에 절도에 부합 여부에 따라 선·악이 있게 된다는 것이었다.

　퇴계의 이러한 2차 수정안 또한 사단이 칠정의 범주에 속하는 특수한 감정(칠정은 사단을 포함한다: 칠정포사단七情包四端)이라는 점을 간과하고, 나아가 칠정이 선·악을 갖게 되는 것은 마치 기에 기인하는 것으로 해석될 소지를 지니고 있었다. 바로 이러한 난점 때문에 퇴계는 결국 ③을 제시하여 최종적인 입론으로 삼고자 했다. 그런데 퇴계가 이러한 과정을 거치면서 끝내 리·기를 개념상 분리시키면서 리·기 호발설을 견지한 것은 바로 "사단 또한 칠정과 마찬가지로 감정이라고 할지라도 그 명의名義와 유래하는 곳이 다르기 때문에 구별하지 않을 수 없다(동중유이同中有異)"는 이유에서 그랬다. 그리고 이렇게 구별하지 않으면, 인욕을 천리로 오인하는 병통에 빠질 수밖에 없다는 것이 퇴계의 깊은 우려였다.

254

고봉의 입장

고봉은 칠정 이외의 별개의 사단이 존재한다는 것을 부정했다(칠정은 사단을 포함한다). 사단이란 칠정 중 절도에 맞는 선한 감정을 지시할 따름이라고 한다. 고봉은 '본성의 발현이 감정이 된다(성발위정性發爲情)'는 입장에서 사단뿐만 아니라, 칠정 또한 본성에서 유래하기 때문에 사단·칠정을 '유래하는 곳(소종래所從來)'에 의해 구분하는 것은 잘못이라고 시종일관 비판하여 퇴계를 곤경에 빠뜨린다. 그러나 퇴계 또한 끝내 "나의 주장의 문제점은 문자의 결함이나 말의 기세에 병통이 있을 뿐, 큰 뜻(대지大旨)에 있어서는 옳았다."[1]라고 말하여, 다소 개방적·수용적 자세를 취하는 듯하지만, 끝내 자신의 기본입장은 바꾸지 않았다.

그런데 후대의 평가는 결코 퇴계에 우호적인 것만은 아니었다. 특히 율곡은 "무형·무위한 리는 만물의 '소이연所以然이자 주재主宰'이며, 유형·유위한 기는 만물의 '소연所然이며 리理의 의착처依着處이자 소승所乘'이다."는 점에서 퇴계식의 호발설互發說은 부당하다고 비판한다. 그는 오직 "기가 발동할 때에 리가 타는 하나의 길만이 가능하다(기발리승일도설氣發理乘一途說一途說)"는 명제를 제안한다.

만약 리·기는 상호 발용發用한다고 하면, 이는 리가 발용할 때에 기가 혹 미치지 못할 때가 있고, 기가 발용할 때에 리가 혹 미치지 못할

---

1. 『退溪集』 卷13. 〈答鄭靜而〉.

때가 있는 것이 된다. 만일 이와 같다면, 리·기의 분리·선후가 있게 되니 …… 그 착오가 작지 않다.[2]

율곡에 따르면, "리는 무위이고 기는 유위이기 때문에, 호발설은 논리적으로 불가능하고 오직 '기가 발동할 때에 리가 타는 하나의 길'만이 가능하며, 바로 그 때문에 공자는 '사람이 능히 도를 넓힐 수 있지, 도가 사람을 넓히는 것이 아니다'고 말했다는 것이다.[3]

율곡은 '기발리승일도설氣發理乘一途說'을 천지의 작용(천지지화天地之化)에서 부터 우리 마음의 발용(오심지발吾心之發)에 이르기 까지 수미일관된다고 주장한다. 그리고 다산 정약용 또한 『중용강의보』에서 다음과 같이 「어문御問」에 답하는 형식으로 말하고 있다.

저는 (퇴계의) '사단은 리의 발현이고, 칠정은 기의 발현에 속한다'는 설에 대해 일찍이 의심을 품어왔습니다. …… 기란 스스로 존재하는 것(자유지물自有之物)이며, 리란 의존해 부착하는 성품(의부지품依附之品)이므로, 반드시 스스로 존재하는 기에 의지하는 까닭에 '기의 발현'이라고 말하는 것이니, 거기에 리가 있는 것입니다. 그러므로 '기가 발현하면 리가 탄다(칠정즉기발이리승지七情則氣發而理乘之)'는 것은 옳지만, '리가 발현하여 기가 따른다(사단즉리발이기수지四端則理發而氣隨之)'는

---

2. 『栗谷全書』 卷10 書2, 「答成浩原」. "若曰互有發用則是理發用時 氣或有所不及 氣發用時理或有所不及也 如是則理氣有離合有先後 …其錯不小矣."

3. 『栗谷全書』, 卷10 書2, 「答成浩原」. "若非氣發理乘一途而理亦別有作用 則不可謂理無爲也 孔子何以曰人能弘道非道弘人乎 如是看破則氣發理乘一途 明白坦然."

것을 옳지 않습니다. …… 동유東儒(율곡)가 말한 '발현하는 것은 기이고, 발현하는 까닭은 리이다'라는 말은 참으로 정확한 것입니다. 그 누가 바꿀 수 있겠습니까? 사단·칠정은 '기가 발현하면 리가 탄다.'고 할 수 있을 뿐만 아니라 …… 초목의 생태, 조수의 동작까지 '기가 발현하면 리가 탄다.'는 것으로 이루어지지 않음이 없습니다.[4]

이렇게 율곡뿐만 아니라, 다산마저도 퇴계의 호발설에 대한 비판적인 입장을 제시했다. 물론 퇴계가 주장한 호발설에 찬동한 학자들 또한 그 비판자 못지않게 많았다. 이 문제는 형이상학적 전제로 남겨 두고, 퇴계의 '사단칠정분리기설'에서 제시한 입론들을 철학적인 입장에서 평가해 보자. 과연 우리는 율곡과 다산의 견해를 따라, '사단은 리의 발현이고 기가 따른다'는 퇴계의 학설을 온당하지 못한 것이라고 할 수 있겠는가?

사단칠정분리기설四端七情分理氣說

율곡과 다산의 비판이 상당한 설득력을 지니고 있다고 말할 수 있지만, 몇 가지 더 논의할 것이 있다.

먼저, 언어적인 의미의 명료화에서 시작해 보자. 이들은 "오직 '기발氣發'만 있을 따름이냐"고 말할 때의 '발發'이란 능동적인 발동(능발

4.『中庸講義補』卷1.〈朱子序〉.

동能發動)을 의미한다. 능동적으로 발동하는 것은 당연히 유형·유위한 기만이 가능하다는 점에서 '기발이승일도설'은 설득력을 지닌다. 그런데 퇴계가 '리발理發' 혹은 '리지발理之發'이라고 말할 때의 발發은 능동적인 발동이라는 의미가 아니라, 잠재되어 있던 형이상의 리가 현실적으로 '발현發顯한다'는 의미가 강하다. 여기서 퇴계가 사용한 소유격 '之'가 주격으로도, 그리고 목적격으로 해석될 수 있다는 사실에 주목해야 한다. 따라서 '리발理發' 혹은 '리지발理之發'이 '리가 발현함'으로, 그리고 '리를 발현한 것', 혹은 '리가 발현된 것(리지소발理之所發)'이라는 의미를 지닌다.

나아가 퇴계와 고봉의 「사단칠정논쟁」에서 문제가 된 것은 리·기의 능동能動 혹은 능발能發의 문제가 아니라, 사단·칠정의 리기론적 근거를 정립하는 것이었다. 그래서 율곡의 '기발이승일도설'에 많은 영향을 주었던 고봉마저도 "감정이 발현함에 혹 리가 움직여 기가 함께 갖추어지기도 하고, 혹 기가 감응하여 리가 타기도 한다." 혹은 "맹자의 이른바 사단이란 리·기를 겸하고 선·악이 있는 감정 중에서 리에서 발현하여 선하지 않는 것이 없는 것만을 떼어내어 말한 것입니다."와 같은 표현을 사용했던 것이다. 이렇게 근거정립을 문제로 하였기 때문에 퇴계는 '유래하는 곳'을 미루어 나아갔을 때, 혹은 '위로 그 근원을 추구해 보면(추기향상근원推其向上根源)'이라는 말을 사용하면서 사단이란 '리의 발현(리발理發 혹은 리지발理之發)'임을 주장했던 것이다.

율곡과 다산은 '발發'의 의미를 현실적인 물리적 운동(유위有爲:발동發動)으로 사용하고 있는 것에 비하여, 퇴계는 근원과 유래의 현실적 실현이라는 의미로 사용하고 있다다. 즉 퇴계는 사단이란 무엇이 능히 움직여서 현실에 발동하는가 하는 것이 아니라, 위(상)의 무엇에 근거와 유래를 두고 현실에 나타나는가 하는 문제를 다루고 있다는 것이다. 바로 이 점에서 우리는 대설對說과 인설因說의 구분에 주목할 필요가 있다고 생각한다. 여기서 대설과 인설이란 퇴계가 줄곧 호발설을 정당화하기 위해 제시한 주자의 언명(사단시리지발四端是理之發, 칠정시기지발七情是氣之發)에 대해, 고봉이 그 언명이 자신의 반론과 배치되지 않는다고 주장하기 위해 구분한 것에서 나타났다. 고봉은 다음과 같이 말하고 있다.

> 주자가 "사단은 바로 리의 발현이고, 칠정은 바로 기의 발현이다."라고 한 것은 대설對說이 아니고 인설因說입니다. 대설은 곧 왼쪽 · 오른쪽을 말할 때처럼 대대對待하는 것이고, 인설은 위 · 아래를 말할 때처럼 말미암는 것입니다. 성현의 말씀에는 실로 대설과 인설의 다름이 있으니, 살피지 않을 수 없습니다.[5]

일반적으로 대설待說(혹은 횡설橫說) 란 동시간적 · 공간적 대대관계에 놓여 있는 것을 상대적으로 설명하는 것을 말하고, 인설因說(수설竪說)이란 원리상 · 발생상 · 논리상 먼저인 것을 근거관계를 통해 수직적으로 설명하는 것을 말한다. 율곡 또한 다음과 같이 말한 바 있다.

---

5. 「高峯答退溪再論四端七情書」

성현들의 말씀은 어떤 때에는 가로(횡橫)로 논의하기도 하고 세로(수竪)로 논의하기도 하는데, 각기 지시하는 것이 있습니다.[6] 그러므로 세로로 논의한 것을 가로에 맞추려 하거나, 가로로 논의한 것을 세로에 부합시키려 한다면 그 취지를 잃을 수도 있습니다. 마음은 하나인데 '도심'이라고도 하고 '인심'이라고도 하는 것은 '성명性命과 형기形氣'가 구별되기 때문입니다. 감정은 하나인데 사단이라고도 하고 칠정이라고도 하는 것은 오로지 리만을 말한 것과 기를 겸하여 말한 것이 다르기 때문입니다.

율곡에 따르면, 인심·도심은 현실적인 하나의 마음이 무엇을 지향하는 가에 따라 명의名義를 붙인 상대적인 대설이지만, 사단·칠정은 근거관계를 논의하는 인설(수설)이라는 것이다. 앞서 고봉 또한 주자가 사단을 리의 발현으로, 칠정을 기의 발현으로 말한 것은 발현의 근거에 의한 설명, 즉 인설(수설)이라고 말하고 있다. 그렇다면 여기서 지적할 수 있는 것은 주자의 설명이 근거관계에 의한 인설이듯이, 퇴계의 설명 또한 그러하다는 것이다. 즉 고봉, 율곡, 그리고 다산처럼 "현실에서 리·기가 떨어질 수 없다(불상리不相離)"는 입장에서 리·기의 관계를 대대하여 설명하는 것은 대설이다. 대설의 입장에서 보면, 유형·유위하여 발동하는 것은 오직 기밖에 없으며, 따라서 리가 기에 타서 실현된다고 하는 하나의 길밖에 있을 수 없다고 할 수 있

---

6. 橫說이란 동시대적 공간상에서 논하는 것이고, 竪說은 시간상으로 논하는 것으로 원래는 학문상의 용어이다. 우리가 일상에서 '말이 두서없이 왔다 갔다 한다'는 의미의 '횡설수설'이란 여기에서 전의된 것이다.

다. 그러나 형이상·하의 분계에 착안하여, 존재의 근거와 기원을 묻는 인설의 차원에서 사단의 유래를 묻는다면, 그것은 본성 혹은 천리라고 할 수 밖에 없을 것이다. 비근한 예로 여기에 '배(舟)는 물위로 가는 리를 지니고, 물위에서 가고 있다'고 한다면, 물론 배가 물위에서 가고 있는 것은 유형·유위하여 발동하는 질료로서의 기가 그렇게 한다고 할 수 있다. 그런데 이렇게 현실에서 배가 물위에서 가고 있는 것은 "배는 물위로 간다"고 하는 '리의 '발현'이라고 우리는 말할 수 있다. 그리고 현실에 존재하는 '정삼각형'을 두고 우리는 "이 삼각형은 세변의 길이가 같다고 하는 리가 발현되어 있다"라고 말할 수 있을 것이다. 이렇게 우리는 얼마든지 '발發'자의 의미를 근거관계에 의해 '원리의 실현'이라고 말할 수 있다.

나아가 퇴계가 진정 사단의 근거로서 천리天理, 즉 리理를 지목하여 말한 까닭이 무엇인지를 다시 한 번 살펴보자. 그는 왜 사단은 리의 발현이라는 주장을 끝까지 포기하지 않은 것일까? 그것은 바로 인간됨의 근거 확보라고 할 수 있다. 요컨대 퇴계는 사단의 근거로서 사덕 혹은 리가 확보되지 않는다면, 인간이 금수로 전락할 위험이 있다고 생각한 것이다. 다음의 문답은 이를 잘 말해 준다.

(이굉중이 물었다.) 리는 본래 형체가 없습니다. 그런데 만약 기가 없다면 어떻게 홀로 발현할 수 있습니까? (퇴계가 대답했다.) 천하에는 리가 없는 기가 없고, 기가 없는 리도 없다. 사단은 리가 발현하여 기가 따르고, 칠정은 기가 발현하면 리가 타는 것이다. 리는 기의 따라옴이 없으면 발출할 수 없고, 기는 리의 올라탐이 없으면 리욕利欲에 빠져 금수

가 된다. 이것은 바뀔 수 없는 정리이다.[7]

바로 이런 이유에서 퇴계는 고봉의 리·기가 서로 떨어질 수 없다(리기불상리理氣不相離)는 원칙(혼륜渾淪)을 수용하면서도, 끝까지 "리·기는 서로 섞일 수 없기 때문에 떨어지지 않아도 리는 스스로 리이고(리자리理自理), 기는 스스로 기이다(기자기氣自氣)"는 원칙(분개分開)을 포기하지 않았던 것이다. 퇴계가 사단의 근거로 사덕을 끝가지 포기하지 않았던 것은 바로 이렇게 '인간됨의 근거 확보'에 있었던 것이다. 이러한 인간됨의 근거 확보가 있기 때문에 현행 '인간의 본성은 없다'고 하는 물리주의 혹은 자연주의적 유물론이 횡행하는 이 시대에 퇴계의 주장이 여전히 유효하다고 할 수 있다. 즉 사단칠정논쟁을 통해 퇴계는 인간됨의 근거를 확보하고, 진정한 인간 본성(리)에서 자발적으로 드러나는 자연스런 마음이 있음을 주목하고, 이 마음을 확충하여 인간 본래의 덕을 가장 온전히 실현하는 것이 바로 인간의 자기 완성인 성인聖人이 되는 길이라고 말하고 있다고 하겠다.

---

7. 『退溪集』 卷36. 〈答李宏中問目〉.

퇴계의 덕 윤리

덕德이란 "사람들로 하여금 그 본성의 잠재가능성을 최대한으로 성취하게 하는 탁월성이다."[8]고 할 수 있다. 따라서 덕이란 우리가 상대방에 대해 지고 있는 특정한 기본적인 의무에만 주목하는 것이 아니라, 존재의 완성을 향한 부단한 추구를 요청하는 것이다. 퇴계가 사단의 발현 근거로 사덕을 지목한 것은 바로 인간의 자기완성의 근거 정립인 동시에 도덕의 동기를 제시한 것이었다. 우리에게는 천리로서 제시된 도덕적 동기로서 사덕이 있기 때문에 이를 잘 발현시키면 우리의 감정을 잘 조절하여 올바른 도덕적 행위를 할 수 있다는 것이 퇴계의 주장이다. 그렇다면 퇴계는 "사단이란 리가 발현할 때에 기가 따른다."고 주장함으로써 우리가 지니고 태어난 덕이 우리가 발현하는 현실적 감정을 조절하고 인도하는 '시정是正적 기능'을 수행하여 도덕적인 자기완성의 길을 갈 수 있는 표준을 제시하였다고 할 수 있다. 이제 우리는 "인간의 목적은 행복이다"고 선언한 아리스토텔레스의 다음과 같은 행복론과 관련하여 퇴계의 덕 윤리를 살펴보자.

"인간 행위의 목적은 행복이며, 행복은 목적이기 때문에 그 자체로서 추구되는 것이며, 다른 것들은 행복이라는 목적의 수단이 되며, 따라서 이러한 목적은 최고선이다. …… 행복이 최고선이라는 주장은 아마 일

---

8. J. Pieper, The Four Cardinal Virtue, Univ of Notre Dame Press, 1966, p.xii. 황경식, 『덕윤리의 현대적 의의』, 아카넷, 2012, 20쪽에서 재인용.

반적으로 동의될 것이다. 그렇다면 행복이 무엇인지 보다 분명하게 규명하는 필요하다. …… 인간이 해야 할 것은 이성에 따른 영혼의 활동이라고 할 수 있다. …… 행복(인간적인 선)은 완전한 덕에 따르는 어떤 종류의 영혼의 활동이므로, 우리는 덕arete에 관하여 검토해야만 한다.[9]

아리스토텔레스에 따르면, 최고선으로서 인간의 궁극 목표는 행복이며, 행복은 '완전한 덕에 따르는 영혼의 활동'이기 때문에 영혼의 덕을 살피는 것이 행복의 문제를 해결하는 필요조건이라는 것이다. 아리스토텔레스는 인간 영혼의 덕, 즉 이성을 가장 잘 실현한 상태가 인간의 목적인 행복을 가장 잘 구현한 상태라고 말하고 있는 셈이다. 이와 같은 입장이 바로 퇴계의 주장에 나타나 있다.

퇴계는 인간의 감정 가운데 순수하게 선한 도덕 감정이 있다는 사실에 주목하고, 그 감정의 근원과 기원에 천착했다. 그는 도덕 감정의 근원을 인간 본성의 사덕이라고 하고, 이 도덕 감정은 인간의 몸을 형성하는 형기形氣가 아니라 선천적인 천리天理에서 나왔다는 것을 확인하였다. 천리에서 유래한 사덕이 순수하고 자발적으로 선한 사단의 감정으로 나타나며, 이렇게 선한 감정을 통해 인간의 모든 감정을 올바로 조절하여 도덕적인 행위를 할 때 인간의 자기완성이 가능하며, 이러한 인간의 자기완성이 바로 행복이라고 말하고 있다. 나아가 이러한 도덕적인 자기완성의 길은 바로 타자에 대한 사랑(애인愛人: 즉

---

9. 아리스토텔레스(이창우 외역), 『니코마코스의 윤리학』, 이제이북스, 2006, 1094a. 및 1098a.

은지심(惻隱之心)인 인仁에 근거를 두고 있는 점에서, 퇴계의 덕 윤리는 인간이란 서로 사랑하는 공동체적 존재라는 것을 함축한다. 바로 이 점이 현대 자유주의적 윤리설에 대한 퇴계의 덕 윤리가 대안이 될 수 있다고 할 수 있다.

오늘날의 주도적인 자유주의에서는 더 이상 분할되지 않는 독립된 '개인individual'을 실체로 간주하고(개인 실체론), 사회는 계약에 의해 구성된 것에 지나지 않는다. 따라서 모든 가치는 실체로서 독립적·자율적인 개인으로부터 나오며, 그 행위에 대해서는 궁극적으로 자기 자신만이 판단하고 책임진다. 그리고 개인의 '자유'는 생명 및 재산과 함께 기본삼권으로 간주된다. 따라서 인격을 권리로 파악하고, 인간관계는 '권리의 거래'로 취급된다. 이렇게 재산을 자유 및 생명과 더불어 삼위일체로 파악한 다음, 개인의 신성불가침의 사유재산을 보호하기 위하여 정부가 설립된다. 요컨대 개인주의자들에게서 사회 혹은 국가는 계약 혹은 약정된 것에 불과하다. 사회와 국가란 개인들이 욕망실현을 최대화─최적화하기 위한 하나의 방편으로 합의에 의해서 구성한 '인조물'일 따름이다. 이러한 윤리설에서는 계약관계에 의한 상호 합의에 의해 도출되는 덕목의 정당화에만 관심을 기울인 결과 최소주의적·결과주의적 경향으로 흐르게 된다. 이와 같은 경향은 도덕체계의 결정성, 공평성, 공공적 정당화를 위해서 불가피한 것이라고 할 수 있지만, 도덕 경험의 다양성 및 내재적 가치나 동기적 측면을 간과할 수밖에 없다.[10]

---

10. 황경식, 앞의 책, 19쪽 참조.

퇴계가 말하는 인의예지의 사덕을 본성으로 지니고 태어난 인간이란 원리적으로 고립되거나 절연絶緣된 주체가 아니라, 다른 사람과 공동체적·유적 삶을 함께 영위하면서 그 본성의 덕을 도덕적 의무로 실현하여 자기완성을 추구하는 자아이다. 그 자아는 우선 가까이로는 부부의 도에서 출발하여 궁극적으로는 우주적으로 만물과 일체를 이루면서 모든 만물의 본성을 함께 실현하는 것을 이상으로 한다. 그러나 그러한 이상은 묵자처럼 단순히 만물과 무차별적으로 일체가 되는 것이 아니라, 정명과 중용의 원리에 입각하여 시공간적 상황에 알맞고 바르게(중정中正) 의무와 도리를 온전히 다하는 방식으로 구현된다. 퇴계의 인간이해는 상호 계약에 의해 타자에 대해 권리와 의무를 행사하는 근대 자유주의적 인간관과 상당한 대비를 이룬다. 즉 개인 실체론(사회 명목론)을 배경으로 하는 자유주의에서는 완결된 원자적 개인이 인격적 주체로서 타인의 방해나 강제 없이(소극적 자유) 소유권을 거래하고 계약을 맺는다. 여기에서 타자에 대한 의무란 계약에 의해 성립되며, 상대에게 위해危害를 가하면 법과 계약에 의한 제재를 받게 된다. 그런데 이와 대비되게 인간을 철저히 유적·공동체적 존재로 파악하는 퇴계가 말하는 인간이란 본성의 덕(인의예지)으로 자신을 정립하는 도덕 주체이며, 그 본성은 타자에 대한 사랑(인仁 애인愛人也)과 마땅히 해야 할 도리(의義 의야宜也)를 알아서(지智) 조화로운 공동체를 형성하는 것을 소명으로 부여받고 태어난 존재라고 할 수 있다. 인간에게는 순수하게 선한 도덕 감정인 사단이 있으며, 이 사단은 인간에게 본성의 덕으로 주어진 천리의 자연스런 발현이라고 주장한 퇴계의 주장은 다음과 같은 특징과 의의를 지닌다고 할 수 있다.

첫째, 인간은 타고난 본성에 의해 금수와 구별되는 것이지, 현대 물리주의 혹은 자연주의자들이 주장하듯이 단순히 기능상(특히 뇌의 지능) 변별되는 것이 아니다.

둘째, 인간은 실현해야할 본성의 덕을 지니고 태어났으며, 이 본성의 덕이 인간의 도덕행위의 동기를 제시한다. 따라서 인간이란 부여된 본성의 이념을 구현하는 자각적 주체이지, 기능과 성과에 의해 평가되는 타율적 대상이 아니다.

셋째, 인간은 본성상 타인을 측은히 여기고, 옳음이 무엇인지를 알아 시공간적 상황에 맞게 구현하는 공동체적—유적 존재이지, 원리상 절연絶緣되어 고립된 원자적 존재자가 아니다.

넷째, 인간의 도덕 감정과 그 행위는 그 내재적인 본성의 덕으로 말미암아 자각적 · 자율적으로 발현 · 실천되는 것이지, 외적 강제적으로 타율적으로 부가되는 것이 아니라는 것이다.

존재론적으로는 자연주의(물리주의), 학문적 경향으로서는 실증주의, 그리고 정치경제적으로는 개인적 자유주의와 자본주의가 주도적인 입장이 된 오늘의 현실에서 윤리적으로는 계약에 의한 최소의 의무만 부가하는 공리주의가 횡행한지 오래되었다. 공리주의적 상황에서는 능력과 업적에 의해 평가받는 인간이 있을 뿐, 인간다운 인간의 이념이란 있을 수 없다. 퇴계의 도덕주의적 인간이해는 진정 금수와 구별되는 인간다운 인간의 이념이 무엇이며, 무엇이 인간다운 인간의 행위를 가능하게 하는지를 우리에게 숙고하게 해 주는 단서를 제공한다고 할 수 있다.

7장

율곡의 심성론과
심신수반 테제

율곡이이의생애

율곡栗谷 이이李珥, 1536~1584는 퇴계退溪 이황李滉, 1501~1570과 더불어 조선조 지성사를 대표하는 인물 중 한 사람이다. 먼저 그의 「행장」을 보자.

본관本貫은 경기京畿 풍덕부豐德府 덕수현德水縣이다. …… 부父의 이름은 이원수李元秀인데 벼슬은 감찰로서 좌찬성에 증직되었고, 그 부인은 의인宜人 신씨申氏로 정경부인에 증직되었다. 선생의 휘는 이珥요, 자字는 숙헌叔獻이다.

선생은 가정嘉靖 병신년(1536, 중종 31) 12월 26일에 관동 임영臨瀛 북평촌北坪村에서 태어났다. 태어날 때에 신부인申夫人의 꿈에, 용이 아이를 감싸 품안에 넣어 주는 것을 보았기에, 어렸을 때 이름을 현룡見龍이라 했다. 태어나면서부터 남달리 영리하고 뛰어나 말을 배우면서 바로 글을 알았다.

13세에 진사 초시에 합격되었다. 문장이 날마다 진취하여 칭찬이 자자하였지만, 달가워하지 않고 드디어 성현의 학문에만 전심하였다.

16세에 모친상을 3년간 여묘살이를 했다.

18세에 관례. 이때에 선생이 막 상복을 벗었으나 애모하는 생각을 이기지 못하여 항상 밤낮없이 부르짖으며 울었다. 하루는 봉은사에 가서 불서佛書를 읽고 생사의 설에 깊이 감명하여, 속세를 떠나 구도했다.

270

19세에 이단학설의 잘못을 깨닫고, 그 학문을 전부 버리고 유도儒道에만 전심하면서 자경문自警文을 지었다.

23세에 도산으로 퇴계 선생을 찾아가 뵙고, 주일무적主一無適·응접 사물의 요령을 질문했다. 그 후 서찰을 주고받으며 거경·궁리와 『중용대학집주』와 「성학십도聖學十圖」 등의 학설을 변론했다.

26세(1561, 명종 16)에 부친상을 당했다.

29세(1564)에 사마시와 문과에 모두 장원으로 급제하고, 호조좌랑이 되었다.

33세(1568, 선조 1)에 이조좌랑이 되고, 외조모의 병이 심하다는 전갈을 듣고 벼슬을 사양하고, 강릉으로 내려갔다. 사간원에서 "외조모를 가서 뵙는 것은 법전에 없다"고 탄핵했으나, 임금이 그 효성을 아름답게 여겨 윤허하지 않았다.

34세(1569, 선조 2)에 홍문관교리가 되었다. 독서당의 월제月製에서, 「동호문답東湖問答」을 서술했다.

37세(1572, 선조 5) 여름에 홍문관 부응교에 제수되자 사은하고, 병으로 다시 사양하고 파주로 돌아갔다.

40세(1575, 선조 8)에 『성학집요』를 짓고, 차자와 함께 올렸다.

46세(1581, 선조 14)에 의정부 우참찬에 제수되고, 숭정대부(崇政大夫)로 승진하여 우찬성에 제수되었다. …… 전교를 받들어 「인심도심도설」, 「김시습전」, 「학교모범」을 지어 올렸다.

49세(1584, 선조 17)에 1월 3일에 발병하였는데, 14일에 서익徐益이 순무사巡撫使의 명을 받고 함경도로 갈 것이라는 말을 듣고는, 병든 몸을 추스려 방략육조를 구술하고 아우 이우李瑀에게 받아쓰게 해서 서익에게 주었다. 이때부터 병이 더욱 심해져서 그 이튿날 졸卒하였는데, 나이

49세였다. 병이 났을 때 상이 의원을 보내어 문병을 하고 약을 내렸는데 부고를 받고는 상이 슬피 통곡하고는, "소식素食을 올리고 3일간 조회를 열지 말라"고 명하였다. 그러고는 예관을 보내 조상하고 제사를 지냈는데, 그 제문에 "나라 위해 온 힘을 다한 뒤에야 그만두었으니, 경이야 무엇이 슬픔이 있겠는가? 큰물 가운데서 노를 잃었으니 나는 못내 슬퍼하노라" 하였다.

『조선왕조실록』에 나타난 율곡의 「졸기卒記」를 살펴보자.

이조판서 이이가 졸하였다. 이이는 병조판서로 있을 때부터 과로로 인하여 병이 생겼다 …… 서익徐益이 순무어사巡撫御史로 관북關北에 가게 되었는데, 임금께서 이이에게 찾아가 변방에 관한 일을 묻게 하였다. 자제들은 병이 현재 조금 차도가 있으나, 몸을 수고롭게 해서는 안 되니 응접하지 말기를 청하였다. 그러나 이이는 말하기를, "나의 한 몸은 다만 나라를 위할 뿐이다. 만약 이 일로 인하여 병이 더 심해져도 이 역시 운명이다"하고, 억지로 일어나 맞이하여 입으로 직접 육조六條의 방략方略을 불러주었다 …… 하루를 넘기고 졸하였다. 향년 49세였다 …… 발인하는 날 밤에는 먼 곳에서나 가까운 곳에서나 모여들어 그를 전송하였는데, 횃불이 하늘을 밝히며 수십 리에 끊이지 않았다. 이이는 서울에 집이 없었으며 집안에는 남은 곡식이 없었다. 친우들이 수의襚衣와 부의賻儀를 거두어 염殮하여 장례를 치르고, 조그마한 집을 사서 가족에게 주었지만, 가족들은 살아갈 방도가 없었다. …… 이이의 자는 숙헌叔獻이고 호는 율곡栗谷이다. 태어나면서부터 신동이었고 확연히 큰 뜻이 있었다. …… 학문을 하면서 문장 공부에 힘쓰지 않았어도, 일찍부터 글을 잘 지어 사방에 명망이 알려졌다. 어머니가 돌아가시자 비탄에 잠긴 나머지 잘못 선학禪學에 물들어 19세에 금강산에 들어가 불교의 도를 닦았는데, 승려들 간에 생불生佛이 출현했다고 소문이 자자하였다. 그러나 얼마 후에는 잘못된 행동임을 깨닫고 돌아와 정학正學에 전념하였는데, 스승의 지도를 받지 않고도 도의 큰 근본을 환하게 알고서 정미하게 분석하여 철저한 신념으로 힘써 실행하였다. …… 이이는 타고난 기품이 매우 고상한데다가 수양을 잘하여 더욱 높은 경지에 나아갔다. 청명한 기운에 온화한 분위기가 배어 나오고 활달하면서도 과감하였다. …… 한 시대를 구제하는 것을 급선무로 여겼기 때문에 물러났다가 다시 조정에 진출해서도 사류士類를 보합保合하는 것을 자신의 임무로 삼았다. 사심 없이 할 말을 다하다가 주위 사람들에게 꺼리는 대상이 되었는데, 마침내 당인黨人에게 원수처럼 되어 큰 화를 거의 면치 못할 뻔하기도 하였다. 이이는 인물을 논하고 추천할 때 반드시 학문과 명망과 품행을 위주로 하였으므로 진실하지 못하면서 빌붙으려는 자들은 나중에 많이 배반하였다. 그래서 세속의 여론은 그를 너무도 현실에 어둡다고 지목하였다. …… 저서로 문집과 『성학집요』·『격몽요결』·『소학집주』 개정본이 세상에 전해온다.[1]

율곡은 리·기 및 사단·칠정 등의 논의에서 퇴계의 리기호발설理氣互發說을 시종일관 비판했음에도 불구하고, 그 누구보다도 퇴계를 존경하고 신뢰했다. 율곡은 23세 때에 퇴계를 찾아 직접 도산서원에 방문하여 미물다가 떠난 적이 있다. 이때 퇴계는 한 문인(조목趙穆)에게

---

1. 『선조수정실록』 선조17년, 1월 1일 기사. 한국고전종합DB의 자료를 활용하였다.

준 서간에서 "율곡은 사람됨이 매우 밝아 섭렵함이 많고 우리 학문에 뜻을 두고 있으니, '후학을 두려워할 만하다(후생가외後生可畏)'라는 옛 성현의 말씀이 나를 속이지 않음을 비로소 알았다"[2]라고 평가하고 있다. 그 후 퇴계와 율곡은 수차례에 걸쳐 서간을 주고받았다.[3] 퇴계는 서른다섯 살 아래인 약관의 율곡에게 "세상에 영특한 인재는 한없이 많지만, 옛 학문에 마음 두기를 좋아하지 않는다. 그대처럼 뛰어난 재주를 지닌 젊은 사람이 바른길에 발을 내디뎠으니, 앞으로 성취될 것에 어찌 한량이 있겠는가? 천만번 부탁하니 스스로 더욱더 원대한 뜻을 기약하시오"라고 당부하는 것을 잊지 않았다.

 율곡 또한 퇴계의 별세 소식을 듣고 다음과 같이 통곡하였다.

 좋은 옥, 정제된 금처럼 타고난 기질 순수하시고 良玉精金稟氣純.
 참된 근원은 관민[4]에서 분파하였네! 眞源分派自關閩.
 백성들은 위아래로 흐르는 은택 함께하기를 바랐고 民希上下同流澤.
 행적을 살피면 산림에서 홀로 선하셨네. 迹作山林獨善身
 호랑이는 떠나고 용도 사라져 인사는 변했건만 虎逝龍亡人事變
 물결 돌리고 길 열어주신 간편들이 새롭구나! 瀾回路闢簡編新.
 남쪽 하늘 아득히 멀리 저승과 이승이 갈리니 南天渺渺幽明隔
 서해 물가에서 눈물 마르고 창자 끊어집니다. 淚盡腸摧西海濱.[5]

2. 『퇴계집退溪集』 권14 「답조사경서答趙士敬書」.
3. 『율곡전서栗谷全書』 권9 「상퇴계선생上退溪先生」 참조.
4. 송대 장재張載와 주자의 거주지로, 곧 장재와 주자를 말한다.
5. 『율곡전서』 권2. 「곡퇴계선생신미哭退溪先生辛未」.

이렇게 퇴계와 율곡은 상호 존숭하며, 진리를 향해 정진한 인물들이라 하겠다. 일반적으로 퇴계가 이른바 주리론主理論을, 율곡은 주기론主氣論을 대표하며, 성리학에서 다른 관점과 입장을 피력한 것으로 해석돼왔다. 물론 강조점과 그 정도를 어떻게 보는가에 따라 그렇게 해석될 소지도 있겠지만, 이 두 사람은 16세기 조선 성리학의 수용 및 정착기에서 다른 관점을 피력했다기보다는 점차 완성된 이론 체계로 나아가는 도상에 있다고 판단한다. 농암農巖 김창협金昌協의 "퇴계는 학문을 잘 말했고, 율곡은 이치를 잘 말했다"[6]는 평가는 그냥 나온 것이 아닐 것이다.

---

6. 『율곡전서』 권38 「제자술잡록諸子述雜錄」, "退溪善言學 栗谷善言理"(「농암문집農巖文集」).

이 글은 율곡栗谷 이이李珥의 마음과 그 본성에 대한 관점을 드러내고, 그것을 현대 주도적인 마음의 철학인 물리주의(혹은 유물론)적 심리철학, 특히 "심적 속성은 물리적 속성에 수반된다."고 하는 심신수반테제와 대비하여, 그 현대적 의미를 살피는데 목적이 있다.

율곡은 당대의 리기론, 특히 주리론主理論(퇴계)과 주기론主氣論(화담), 그리고 리기혼륜설理氣渾淪說(나정암) 등을 비판·종합하여 독자적인 리통기국설理通氣局說과 기발리승일도설氣發理乘一途說을 제시하였다. 나아가 그는 자신의 이 학설을 바탕으로 하여 장재-주자의 '심통성정설心統性情說'을 수용하여 '심성정의경계설心性情意境界說'을 주장하고, 동시에 사단과 칠정은 모두 '기발리승일도氣發理乘一途'라는 것, 나아가 '인심도심종시설人心道心終始說'을 주창했다.

여기에서는 먼저 율곡 이이의 리기론 및 심성론에 대한 연구를 참고[1]하면서 거기서 드러난 몇 가지 문제점을 비판적으로 논급하고, 아울러 율곡의 언명들이 지니는 성리학사적 의미를 살펴볼 것이다. 또한 "율곡의 리기론이 과연 애매한 개념들의 집합체인가?" 혹은 "율곡의 명제는 기일분수氣—分殊를 함축하는가?" 나아가 율곡의 명제들은 성리학사의 측면에서 볼 때 과연 어느 정도 독창적인가? 하는 측면들을 살펴 볼 것이다. 그런 연후에 율곡의 심성론을 현대 주도적인 물리주의적 심리철학과 연관하여 하나의 패러다임으로 정위하고, 그 현대철학적 의미를 탐색할 것이다.

'기발리승일도설'에 바탕한 율곡의 심성론을 현대적으로 재구성하면, 현대 물리주의의 여러 유형 중의 하나인 심신수반테제와 유사한 외양을 지닌다. 환원 물리주의(행동주의, 심신동일론)의 난제를 극복하기 위해 제시된 비환원적 물리주의인 심신수반테제는 물리계의 인과적 배타성을 위배하지 않기 위해 "심적 속성은 물리적 속성에 수반(의존)된다"고 주장하면서도 마음의 고유 본성을 인정(속성 이원론)하는 입장이다. 여기서 우리는 이 심신수반테제와 율곡의 심성론은 어느 정도 조화를 이룰 수 있는지, 나아가 어떤 측면에서 수반테제 그 이상을 말해 주는 지를 제시하고자 한다.

---

1. 대표적인 연구로는 다음을 참조. 송석구, 『율곡의 철학사상연구』, 형설출판사, 1996. 장숙필, 『율곡 이이의 성학연구』, 고대 민족문화연구소, 1992. 이영경, 『율곡 윤리사상의 인성론적 탐색』, 2001. 황의동, 『율곡철학연구』, 경문사, 1987. 김형효, 「율곡의 사상과 현상학적 비전」『원효에서 다산까지』, 청계, 2000. 이상익, 「율곡 리기론의 삼중구조」『기호성리학연구』, 한울아카데미, 1998.

1. '기발리승일도氣發理乘一途'와 '리통기국理通氣局'

율곡은 성리학적 전통에 충실하게 존재하는 모든 것들을 우선 리·기로 이해하였다. 리·기 개념은 전통 중국사상에서 다양하게 이해되던 것으로, 송대 특히 장재와 이정二程이 재정립하고, 성리학의 집대성자가 주자(1130~1200)가 우주론의 두 축으로 종합함으로써 완성되었다. 주자가 말하는 리는 정의情意·계탁·운동·형적이 없는 형이상자이다. 리는 어떠한 사물이 아니라는 점에서 차라리 무無적인 것이지만, 도무都無가 아니라 만물의 뿌리(품휘지근지品彙之根柢)이자 운동의 지도리(조화지추뉴造化之樞紐)이다. 나아가 주자는 존재와 당위를 상호공속적인 것으로 간주하였기 때문에, 리를 '만물의 존재근거'(소이연지고所以然之故)이자 '마땅히 따라야 할 준칙'(소단연지칙所當然之則)으로 제시하였다.

주자는 기를 첫째 형적을 지니면서 존재하는 모든 것의 실질적인 구성요소이면서, 둘째 끊임없이 취산聚散(승강비약升降飛揚)을 거듭하

278

는 운동인이면서, 셋째 취산 가운데 불균형으로 말미암아 다양한 종상(청탁清濁 · 정편正偏 · 명암明暗 · 통색通塞 · 후박厚薄)을 지녀 만물 및 인 · 물간의 차이를 가져오는 질료인이었다. 주자는 리 · 기를 형이상자(도)와 형이하자(기器), 만물을 생성하는 근본(생물지본生物之本)과 만물을 낳은 도구(생물지구生物之具)로 구별하면서, 결단코 구별되는 두 가지(결시이물決是二物)라고 하면서 개념상 결코 혼동하지 말아야 할 것(불상잡不相雜)이라 하였다. 그렇지만 현실에서 리는 기를 떠나 별개로 존재하는 또 하나의 어떤 것이 아니라, 기에 의착하여 실현된다고 하였다(리기불상리理氣不相離). 바로 이 점에서 주자는 리 · 기를 "하나이면서 둘이고(일이이一而二), 둘이면서 하나(이이일二而一)인 관계"에 있다고 하였다.

율곡의 기존 리기론에 대한 비판

주자의 리기론은 선유先儒들의 여러 학설을 수차례의 수정 끝에 종합되고, 여러 질문들에 대한 대답 형식으로 『어류』 등에 산재되어 있고, 나아가 그 자체 존재자들의 세계에 적용되는 형식논리의 범주를 넘어서기 때문에 실로 표현하기 어려운 것이다. 그래서 후대 주자의 학문을 계승하였다고 자임한 학자들도 주자 리기론의 전체 구조를 파악하지 못하고, 어느 한 측면만을 가져와 주자의 입장이라고 강변하는 경우가 허다했다. 율곡은 이러한 상황에서 주자 리기론에 대한 부분적인 해석을 지양하고, 그 전체 구조에 대한 정합적 해석과 체득을 목표로 했다. 율곡은 당대 대표적인 학자, 즉 서화담徐花潭, 이퇴계李退溪, 그리고 나정암羅整庵의 리기론을 비판적으로 종합하고자 했다. 율곡은 이들의 입장에 대해 다음과 같이 평가하였다.

요즈음 정암, 퇴계 그리고 화담 세 선생의 학설을 보니…… 정암과 화담은 스스로 터득한 면(자득지미自得之味)이 많고, 퇴계는 의존한 측면(의양지미依樣之味)이 많다(하나같이 주자의 설을 따랐다). 정암은 전체를 조망하여 보았으나 다 밝지 못한 것이 조금 있어 …… 혹 지나친 것이 있어 리·기를 하나의 사물로 보는 병통에 약간 걸린 듯하다. 퇴계는 주자를 깊이 믿어 그 뜻을 깊이 구하면서도 …… 활연관통한 측면에서는 오히려 아직 미치지 못한 면이 있어 식견이 아직 밝지 못하고, 말에 혹 약간의 오류가 있어 "리와 기가 서로 발한다(리기호발理氣互發)"와 "리가 발함에 기가 따른다(리발기수理發氣隨)"는 학설은 도리어 지견知見에 누가 된다. 화담은 총명이 남보다 뛰어났지만, 후중함이 부족하여 책을 읽고 이치를 탐구할 때에 문자에 구애되지 않고 자기의 의견을 많이 썼다. …… "하나의 기가 장존(일기장존一氣長存)한다고 생각하여, 가는 것도 사라지지 않고, 오는 것도 이어지지 않는다"고 하였으니, 이는 화담이 기를 리로 오인한 병통이 있기 때문이다.[1]

---

1. 『栗谷全書』卷10, 書2,「答成浩原」, 近觀整庵退溪花潭先生之說 … 就中整庵花潭 多自得之味 退溪多衣樣之味(一從朱子之說) 整庵則望見全體而微有未盡瑩者 … 或有過當者微涉於理氣一物之病 … 退溪則深信朱子 深求其意 … 而豁然貫通處 則猶有所未至 故見有微瑩言或微差 理氣互發 理發氣隨之說 反爲知見之累耳 花潭則聰明過人故見之不難 厚重不足 其讀書窮理 不拘文字而多用意思 … 以爲一氣長存 往者不過來者不續 此花潭所以有認氣爲理之病也.

여기서 율곡이 지적한 것은 첫째 화담은 주기主氣로 기울어 리를 기의 내재적 속성으로 간주함으로써 리를 기로 오인하였으며, 둘째로 퇴계는 주리主理로 기울어 소리도 형적도 없이 무위한 리를 능발能發하는 것으로 간주하였으며, 셋째 정암은 리·기의 불상리不相離에 지나치게 집착한 나머지 리·기가 결시이물決是二物이라는 측면을 경시하였다는 것이다. 그런데 기실 화담, 퇴계, 정암의 리기론에 대한 율곡의 이러한 평가는 어떤 측면에서 보자면 다소 지나친 면도 있지만, 그 나름의 정당성을 지닌다.

먼저 화담에 대한 비판을 살펴보자. 화담의 리기론은 율곡이 주장하듯 주자를 따른 것이 아니라, 장재의 '일기장존설—氣長存說'을 답습한 것이다. 그런데 율곡은 장재가 아니라, 주자의 리기론에 의해 화담을 비평하고 있는데, 이는 화담의 체계를 그 자체적으로 이해한 것은 아니다. 그러나 다른 한편 철학사는 개념의 완성을 지향하며, 장재에서 미발달된 개념(형이상·하를 명확하게 구분하지 못한 것)이 주자가 완성했다고 한다면, 후대의 화담은 마땅히 보다 완성된 개념 즉 주자의 리기론을 통하여 자신의 학적 체계를 형성하는데 원용하던가, 아니면 역으로 장재의 입장에 동조하면서 주자의 리기론을 논박했어야 했다. 그런데 천성千聖이 아직 말하지 않은 것을 설파하려고 한 화담은 단지 장재의 '일기장존설'로 자신의 체계를 형성하는데 그쳤으며, 따라서 바로 이 점에서 보자면, 주자가 장재의 미발달된 개념의 애매성을 지적했듯이, 율곡이 화담을 비판한 것 역시 의미 있는 논변이라 할 수 있다.

다음으로 퇴계에 대한 비판을 살펴보자. 여기서 이상익의 지적을 살펴보는 것이 유익하다. 그는 조선 성리학의 주요 논쟁이 "대부분 상대방의 본의에 대한 오해한 것에 기인한 것이며," 그 "오해는 피차간에 리·기를 서로 다른 맥락에서 사용한 것을 이해하지 못한 데서 기인한다"[2]고 하면서 다음과 같이 말하고 있다.

> 율곡은 리는 무위하므로 퇴계의 호발설互發論은 오류라고 비판하였는바, 이것은 리·기에 대한 율곡 자신의 정의에 입각한 말이지 퇴계의 정의를 존중한 말은 못 된다.[3]

기실 이상익의 이러한 주장은 그의 리·기에 대한 세 가지 발상법[4]에 근거한다. 그는 「주자 리기론의 삼중구조」 및 「율곡 리기론의 삼중구조」 등과 같은 논문에서 여러 가지 논의를 거친 후 결론으로 다음과 같이 말한다.

> 이렇게 본다면 (주자 및) 율곡의 리기론에는 소이연所以然과 소연所然(원리原理로서의 리理와 현상現象으로서의 기氣), 성性과 기질氣質(형상으로서의 리와 질료로서의 기), 도의와 형기라는 세 가지 발상법이 혼재하는 것이라 하지 않을 수 없다. …… 그러나 소이연과 소연은 필연적 관계임에 반하여 성과 기질은 우연적 관계이므로, 우리는 이 두 계열을 구

---

2. 이상익, 「율곡 리기론의 삼중구조」, 『기호성리학연구』, 한울아카데미, 1998, 67쪽.
3. 이상익, 앞의 논문, 같은 곳.
4. 이상익, 앞의 논문, 68-73쪽 참조.

분하지 않을 수 없다. 또 도의(인의예지)는 소이연이요 형기(이목사지耳目四肢)는 소연이라고 말할 수 없으므로, 이 두 계열도 구분하지 않을 수 없다. 또 성性(형상形相)과 기질氣質(질료質料)은 항상 서로 결합되어 하나의 사물을 이루는 관계이나, 도의와 형기는 오히려 양변으로 분리되는 관계이므로, 이 두 계열도 구분하지 않을 수 없다.[5]

이상익의 리ㆍ기에 대한 이러한 세 가지 구분은 정밀한 것이긴 하지만, 정확한 지적이라고 할 수 없다. 여기에 대해서는 많은 논의가 있어야 하겠지만, 우리는 다음과 같은 한 가지 사항만 지적하고자 한다. 즉 '소이연으로서의 리'와 '소연으로서의 기'의 관계는 '소이'라는 말이 함축하듯이 존재의 근거(이유ㆍ까닭)−귀결의 관계이지, 이상익이 말하듯이 필연적인 원인−결과의 관계causation가 아니라는 것이다. 예컨대 정삼각형을 그 예로 들어보자. "세 변의 길이가 같은 삼각형"이라고 하는 정삼각형의 리는 현실에 세 변의 길이가 같은 삼각형을 정삼각형이라고 규정짓게 하는 근거(이유ㆍ까닭)이지, 이 리가 현실에 존재하는 점들(기)을 모아 정삼각형이 되도록 만드는 물리적인 원인의 역할을 실제로 수행하는 것은 아니라는 말이다.

주자−율곡의 리기론을 엄밀히 검토해 보면 형이상(도道)과 형이하(기器), 생물지본生物之本과 생물지구生物之具를 일관하는 정합적인 구조를 지니고 있지, 결코 모순되는 개념을 얽어 놓은 모호한 것이 아니다. 그렇다면 율곡의 입장에서 보자면 퇴계 자신이 주자를 존숭한다

5. 이상익, 앞의 논문, 72쪽.

고 말하면서, 그 자신의 논제의 정당성을 주자의 언명에 호소하고 있는 한에서 퇴계의 리기호발설은 잘못된 해석이라고 할 수 있다. 그러나 퇴계가 말한 '발發'의 의미가 "기의 용사력用事力에 대한 리의 규제력" 혹은 "글자 그대로 물리적 · 역학적 운동을 뜻하는 것이 아니라, 논리적 규제기능을 뜻한다"[6]고 한다면, 이에 대한 율곡의 비판은 이상익의 지적대로 퇴계의 정의를 존중하는 것은 분명 되지 못할 것이다.

마지막으로 나정암의 입장에 대한 율곡의 비판은 어떠한가? 나정암이 진정 리 · 기가 결시이물決是二物이라는 것을 이해하지 못했을까? 결코 그렇지 않다. 그의 리기론을 압축적으로 정리해 주고 있다고 평가되는 다음의 구절을 보자.

리는 모름지기 기에 나아가 인식해야 한다. 그러나 기를 리로 여기면 옳지 않다. …… '기에 나아가 리를 인식하는 것(취기인리就氣認理)'과 '기를 리라고 인식하는 것(인기위리認氣爲理)' 사이에는 분명한 구별이 있다. 만약 이 점을 꿰뚫어보지 못한다면 수많은 설명은 아무 소용이 없다.[7]

이 구절에서 보면 정암이 리 · 기의 혼륜渾淪을 강조한 것은 리 · 기가 결시이물決是二物이라는 것을 이해하지 못한 것이 아니라, 단지 리를 초월적인 어떤 것으로 이해하는 당시의 시폐를 극복하기 위한 방

---

6. 이에 대한 다양한 해석으로는 다음을 참조. 황의동, 『율곡철학연구』, 경문사, 1987, 99쪽.

7. 『困知記』卷下, 제35장. 理須就氣上認取 然認氣爲理便不是 … 只就氣認理與認氣爲理 兩言明有分別 若於此看不透 多說亦無用也.

편이었으며, 따라서 이에 대한 율곡의 비판은 타당성을 지니기 어렵다. 그러나 이러한 제현들에 대한 율곡의 비판이 다소 일방적이라는 문제점을 노정하고 있다고 할지라도, 그가 유독 화담, 퇴계, 정암의 리기론을 별하여 논변한 것은 그 나름의 이유가 있다.

그것은 곧 첫째 일기장존을 설파함으로써 기에 대한 잘못된 개념 정립을 하고, 리를 기의 내재적 조리條理로만 인정하는 입장(주기론主氣論: 화담), 둘째 리가 사물死物로 오인될 것을 지나치게 염려하여 리발理發을 주장함으로써 리에 대한 잘못된 견해를 피력한 입장(주리론主理論: 퇴계), 셋째 리·기의 혼륜을 지나치게 강조함으로 리·기 관계를 오도할 가능성을 지니고 있는 입장(리기혼륜설理氣渾淪說: 정암)이다. 이 세 입장을 비판적으로 매개하여 율곡은 성리학적 리기론을 체계적으로 종합하고자 했다. 즉 그의 리기론은 주기론과 주리론의 변증법적 지양으로, 나아가 단순히 리·기의 혼륜이 아니라 개념상 불상잡을 전제한 불상리를 주장한 것이다.

율곡의 리기론

율곡은 우선 "리는 형이상자이고 기는 형이하자"[8]로서 "리는 형적·작위가 없지만, 기는 형적·작위가 있다"[9]고 말하여 리·기를 개념상

---

8. 『栗谷全書』 卷10, 書2, 「答成浩原」. 理形而上者也 氣形而下者也.
9. 『栗谷全書』 권10 書2, 「答成浩原」. 理無形也 氣有形也 理無爲也 氣無爲也.

분명히 구분한다. 나아가 그는 형이상자로서 "형상·작위가 없지만 형상을 지니고 작위하는 것의 주재主宰가 되는 것이 리이며, 형상을 지니고 작위하면서 형상·작위가 없는 것의 도구가 되는 것이 기"[10] 라고 말한다. 그렇다면 여기서도 우리는 율곡이 리는 기의 주재라 하여 리가 사물死物이 되는 것을 예방함과 동시에 기를 리의 실현도구라고 말함으로써 기가 홀로 장존한다고 하는 입장을 비판함을 확인할 수 있다. 그렇다면 리·기는 개념상 확연이 구분되는 결시이물決是二物인가? 율곡은 결코 그렇게 보지 않았다. 율곡은 주자의 언변에 따라 리·기는 개념상 구분되지만, 현실 존재상에서는 분리될 수 없는 하나(리기본합야理氣本合也, 리기본자혼합理氣本自混合, 리기원불리理氣元不離)임을 지나치리만큼 강조하였다. 그리하여 그는 자신의 리기론을 다음과 같이 집약·표현해 주고 있다.

대저 리란 기를 주재하는 것이며, 기는 리가 타는 곳이다. 리가 아니면 기가 근거할 바가 없고, 기가 아니면 리가 의착할 곳이 없다. 따라서 (리·기는) 이미 두 물건이 아니며 또한 한 물건도 아니다. 하나의 사물이 아니기 때문에 하나이면서 둘이며(일이이一而二), 두 물건이 아니기 때문에 둘이면서 하나이다(이이일二而一).[11]

천하 만물이 그렇게 존재하게 하는 까닭이 바로 리이고, 그렇게 존

---

10. 『栗谷全書』 卷10 書2, 「答成浩原」, 無形無爲而爲有形有爲之主者理也 有形有爲而爲無形無爲之器者氣也.

11. 『栗谷全書』 卷10 書2, 「答成浩原」 夫理者 氣之主宰也 氣者 理之所乘也 非理則氣無所根柢 非氣則理無所依着 卽非二物又非一物 非一物故一而二 非二物故二而一也.

재하는 것이 바로 기이다.[12] 리·기는 개념상 엄연히 구분되기에 한 물건이라고 할 수는 없지만, 두 물건이라고 할 수도 없는 것은 이 양자는 현실상 선후·이합이 없이 혼륜한 묘합 가운데 만물을 생성시키기 때문이다. 바로 이 점에서 율곡은 리·기는 하나이면서 둘이고, 둘이면서 하나라고 말하고 있다. 이렇게 리는 무형무위로서 만물의 '소이연'·'주재'이며, 기는 유형유위로서 소연이며 리의 의착처이자 소승所乘이라는 점에서 율곡은 퇴계의 리기호발설을 비판하고, 오직 리가 발할 때에 기가 타는 하나의 길(기발리승일도설氣發理乘一途說)만이 가능하다고 말한다.

> 만약 (리·기가) 상호 발용發用한다고 하면, 이는 리가 발發할 때에 기가 혹 미치지 못하는 바가 있고, 기가 발發할 때에 리가 혹 미치지 못한 바가 있다는 것이 된다. 만일 이와 같다면 리·기에 이합·선후가 있는 것이니 … 그 착오가 작지 않다.[13]

율곡에 따르면, "리는 무위이고 기는 유위이기 때문에, 호발설은 논리적으로 불가능하고 오직 '기가 발할 때에 리가 타는 하나의 길'만 가능하며, 바로 때문에 공자는 '사람이 능히 도를 넓힐 수 있지, 도가 사람을 넓히는 것이 아니다'고 말했다는 것이다.[14] 그렇다면 여기서 율곡

---

12. 『栗谷全書』 卷14, 「雜著」, 其然者 氣也 其所以然者 理也.
13. 『栗谷全書』 卷10 書2, 「答成浩原」, 若曰互有發用則是理發用時 氣或有所不及 氣發用時理或有所不及也 如是則理氣有離合有先後 …其錯不小矣.
14. 『栗谷全書』, 卷10 書2, 「答成浩原」, 若非氣發理乘一途而理亦別有作用 則不可謂理

이 말하는 '발發'자는 퇴계가 사용한 것(규제력 · 논리적 규제기능)과는 다르게, 물리적인 운동(유위有爲)이라고 하는 의미를 지니는 것으로 보아야 할 것이다. 나아가 율곡은 이러한 '기발리승일도설'을 천지의 작용뿐만 아니라, 우리 마음의 발용에도 수미일관하게 적용한다.[15]

율곡의 이 '기발리승일도설'은 스스로 체득했다고 자부했던 '리통기국설理通氣局說'로 귀결된다.[16] 즉 만물의 존립이유인 형이상자로서 리는 무형 · 무위하여 시 · 공의 제약을 받지 않으며, 따라서 보편적 · 불변적이다(자약自若). 따라서 "리에는 한 글자도 더할 수 없으며, 털끝만큼의 수양조차도 필요 없다." 그러나 유형 · 유위한 형이하자로서 기는 시공의 제약을 받으며 끊임없이 승강비약昇降飛揚하여 참차부제參差不齊함으로써 끝없이 차별상을 드러낸다. 기는 이렇게 차별상을 드러냄으로써 구별되는 다양한 개체를 성립시켜 주는 질료인이지만, 만물간의 감통感通을 방해하는 역기능을 하는 자기 모순자이다. 바로 이 점에서 "기를 단속하여 그 본연을 회복하는" 수양공부가 요청된다. 이것을 논리화한 것이 바로 율곡의 '리통기국설'이다.

"리통理通이란 천지만물이 보편적인 리를 함께 하는 것으로"[17] "선후 · 본말과 같은 사물에 적용되는 범주를 초월하는 리가 기에 타고 유행하여, 기가 치우치면 리 또한 치우치나 그 치우친 바는 기라는

無爲也. 孔子何以曰人能弘道非道弘人乎 如是看破則氣發理乘一途 明白坦然.

15. 같은 곳.

16. 『栗谷全書』卷10 書2, 「答成浩原」, 理通氣局四字 自謂見得 而又恐珥讀書不多 先有此等言 而未之見也.

17. 『栗谷全書』卷20, 「聖學輯要」, 理通者 天地萬物 同一理也.

것, 그리고 잡다한 기질 가운데에서도 존재하면서 그 성이 되지만, 그 본연은 변함없이 그대로인 것"[18]을 말한다. 그리고 "'기국氣局'이란 천지만물이 기를 달리하는 것으로서"[19] "본말·선후를 지니는 기가 승강비양하여 조금도 쉬지 않아 천태만상으로 고르지 않아 온갖 변화를 낳을 때에 그 본연을 잃기도 하고 잃지 않기도 하는데, 그 본연을 잃음에 있어서는 이미 그 본연은 없어지는 것"[20]을 말한다.

  율곡이 자득했다고 자부했던 리통기국설은 성리학사에서 새로운 경지를 개척한 독자적인 입론[21]인가? 우선 '리통기국理通氣局'이란 용어 자체는 율곡이 새롭게 도입한 것이라고 할 수 있지만,[22] 그 논리 자체는 송대 정립된 '리일이분수理一而分殊說'을 부연한 것에 지나지 않는다고 하겠다.[23] 율곡이 말한 '리통理通'은 궁극적으로 하나의 리(리일지리理一之理)가 천지만물에 보편적이라는 것, 그리고 '기국氣局'은 다양하

---

18. 『栗谷全書』卷10 書2. 「答成浩原」, 理通者何謂也 理者無本末無先後也 … 乘氣流行 參差不齊而其本然之妙 無乎不在 氣之偏則理亦偏 而所偏非理也氣也 … 至於淸濁 粹駁…之中 理無所不在 各爲其性 而其本然之妙則不害其自若也.

19. 『栗谷全書』卷20, 「聖學輯要」, 氣局者 天地萬物 各一氣也.

20. 『栗谷全書』卷10, 書2, 「答成浩原」, 氣局者何謂 氣 … 有本末也有先後也 … 有其 升降飛揚未嘗止息 故參差不齊而萬物生焉 於氣之流行也 有不失其本然者 有失之本 然者 旣失其本然 則氣之本然者已無所在.

21. 송석구, 『율곡의 철학사상연구』, 형설출판사, 1996, 58쪽.

22. 이병도는 理通氣國說이 화엄불교의 理事의 通局에서 유래했다고 주장하고, 황의 동은 율곡 스스로가 자득했다는 구절을 화엄불교에서 연원했다는 것을 반대한다는 의견을 개진하고 있다. 그런데 朱子가 이미 '리일분수理一分殊'를 화엄의 '月印千江' 의 비유를 원용하여 설명하고 있다는 점에서, 불교의 영향을 부인하기 힘들 것이라 고 판단된다. 이병도, 『율곡의 생애와 사상』, 서문당, 1979, 69쪽. 황의동, 앞의 책, 88-9쪽. 『朱子語類』189卷 29항.

23. 이상익, 「율곡 리기론의 삼중구조」, 앞의 책, 86쪽.

게 나타나는 분수의 리分殊之理를 설명해 주는 역할을 한다. 리는 통하기 때문에 보편적이지만, 보편적인 리를 기가 국한하기 때문에 분수의 리가 된다. 그렇다면 '리통기국설'은 '리일이분수설'의 성립 근거가 된다. 따라서 율곡의 리통기국설은 성리학적 리기론을 확고하게 정립해 주는 중요한 학설이라고 하겠다. 그런데 율곡의 리통기국설은 '기일분수氣一分殊'를 전제로 해야 한다고 다음과 같이 주장하는 사람들이 있어 왔다.

율곡에게는 기일분수氣一分殊의 이론이 이미 있었다고 생각된다. 율곡 철학의 리기지묘理氣之妙적 구조로 볼 때, 리통기국의 전제로서 리일분수와 함께 기일분수가 전제되어야 논리적으로 맞다. …… 율곡은 동일기同一氣와 각일기各一氣를 구별해 보고 있는데, 동일기同一氣는 곧 기일지기氣一之氣, 각일기各一氣는 곧 분수지기分殊之氣가 되는 것이므로 … 기를 중심으로 보면 기일이분수氣一而氣分殊라 할 수 있음을 입언한 것이다.[24]

그러나 이 주장한 다음과 같은 점에서 옳지 못하다. 먼저 리통기국은 리일분수의 전제이지, 그 역이 아니라는 것이다. 그리고 더욱 중요한 것은 율곡의 리기론에서는 리일분수는 성립하지만, 기일분수氣一分殊는 성립될 수 없다는 것이다. 이는 리통기국의 명제에서 논리적으로 도출될 수 있다. 즉 시·공의 제약을 받는 기는 승강비양하면서 다양

24. 황의동, 앞의 책, 87쪽. 배종호, 『조선유학사』, 113쪽. 송석구, 앞의 책, 64쪽.

한 차별상을 만들면서 국한되는데, 이렇게 국한된 기는 단지 그렇게 국한된 기일 따름이지 본연의 온전한 기가 아니라는 점에서 '기일이분수氣一而氣分殊'는 성립될 수 없다. 다시 말하면 형이상자인 리는 형식 논리를 초출하는 '리일이분수理一而分殊'가 성립하지만, 형이하자인 기를 설명할 때 '기일이분수氣一而氣分殊'라고 한다면 그 자체 모순 명제가 된다. 율곡의 다음 언명은 이런 해석을 지지해 주는 전거가 된다.

> 기가 유행流行할 때 그 본연을 잃지 않은 것도 있고, 그 본연을 잃어 버리는 것도 있으니, 이미 그 본연을 잃어버리면 기의 본연은 이미 있는 데가 없다. 치우친 것은 치우친 기일 뿐 온전한 기가 아니며, 맑은 것은 맑은 기일 뿐 탁한 기가 아니며, 찌꺼기와 재는 찌꺼기와 재의 기일 뿐 담일청허湛一淸虛한 기가 아니니, 이는 리가 만물 가운에서 그 본연의 묘가 어디서나 그대로인 것과 같지 않다. 이것이 이른바 '기가 국한된다'는 것이다.[25]

---

25. 『栗谷全書』卷10 書2, 「答成浩原」 於是氣之流行也 有不失其本然者 有失其本者 旣失其本則氣之本然者已無所在 偏者偏氣也 非全氣也 淸者淸氣也 非濁氣也 糟粕 煨燼 糟粕煨燼之氣也 非湛一淸虛之氣也 非若之於萬物 本然之妙 無乎不在也 此 所謂氣之局也.

2. 일심一心의 일로·경계로서 성·정·의

앞에서 율곡 심성론의 토대로서 그의 리·기론을 살펴보았다. 율곡은 리는 무위이고 기는 유위이기 때문에, 오직 '기발리승일도'만 가능하다면서, 퇴계가 주장했던 '리기호발설'을 끊임없이 비판했다. 나아가 그는 '리통기국'이라는 새 용어를 창안하여, 송대부터 전래되던 '리일분수설'을 정초했다. 이제 율곡의 심성론을 살펴보자.

주자에 의해 완성된 정통 성리학에서는 리·기를 통해 심성을 논하면서 "인간의 본성은 천리이다" 및 "마음이란 기의 정상精爽이다."[1]고 했다. 그리고 기의 정상으로 허령명각한[2] '마음이 성·정을 주재·포괄한다'(심통성정心統性情)[3]고 하면서, 성·정을 미발未發·이발已發 즉

1. 『朱子語類』 5:30.
2. 『孟子集注』 7A:1 참조.
3. 『朱子語類』 5:61, 5:63, 5:74 참조.

체용관계[4]로 설명한다. 율곡은 이런 정통 성리학적 명제를 '기발리승일도설'로 계승·발전시켰다.

율곡은 "성性은 리理이며, 심心은 기氣이고, 정情은 심心의 움직임이다"[5]고 말한다. 마음이란 단순히 성을 지니고 있을 뿐만 아니라, 지통지정至通至正한 기가 응결凝結한 것이므로 허령하다[6]고 말함으로써, 주자의 허령명각한 "마음은 기의 정상이다"는 명제를 계승한다. 그렇다면 율곡이 무슨 연유에서 마음이 기라는 것을 강조하는가? 이는 그가 '기발리승일도'를 주장한 것과 연관된다. 즉 마음을 무형·무위한 형이상적 리라면 공적성空寂性을 면할 수 없기 때문에, 유형·유위한 활동하는 기로 규정한 것이다. 즉 마음은 기이기 때문에 능히 지각할 수 있다는 것이다. 그래서 그는 "능히 지각하는 자는 기이고, 지각할 수 있는 까닭은 리이다"[7]고 말한다. 나아가 지각 능력을 지니기 때문에 마음은 권리상de jure 신체의 주재자가 될 수 있다. 그런데 율곡은 앞서 마음은 지통지정한 기가 응결한 것이라고 말하면서도, 또한 다음과 같이 말한다.

성性과 기氣가 합해져서 일신一身의 주재가 되는 것을 마음(심心)이라 한다.[8]

---

4. 특히 『朱子語類』 5:67 및 98:41 참조.

5. 『栗谷全書』 卷12 書4, 「答安應休」. 性理也 心氣也 情是心之動也.

6. 『栗谷全書』 卷31, 「語錄上」. 心之虛靈 不特有性而然也 至通至正之氣而爲心 故虛靈也.

7. 『栗谷全書』 卷31, 「語錄上」. 心之知覺氣耶理耶 曰能知能覺者氣也 所以知所以覺者理也.

8. 『栗谷全書』 卷21, 「人心道心圖說」. 合性氣與氣 而爲主宰於身者 謂之心.

율곡은 "마음을 성性과 기氣를 합하여 말한 것이다"고 함으로써 앞서 "심은 기이다"는 명제와 일견 상충되는 해석을 하고 있는 듯하다. 그러나 이는 단지 표현상의 차이일 따름이다. 즉 마음은 지통지정한 기이기 때문에 담연湛然·허명虛明하여[9] 온갖 리를 갖추고 있기에,[10] 이 양자(기·리)를 합하여 또한 마음이라 칭할 수 있다는 것이다. 마음은 지통지정한 활동하는 기이고, 이러한 심에 갖추어져 있는 리를 성이라고 하고, 나아가 이 성이 피어난 것(이발已發)을 정情이라고 한다는 것이다. 이러한 전제하에 그의 심성론이 집약적으로 나타나 있는 구절을 살펴보자.

성性은 심心의 리이며, 정情은 심의 움직임이다. 정情이 움직인 이후에 정情을 연으로 하여 계교한 것이 의意이다. 만약 심·성을 둘로 나눈다면 도道·기器는 서로 떨어질 수 있으며, 정情·의意를 둘로 나눈다면, 사람의 심에 두 가지 근본이 있게 되는 것이며 어찌 크게 어긋나지 않겠는가?[11]

율곡에 따르면, 오직 일심一心이 있을 따름이다. 이 일심一心이 갖추고 있는 리가 성이고, 이 성이 움직인 것을 정이라 하고, 이 정을 연으로 하여 계교하는 것을 의라 한다. 다시 말하면, 단지 일심일 따름이

---

9. 『栗谷全書』 卷21, 「聖學輯要」, 心之本體 湛然虛明.

10. 『栗谷全書』 卷20, 「聖學輯要」, 人之一心 萬理全具.

11. 『栗谷全書』 卷14, 「雜記」, 性是心之理也 情是心之動也 情動後緣情計較者爲意 若心性分二則道器可相離也 情意分二則人心有二本矣 豈不大差乎.

지만, 그 경계에 의해 성·정·의라고 다르게 칭하는 것이다. 이것을 일러 그는 '심성정의일로心性情意—路' 혹은 '심성정의경계설心性情意境界說'이라 칭한다. 이에 대한 율곡의 설명을 좀 더 살펴보자.

> 무엇을 일러 '일로—路'라고 하는가? 심心이 아직 피어나지 않은 것이 성性이고, 이미 피어난 것이 정情이며, 그런 뒤에 헤아리는 것이 의意이니 이것이 일로—路이다. 무엇을 일러 각각 경계境界가 있다고 하는가? 심이 고요하여 움직이지 않을 때기 성의 경계이며, 감응하여 드디어 통할 때는 정의 경계이며, 감응한 바를 인연으로 하여 미루어 헤아리는 것이 의의 경계이니, 단지 이 일심이 경계를 지닐 따름이다.[12]

율곡의 '심성정의일로설' 및 '심성정의경계설'이 지니는 성리학적 심성론상의 의의는 무엇인가? 장재-주자는 "심이 성정을 포괄·주재한다"는 이른바 '심통성정'을 주장했지, 율곡처럼 의意 개념까지 포괄하여 입론하지 않았다. 따라서 율곡의 '심성정의일로설' 및 '심성정의경계설'이 성리학적 심성론에서 정당화될 수 있는 입론이라면, 이 또한 '리통기국설'과 함께 중요한 의미를 지니는 학설이다. 율곡의 이 입론은 주자가 비록 명시적으로 말하지는 않았지만, 그의 심성론의 체계에서 연역될 수 있는 정당한 입론이다. 왜냐하면 주자는 우선 인심·도심을 해설하면서 분명히 "심心의 허령지각은 하나일 따름이지만,

---

12. 앞의 책, 같은 곳. 何謂一路 心之未發爲性 已發爲情 發後思量爲意 此一路也 何謂各有境界 心寂然不動時是性境界 感而遂通時是情境界 因所感而紬繹商量爲意境界 只是一心各有境界.

인심·도심의 다름이 있는 까닭은"[13]이라고 말하여, 심의 모든 작용은 '일로一路'라는 것을 분명히 했기 때문이다. 나아가 주자는 "의意는 계교상량計較商量하는 것으로, 정情이 있는 이후에 작용한다"[14]고 말하여 앞의 율곡의 언명과 동일한 의에 대한 정의를 내리고 있다.

일로一路로서 심이 성·정을 포괄하며, 나아가 의는 일로로서의 일심이 발동한 이후 정을 근거로 계교상량하는 것이라면, 우리는 '심·성·정·의'는 일로一路'이며 나아가 성·정·의는 각각 명칭을 달리하지만, 일심을 그 경계에 따라 나눈 것이라고 말할 수밖에 없다. 이렇게 본다면, 율곡의 '심성정의일로설'과 '심성정의경계설'은 정통 주자성리학의 연장선상에 있는 정당한 입론이라고 평가할 수 있겠다. 율곡은 '심성정의일로설'과 앞서 제시한 리기론에 근거하여 사단·칠정은 모두 기의 정상으로서 일심一心의 발로發露로서, 모두 '기발리승일도'일 따름이라고 말했다.

나아가 율곡은 '심성정의일로·경계설'에 입각하여 인심·도심은 비록 명의名義를 달리하지만, 모두 일심에 근거를 두고 있다는 점에서 호발설을 거부하고, '임심도심종시설人心道心終始說'[15]을 주장하였다. 그런데 율곡의 '인심도심종시설'에 대한 해석을 보면, 의意가 중요한 역할을 한다. 왜냐하면 의의 계교상량에 의해 인심이 도심으로 피어날

---

13. 『中庸章句』,「序」. 心之虛靈知覺一而已矣 而以爲有人心道心之異者. 율곡 또한 이 구절을 그대로 계승하여 다음과 같이 말하고 있다. 心一也而謂之道謂之人者 性命形氣之別也.『栗谷全書』卷9,「答成浩原」.

14. 『性理大全』, 卷33,「性理5」意是去百般計較商量做底 意因有是情而後用.

15. 『栗谷全書』卷9 書1.「答成浩原」참조.

수 있고, 도심이 인욕으로 될 수도 있기 때문이다. 이를 두고 양명학의 영향이라고 해석하기도 한다.[16] 그러나 이 또한 주자의 입장에 대한 정당한 해석이라고 말해야 할 것이다. 왜냐하면 주자가 분명히 "심心은 한 몸의 주재자이고, 의는 심이 피어난 것(소발所發)이며, 정은 심이 움직인 것(소동所動)인데… 정에 비해 의가 더욱 중요하다"[17]고 말했기 때문이다.

---

16. 정인재, 「율곡의 심성론」『한국의 교육과 윤리』, 정문연, 1993, 203-9쪽 참조.
17. 『性理大全』卷33, 「性理」5. 心者一身之主宰 意者心之所發 情者心之所動 … 比於情意尤重.

3. 기발리승일도氣發理乘一途와 심신수반 테제

앞에서 '기발리승일도설'에 토대를 둔 율곡의 심성론을 살펴보았다. 율곡에 따르면, 이 세상에 존재하는 모든 것은 보편적인 무형의 리와 개체성을 유지시켜 주는 유형의 질료인 기로 구성되어 있는데, 오직 유형의 기만이 유위적이어서 운동하며 다양한 차별상을 가져오는 원인의 역할을 한다. 또한 우리의 마음은 하나(일심一心)일 따름이며, 이 하나의 마음 또한 정상精爽의 기이며, 따라서 유위적으로 작용하는 바 그 경계에 의해 성·정·의라고 하는 다양한 명칭이 부여된다. 이러한 율곡의 심성론은 현대 주도적인 심리철학인 물리주의에서 심신수반 테제와 가장 근사한 외양을 지니고 있다.[1] 이 수반 테제와

---

1. 이영경은 이 점과 연관하여 다음과 같이 지적하였다. "…여론餘論으로…율곡의 인간관에서 선천적인 기氣의 특성이 미치는 도덕적 성향이 리理적인 도덕성보다 실제적인 삶의 과정에서 더 직접적으로 영향을 미친다는 점에서, 그리고 후천적인 인간됨(인격형성)이 선천적인 기氣적 도덕성에 의해 크게 영향을 받는다는 점에서 심신

율곡의 입론을 비교함으로써 현대 심리철학적 의미를 탐구하고, 그 현대적 재구성을 시도하고자 한다.

현대 심리철학은 현대 과학적 연구결과를 참조하거나 기존의 가설에 한층 논리적인 도식을 제시할 목적으로 제안되었다. 그런데 그것이 초자연적 형이상학적 실체를 가정하지 않고 인간 현실을 이해하려고 한다는 점에서 이들의 철학을 유물론materialism이라고 부를 수 있다.[2] 그리고 또 과학의 전형으로 물리학을 들면서 물리학의 용어나 개념을 차용하여 모든 인간 현상을 설명할 수 있다고 한다는 점에서 물리주의physicalism라 할 수 있다. 이 양자는 교호적인 개념이나 여기서 우리는 유물론이라는 말이 일상사에서 상당히 오염되어 있는 관계로 물리주의라는 용어를 사용하기로 한다.

물리주의자들은 "기본적으로 시·공간 내에는 물리적 소립자들과 그 집합을 제외하고는 그 어떠한 구체적인 존재나 실체가 없다"[3]고 하는 '존재론적 물리주의'를 기본 전제로 하면서 '물리적 세계의 인과적 폐쇄성'을 채택하고 있다. 이러한 존재론적 물리주의를 토대로 하여 초기의 물리주의자들은 심적 속성을 물리적 속성으로 개념적으로 환원하거나(행동주의), 혹은 존재론적 환원(심신 동일론)을 시도하였다.

수반론의 양상과 유사한 면이 있다고 할 것이다." 이영경, 「인간관에 있어서 리기理氣의 도덕성 문제」,『율곡 윤리학설의 인성론적 탐색』, 세종출판사, 74쪽, 주52. 그런데 이영경은 이러한 언급만 하고, 더 이상의 논변은 제시하지 않고 있다.

2. 신오현, 「과학적 유물론의 인간이해」,『자아의 철학』, 문학과지성, 1986, 363-37쪽 참조.
3. 김재권, 앞의 책, 359쪽.

그런데 이러한 환원 물리주의는 명제 태도propositional attitude 등에서 나타나는 지향성志向性과 같은 심적 속성을 물리적 속성으로 환원시키는데에 어려움이 있자, '비환원 물리주의'로서 심신수반 테제가 등장하게 되었다. 이 심신수반 테제는 이 세계에 존재하는 모든 것을 물리적인 것으로 설명하려고 하는 물리주의의 최소 전제를 충족시키면서도 (물리주의) 심리적 속성을 물리적인 것으로 환원시키지 않는 입장(비환원주의)을 취한다. 즉 존재론적 물리주의와 속성 이원론을 결합시킨 이 수반 테제는 다음과 같은 세 가지 주장을 한다.

① 속성공변property co-ariation : 어떤 것의 토대 속성(물리적 속성)이 구분되지 않는다면 수반 속성(심적 속성)도 구분되지 않는다.

② 의존성dependency : 수반되는 속성(심적 속성)은 수반하는 토대(물리적인 것)에 의존한다.

③ 환원불가능성 : 수반되는 속성(심적 속성)을 수반하는 토대(물리적인 것)로 환원할 수 없다(속성 이원론).[4]

이제 우리는 현대 주도적인 물리주의적 심리철학의 유력한 한 입장인 수반 테제와 율곡의 심성론을 논제를 비교해 보자. 앞서 살폈듯이, 율곡은 퇴계가 주장했던 리기호발설에 반대하고, 기만이 유위하다는 점을 들어 기발리승일도를 주장하였다. 기실 퇴계의 리기호발설은 리

---

4. Kim, Jeagwon, 「Supervenience」, eds. S. Guttenplan, A Companion to the Philosophy of Mind, Blackwell, 1994, pp. 575-583.

와 기, 양자 모두 능발能發할 수 있다는 점에서 데카르트적인 실체 이원론과 유사한 맥락으로 해석할 수도 있다. 그런데 율곡은 우선 리발理發을 부정하고, 유형有形의 기만이 능발할 수 있다고 주장했다는 점에서 우선 초월적 실재를 부정하는 '존재론적 물리주의'를 거부하지 않을 뿐만 아니라, 물리계의 인과적 배타성 또한 위반하지 않는다. 다시 말하면, 율곡의 기발리승일도설은 이 세계에는 형상을 지니고 유위한 기 이외에 또 다른 어떤 독립적 실체가 존재한다는 것(초월적 실재)을 인정하지 않을 뿐만 아니라, 어떤 독립적 실체가 이 세계에 존재하는 무엇에 인과적 작용을 행사할 수 있는 것을 부정하였다고 할 수 있다.

나아가 율곡의 '리통기국설'과 '기발리승일도설'은 수반 테제 중 ① 속성공변과 조화를 이루는 입장이다. 즉 율곡은 기가 승강비양하면서 다양한 차별상을 만들어 낼 때에 보편적인 리가 드러난다고 주장하고 있는 바, 이는 물리적 토대 속성이 구별할 수 없다면, 수반속성도 구분되지 않는다는 테제와 맥락을 같이한다. 그렇다면 율곡은 수반 테제 ② 의존성, 즉 수반되는 속성을 수반하는 속성에 의존한다는 것 역시 받아들인다고 말할 수 있다. 왜냐하면 리는 오직 기가 능발할 때에 의존하여 타는 것이기 때문이다. 더 나아가 율곡은 리·기는 존재론적으로 묘합妙合으로 하나이지만, 개념상 엄연히 구분된다고 말했다는 점에서 수반 테제 ③ 즉 심적 속성은 물리적 속성으로 환원될 수 없다고 하는 '환원 불가능성'을 또한 미리 예비했다고 볼 수 있다. 그렇다면 율곡의 심성론은 심신수반 테제와 전적으로 동일한 입장으로만 귀결되는 것일까? 우리는 율곡의 입론이 심신수반 테제의 입론을 전혀 손상시키지 않으면서도 '그 이상'의 무엇을 말하고 있다고 생각한다. 그것은 다음과 같은 점이다.

먼저, 심신수반 테제(어떤 존재의 심적 속성은 물리적 속성에 수반된다)는 비록 환원 불가능성을 주장했다고 할지라도 기본적으로 '물리주의', 즉 물리적인 것에 존재론적인 우선권을 주어 문제를 해결하려는 입장이다. 이에 비해 율곡의 입장은 존재하는 것은 기, 즉 현대적으로 말하면 물리적인 것이지만, 각각의 개별적인 존재는 물리적인 기에 의존하여 그 고유의 본성(즉 리)을 드러낸다고 말한다. 이 점에서 보자면 수반 테제는 '기체일원론이자 속성 이원론'이라고 한다면, 율곡의 리통기국의 입장은 현대적으로 말하면 '기체 일원론'(유형유위한 모든 존재는 기일 따름이다)이면서 '본질 다원론'(승강비양하면서 참차부제한 차별적인 기가 다양한 리를 실현한다)이라고 말할 수 있겠다.

둘째, 물리주의자들은 모든 존재를 귀납-가설적인 '인과법칙'에 의해 '관계항'으로 설명하지만, 율곡은 모든 개별 존재자들이 고유의 본성(리)을 지닌다고 말한다. 그 본성은 일차적인 것이고 타자와의 관계성 하에서 정립된 것은 이차적인 것이라고 말할 수 있다면, 율곡의 리는 인관법칙보다 더 근원적이라고 할 수 있다. 그러나 과연 현대적인 의미에서 리가 과연 유의미한 것인가? 우리가 물리주의를 받아들인다면, 만물의 소이연지고所以然之故로서 리는 인과율로 해소되어야할 것으로 보인다. 그러나 주자는 일찍이 이런 말을 한 적이 있다. 즉 "리가 보이지 않은 것이라고 하여 공허空虛한 것이라고 주장하는 사람들이 있다. 물위로 가는 리를 지니고 있는 배를 육지에서 끌 수 없는 것을 보면 리가 공허한 것이 아니라, 실체라는 것을 알게 된다"고. 우리가 주자-율곡의 이러한 리 개념을 받아들인다면 그것이 결코 공허한 것이라고 말할 수 없을 것이다. 나아가 리는 만물의 소이연이라는 점을 근거에 둔다면, 결코 물리주의로 해소될 수 없는 측면을 지닌다. 왜냐하면 세 변의 길이가 같다는 정삼각형의 이념적 리가 없다면, 우리는 결코 현실의 정삼각형을 인식을 할 수 없겠기 때문이다.

셋째, 심신수반 테제는 심적 속성을 인정하지만, 심적 속성의 본질이 무엇인지에 대해서는 침묵하면서, 단지 물리적인 것에 수반되는 어떤 것이라고 말하고 있을 따름이다. 그런데 율곡은 마음의 본성(리)이 있다고 주장하면서, 이 본성을 올바로 실현할 수 있느냐의 여부에 따라 선·악의 개념을 도출하는 일종의 존재론적인 윤리설을 제기하고 있다. 즉 물리주의를 토대로 하는 수반 테제가 선·악을 자연화하거나 혹은 물리적인 것에 수반되는 이차적인 것이라고 주장하고 있는 반면에, 율곡은 선을 마음의 본성이라고 주장하면서, 그것의 횡발橫發과 직출直出 여하에 의해 선·악을 구분하고 있다. 기실 이는 그 기본 전제에서 '존재론적 물리주의'를 택하느냐 아니면 리기론을 택하느냐에 따라 이미 노정된 것으로, 심적 속성을 물리적인 것의 수반 속성으로 보느냐, 아니면 고유본성을 지닌 것으로 보느냐의 차이다.

넷째, 따라서 결정적으로 신체에 대한 마음의 주재성을 인정하는가 하는 점에서도 차이난다. 심적 속성이 물리적인 속성에 의존한다고 하는 수반 테제의 의존성 명제에 따르면, 마음의 주재성을 인정하기 어렵다. 그런데 율곡은 마음을 기의 정상精爽이라고 말하면서, 신체에 대한 마음의 주재를 주장한다. 그런데 이러한 율곡의 마음의 주재성 논제는 그 자체 의미 있는 주장이긴 하지만, 그 정당화 문제에 있어서는 상당한 문제성 또한 지니고 있다. 우리는 마음이 신체를 주재한다는 많은 현실상의 경험적 증거를 갖고 있다고 할지라도 이 주재의 문제에 있어 상당한 애매성이 내포되어 있다. 그것은 권리de jure의 문제인가 아니면, 사실de facto의 문제인가? 권리의 문제라면 '마음이 신체를 주재해야 한다'고 하는 당위적인 언명으로 언급되어야 한다. 사실의 문제라면 우리는 그 역의 경우, 즉 우리의 마음의 신체적 욕망에 이끌려 다니는 허다한 경우를 경험한다는 점에서 정당화되기 어렵다. 나아가 '주재'라는 말은 도대체 어떤 의미를 지니는 것인가? 마음이 신체를 인과적으로 규정한다는 것인가, 아니면 법칙론적으로 주재한다는 말인가, 아니면 의미론적이라는 말인가? 만일 이 문제가 명확히 되지 않으면, 율곡의 몸에 대한 마음의 주재성 논제는 애매한 것이 되고 말 것이다.

8장

데카르트적 철학의 범형과
다산의 유학이념

다산 정약용의 생애[1]

　본명은 약용若鏞, 자는 미용美庸, 호를 사암俟菴이다. 부는 정재원丁載遠으로 음직蔭職으로 벼슬에 나아가 진주 목사를 지냈으며, 모는 숙인淑人 해남 윤씨(海南尹氏)로서 영조 임오년(1762, 영조 38) 6월 16일 열수洌水가의 마현리馬峴里에서 약용을 낳았다.

　약용은 어려서는 머리가 영특하였고, 자라서는 학문을 좋아했다. 22세(1783, 정조 7)에 경의經義에 합격하여 진사가 되었고, 변려문 공부에 전념하여 28세(1789, 정조 13)에 갑과 2등으로 합격했다. 34세인 을묘년(1795, 정조 19) 봄에 사간원 사간司諫院司諫을 거쳐 통정대부通政大夫 승정원동부승지承政院同副承旨로 발탁되고, 우부승지를 거쳐 좌부승지에 이르고 병조 참의가 되었다. 39세인 경신년(1800, 정조 24) 6월에는 임금께 『한서선漢書選』을 하사받았다. 그달에 정조대왕께서 승하하시자 이때부터 화란禍亂이 시작되었다.

　15세(1776, 영조 52)에 풍산 홍씨에게 장가를 들었다. 홍씨는 무과 출신으로 승지承旨를 지낸 홍화보洪和輔의 딸이다. 장가 든 이후 서울에서

1. 다산은 회갑을 맞아 두 종류의 자찬묘지명(소략한 「광중본壙中本」과 상세한 「집중본集中本」)을 기술하였다. 여기서 다산의 생애에 대해서는 「광중본」(박석무 등 번역)을, 학문적 업적에 대해서는 「집중본」의 일부를, 공개되어 있는 「네이버 지식백과」 및 『한국민족문화백과사전』(한국학중앙연구원 간)의 '자찬묘지명'항을 참고하여 편집하여 전재한다. 다산의 상세한 연보로는 다음 책을 참조. 정규영(송재소 역주), 『다산의 한평생: 사암선생연보』, 창비, 2014.

지내면서 성호星湖 이익李瀷 선생의 학문과 행실이 순수하고 독실하다는 것을 듣고, 이가환李家煥 · 이승훈李承薰 등을 따라 성호 선생이 남긴 저술을 얻어 보게 되었는데, 이때부터 경학서적에 마음을 두었다.

성균관에 들어가 공부하면서 이벽李檗과 교유하며 서교西敎에 관한 교리를 듣게 된다. 26세인 정미년(1787, 정조 11) 이후로 서교에 관한 책을 읽으며 4,5년 동안 자못 관심을 기울였다. 그러나 30세가 되던 신해년(1791, 정조 15) 이후로 나라에서 서교를 금지하는 명령이 엄중해지자 마침내 관심을 아주 끊었다.

신유년(1801, 순조 1, 40세) 봄에 대신臺臣 민명혁閔命赫 등이 서교의 일로 발계發啓하여 이가환 · 이승훈 등과 함께 옥에 갇혔다. 얼마 뒤에 두 형님 정약전丁若銓과 정약종丁若鍾도 모두 함께 옥에 갇혔는데, 하나는 죽고 둘은 살았다. 모든 대신들이 무죄로 석방할 것을 건의했으나 오직 서용보徐龍輔만이 안 된다고 고집하여, 약용은 장기현長鬐縣으로, 약전은 신지도薪智島로 유배를 갔다. 가을에 황사영黃嗣永이 체포되자 악인惡人 홍희운洪羲運 · 이기경李基慶 등이 온갖 계책을 써서 약용을 죽이려고 하여, 마침내 조정의 동의를 얻어 약용과 약전이 또다시 체포되었다. 그러나 일을 조사한 결과 황사영 백서와 관련된 사실이 없으므로 옥사가 다시 성립되지 않았다. 죄의 경중을 참작하여 처분하라는 태비太妃의 처분에 힘입어 약용은 강진현康津縣으로, 약전은 흑산도黑山島로 유배를 갔다.

계해년(1803, 순조 3, 42세) 겨울에 태비가 약용을 석방하도록 명하였으나 재상이던 서용보가 저지하였다. 경오년(1810, 순조 10, 49세) 가을에 아들 정학연丁學淵이 억울함을 호소하여 '고향으로 쫓아 보내라'라는 명을 내렸으나, 당시에 다시 조사해야 한다는 사헌부의 계사啓辭가 있어

의금부에서 이를 막았다. 9년 뒤인 무인년(1818, 순조 18, 57세) 가을에야 비로소 고향에 돌아왔다. 기묘년(1819, 순조 19, 58세) 겨울에 조정의 의론으로 백성들의 삶을 위해 다시 약용을 등용하려 했으나, 서용보가 또다시 막고 말았다.

약용은 유배지에 있던 18년 동안 경전 연구에 온 마음을 기울여, 육경 및 사서의 여러 주장을 연구하여 『모시강의毛詩講義』 12권, 『모시강의보毛詩講義補』 3권, 『매씨상서평梅氏尚書平』 9권, 『상서고훈尚書古訓』 6권, 『상서지원록尚書知遠錄』 7권, 『상례사전喪禮四箋』 50권, 『상례외편喪禮外編』 12권, 『사례가식四禮家式』 9권, 『악서고존樂書孤存』 12권, 『주역심전周易心箋』 24권, 『역학서언易學緒言』 12권, 『춘추고징春秋考微』 12권, 『논어고금주論語古今注』 40권, 『맹자요의孟子要義』 9권, 『중용자잠中庸自箴』 3권, 『희정당대학강록熙正堂大學講錄』 1권, 『소학보전小學補箋』 1권, 『심경밀험心經密驗』 1권 등의 경집經集 232권 등을 저술하였다. 정밀하게 연구하고 오묘하게 깨우쳐서 옛 성인의 본래 취지를 알아내어 밝힌 것이 많았다.

약용이 저술을 통해 밝혀낸 핵심은 다음과 같다. 『시詩』는 임금으로 하여금 선을 감발하고 악을 징치하도록 한 풍송諷頌의 노래 모음집으로 원래의 『춘추』보다 더 엄했다고 밝혔다. 『서書』에서는 매색梅賾의 『고문상서古文尚書』 25편이 위작이라는 것을, 『예禮』에서는 정현鄭玄의 주석에 오류가 많은데도 무비판적으로 답습하는 폐단을 지적하였다. 『악樂』에서는 오성五聲과 육률六律의 차이를, 『역易』에서는 추이推移·효변爻變·호체互體의 원리를 주장하였다.

『논어』에서는 인仁이 총체적 덕목이고 효제는 그 실현을 위한 구체적 세목임을, 『맹자』에서는 기氣를 받치는 것이 의義와 도道라는 것을,

그리고 '본연의 성'은 불교적 인식이므로 '천명의 성'을 말하는 유학과는 상용될 수 없음을 말하였다. 『중용』에서는 용의 의미가 평상이 아니라 꾸준한 지속적 파지의 의미임을, 『대학』에서는 대학이 필부와 서민을 위한 책이 아니라 통치 계급의 교범임을 밝혔다.

현실 정치 개혁의 저술로 『경세유표』는 묵은 나라를 새롭게 개혁해 보려는 방책을, 『목민심서』는 지방관의 통치 지침을, 『흠흠신서』는 옥사의 공정함과 합리화를 위해 저술하였다. 육경사서로써 자기 몸을 닦게 하고, 일표이서로써 천하 국가를 다스릴 수 있게 했으니 본말을 갖추었다.

시·문을 엮은 것은 모두 70권인데 조정에 있을 때 지은 작품이 많다. 그리고 나라의 전장典章 및 백성을 다스리는 일과 옥사, 국방, 국토 지리, 의약, 문자 등을 분석하여 편찬한 저술이 거의 200권이다. 이것들은 모두 성인의 경전에 근본을 두면서도 시대의 사정에 알맞게 적용할 수 있도록 힘썼으니, 없어지지만 않는다면 더러는 채택하여 시행할 사람이 있을 것이다.

1. 철학의 이념과 다산의 소사상제지학昭事上帝之學

지혜사랑으로서 철학이란 "완전한 정신을 향한 불완전한 정신의 자기초월적 귀향 편력이다."[1] 여기서 전형적인 철학이란 플라톤의 『국가』에 「선분의 비유」와 「동굴의 비유」,[2] 데카르트의 『제일철학에 관한 성찰』 등에 나타난 철학하는 정신의 자기극복과 자기초월의 과정을 통한 자기완성을 말한다. 이들 저작에서 철학의 범형은 첫째 모상과 영상들을 보고 실재라고 착각하는 억견doxa, 둘째 감각의 단계에서 물리적 대상들을 실재라고 주장하는 과학적 · 우연적 지식, 셋째 지성(판단)의 단계에서 현상계가 구성 · 운용되는 원리에 대해 부분적 · 전문적으로 파악하는 수학 · 논리학 등을 지양하여, 넷째 마침내 일체 존재의 근원이자 조명인 궁극자(태양, 신)를 통찰하고, 다섯째 다시 세상으

---

1. 신오현, 「유가철학의 교학이념」『철학의 철학』, 문학과지성, 1987, 358쪽.
2. Politeia, 509d-541b.

로 귀환하여 이상사회의 건설에 매진하는 것으로 구성되어 있다. 우리는 이러한 고전철학의 이념과 범형은 동양의 "상구보리上求菩薩 하화중생下化衆生"하는 대승불교와 수기치인修己治人을 이념으로 하는 유가 및 도가철학에도 전형적으로 구현 · 현시되고 있다고 간주한다.

여기서 우리의 과제는 다산의 유학적 지혜사랑의 이념을 현시하는 것이다. 다산의 소사상제지학昭事上帝之學(밝게 상제를 섬기는 학문)의 이념 또한 위의 순서로 구성할 때 그 전모가 가장 잘 드러난다고 생각한다.

다산학의 출발점은 당시 성리학적 세계관을 교조적으로 맹신하던 지식인의 허위의식을 철저히 비판하는 데에서 출발한다. 다산은 강렬한 실천지향적 의식에서 성리학의 주요개념 틀인 태극론 · 리기론 · 음양오행설등을 철저하게 해체하고, 고경古經에 근거한 '상제론'을 피력한다. 다산에서 '상제'는 만물의 존재근거이자 인식의 가능근거로서 철학적 통찰의 궁극목표이다. 다산은 인간에게는 상제로 직통直通할 수 있는 근거(도심道心)가 있다고 한다. 바로 여기서 철학하는 정신이 문제된다. 그런데 다산에 따르면, 소사상제지학은 철저하게 인륜의, 인륜에 의한, 인륜을 위해 인륜 가운데에서 구현된다.[3] 여기서 우리는 다산의 소사상제지학의 이념을 이런 순서로 살펴보고자 한다.

다산의 이념을 선명하게 제시하기 위해 근세철학의 개조인 데카르트1595~1650가 그의 명저 『제일철학에 관한 성찰』에서 제시한 방식을

---

3. 『與猶堂全書』 제II집 권12, 5면,(이하 "『전서』II-12, 5"로 표기함) 『논어고금주』. "天下之事 有外於人倫者乎 父子兄弟君臣朋友 以至天下萬民 皆倫類也." 원문은 한국고전종합DB를 이용하였음.

하나의 범형範型으로 삼고자 한다. 데카르트를 호출한 이유는 다음과 같다. 즉 철학이란 우선 당대의 일반인들이 무반성적으로 진리라고 간주하는 것이 아무런 근거가 없다는 것을 자각하고(경이감驚異感), 철저한 전회를 거쳐 '만물을 하나 되게 하는 자(일즉전—卽全)'에 대한 궁진적 인식을 통해 수행되는데, 데카르트는 근대철학의 전형을 보여주고 있다. 그리고 데카르트 사후 약 100년 뒤에 태어난 다산 정약용1762~1836은 비록 데카르트의 저서를 접해보지 못했다고 할지라도, 그의 철학은 데카르트적 방식으로 재구성될 수 있는 충분한 소재를 제공하며, 또 그렇게 재구성했을 때 시대의 아들로서 그의 철학의 진정한 이념이 현시될 수 있다고 여겨진다.

2. 허위의식의 비판과 절대絕對의 인식

데카르트의 방법론적 회의

근세철학의 개조開祖로서 데카르트는 기성관념에 대한 가장 철저한 비판을 통해 절대 존재와 철학하는 정신의 자기계발을 제시한 전형적인 인물이다. 그는 『성찰』에서 다음과 같이 말하고 있다.

유년기에 내가 얼마나 많이 거짓된 것을 참된 것으로 간주했는지, 또 이것 위에 세워진 것이 모두 얼마나 의심스러운 것인지, 그래서 학문에 있어 확고·불변한 것을 세우려 한다면 일생에 한 번은 이 모든 것을 철저하게 전복시켜 최초의 토대로부터 다시 시작해야 한다. ······ 내가 지금까지 아주 참된 것으로 간주해 온 것은 모두 감각에서 혹은 감각을 통해서 받아들인 것이다. 그런데 감각은 종종 우리를 속인다. ······ 우리가 꿈을 꾸고 있다고, ······ 유능하고 교활한 악령이 온 힘을 다해 다를 속

이려고 한다고 가정하겠다.[1]

확실성을 추구한 데카르트는 "학문이란 그 전체성에 있어서 진실하고 명증적인 인식이다"고 규정하고, 인식의 순서상 '명증적인 원리'에서 시작하여 '진리의 원천'인 신神으로 나아가기 위해 '방법론적 회의'를 감행한다. 그는 "정신이 명석·판명하게 그 절대적 확실성을 인식할 수 있는 것 이외에는 아무것도 진리의 영역 속에 수용하지 않기로" 잠정적으로 결정하고, 감각적 인식과 오성적 인식을 '다소 과장된' 몽상과 악신을 가정함으로써 진리의 영역에서 일단 배제한다. 그래서 데카르트는 의심의 여지가 없는 확실한 인식은 감성과 오성에서는 발견되는 않는다는 극단적 회의에 봉착하게 된다. 그런데 이 절망적 회의의 늪에서 그는 사고방식을 전회하여 회의의 초점을 회의하는 자기 자신에 맞춘다. 즉 대상은 언제나 주관에 의해 표상된 관념에 불과하며, 관념과 실재간의 일치 여부는 영원히 확인될 수 없는 문제이기에 절대 확실성은 대상 세계로부터 반전하여 '주체성'에서 찾아야 한다는 것이다.

나는 이미 내가 어떤 감관이나 신체를 가지고 있음을 부정했다. 나는 여기서 잠시 주춤거리게 된다. 이로부터 무엇이 귀결되어야 할까? ……이때 나 자신도 없다고 설득하는 것은 아니었을까? 그렇지는 않다. 내가 만일 나에게 어떤 것을 설득했다면, 나는 확실히 있었을 것이다. 그

---

1. 르네 데카르트(이현복 역), 『제일철학에 관한 성찰』, 문예출판사, 2006, 34-41쪽.

러나 누군지는 모르지만 아주 유능하고 교활한 속이는 자가 집요하게 나를 항상 속이고 있다고 치자. …… 그러나 나는 내가 어떤 것이라고 생각하는 동안에는 그 속이는 자는 결코 내가 아무것도 아닌 것으로 만들 수는 없을 것이다. 이렇게 이 모든 것을 세심히 고찰해 본 결과, '나는 있다, 나는 현존한다'ego sum, ego existo는 명제는 내가 이것을 발언할 때 마다 혹은 마음속에 품을 때마다 필연적으로 참이라는 결론에 도달한다.[2]

이렇게 사유하는 존재의 절대 확실성을 확보한 데카르트는 이제 절대 신실한 완전한 신神의 존재를 '사유하는 자아'로부터 연역한다. 그것은 우선 '악마의 가설'로부터 벗어나기 위한 것으로, 나의 오성을 통제하여 오류를 범하도록 유도하는 악마를 능가하는 최선의 신이 존재하지 않는다면, 우리는 결코 절대 확실한 진리 인식에 도달할 수 없기 때문이다.

그러므로 이런 의심의 근거를 제거하기 위해 나는 가능한 한 빨리 신神이 존재하는지, 또 존재한다면 기만자일 수 있는 지를 고찰해야 한다. 이것이 알려지지 않는 한 나는 결코 그 어떤 것에 대해서도 완전한 확실성을 가질 수 없다.[3]

---

2. 르네 데카르트(이현복 역), 같은 책, 43-4쪽.
3. 르네 데카르트(이현복 역), 같은 책, 59쪽.

기실 의심한다는 것은 인간사유가 불완전하다는 것을 증시한다는 점에서, 회의하는 존재의 자기 확실성은 동시에 자기 존재의 불확실성을 확인하는 것이다. 사고가 명증성에 이른다는 것은 직관과 연역을 통해 회의가 중단된다는 것을 의미한다. 이성의 빛에 비추어 명석·판명한 인식에 도달하는 것은 우리 이성이 완전한 이성과 합의함이다. 따라서 회의하는 인간 이성은 스스로 회의하는 이성의 회의를 해소시키는 절대 완전한 이성의 존재를 전제한다. 완전한 이성을 신이라고 부를 때, 회의하는 자의 확실성은 오직 신의 존재를 전제할 때에만 성취된다.[4]

그러므로 이제 남아 있는 것은 신의 관념뿐이며, 이 관념은 나 자신에게서 나올 수 있는 지를 고찰해 보자. 신이라는 이름으로 내가 이해하고 있는 바는, 무한하고 비의존적이며 전지전능하며, 나 자신을 창조했고, 또 다른 것이 존재한다면 그 모든 것을 창조한 실체이다. 실로 이런 것은 내가 곰곰이 생각하면 할수록 나 자신에게서 나온다고 할 수는 없다. 그러므로 신은 필연적으로 현존한다고 결론짓지 않으면 안 된다. …… 신에 대한 지각은 나 자신에 대한 지각보다 어떤 의미에서 더 앞선다는 것은 아주 분명하다. 나보다 더 완전한 존재자의 관념이, 다시 말해 나 자신을 이것과 비교하면서 내 결함을 알게 되는 관념이 내 안에 있지 않다면 내가 의심하고 어떤 것을 바라고 있다는 것, 즉 나는 어떤 것을

4. 신오현, 「절대와 지신 : 데카르트에 있어서 신의 문제」 『절대와 철학』, 문학과지성, 1993, 329-30쪽.

결여하고 있고 아주 완전한 것이 아님을 내가 어떻게 알 수 있겠는가? …… 내가 정신의 눈을 나 자신으로 향하면, 나는 불완전한 것이고, 다른 것에 의존하는 것이며, 끊임없이 더 크고 더 좋은 것을 바라는 것임을 이해할 뿐만 아니라, 동시에 또한 내가 의존하고 있는 것은 이 더욱 큰 것을 무한정적으로 갖고 있으며, 이것이 신임을 이해하게 된다. …… 이로부터 분명한 것은 신은 기만자일 수 없다는 것이다. 모든 사기와 기만은 어떤 결함에 의거한다는 것은 자연의 빛에 의해 명백하다.[5]

데카르트는 명석판명한 아르키메데스적 기점으로 "나는 사유하면서 존재한다" 혹은 "생각하는 한, 나는 존재한다"는 절대 확실한 원리를 확립했다. 그런데 이 절대 확실한 원리는 이미 완전자인 신의 존재를 그 속에 내포한다. 나는 오직 사고하는 한에서만 존재하며, 나의 사고는 그 자체만으로 결코 확실한 인식에 도달할 수 없다는 것은 이미 완전한 사고의 존재를 전제하고 있다. 따라서 "나는 사유하면서 존재한다"는 원리가 확정되었을 때, 이미 신의 존재도 증명되었다. '불완전한 정신으로서 나'에 대한 자각은 이미 '완전한 정신으로서의 신'을 함축한다. 이것이 바로 데카르트가 말하고자 한 것이었다. 그리고 이러한 불완전한 정신은 완전한 정신에 도달하기 위해 끊임없이 노력해야 한다. 이것이 바로 인간의 운명으로, 바로 여기에서 철학이 성립된다.

---

5. 르네 데카르트(이현복 역), 같은 책, 69-78쪽.

다산의 오학五學 비판

데카르트는 기존의 진리라고 간주되어 왔던 것에 대한 독자적인 철저한 비판을 통해 절대 확실한 기점을 발견하고, 그 기점을 통해 연역적으로 진리의 원천으로 비상해갔다면, 다산은 경전에 대한 철저한 비판을 새로운 학문이념을 제창하였다. 그래서 그는 육경사서六經四書에 대해 무려 232권에 이르는 방대한 양의 경학과 관련 저술을 남겼다.

다산이 이렇게 경학에 치중한 이유는 당시 학문의 성격에 기인한다. 당시의 국가이념으로서 유교는 도통道統의 학문으로 간주되었기에 경학經學을 통해 새로운 학문을 제창할 수밖에 없었다. 그래서 그는 새로운 학문의 기저를 유학 내에서, 즉 요·순─주공─공자의 도라고 하는 본원유학을 재해석하는 것에서 찾았다. 당시 심화된 사회적 모순을 직시하면서 다산은 비록 데카르트가 행했던 것처럼 자연을 교과서로 삼아 그 이전과 전적으로 구별되는 이질적인 새로운 학문을 제시하지는 않았지만, 그의 경학은 새로운 시대를 열기 위한 야심적인 시도 그 자체였다.

다산은 「오학론五學論」에서 이전 및 당대의 학문의 결함을 비판·보완·지양하고, 마침내 새로운 방식의 학문과 진리가 부활해야 함을 제창한다. 그는 ① 성리학性理學, ② 훈고학訓詁學, ③ 문장학文章學, ④ 과거학科擧學, ⑤ 술수학術數學의 장·단점을 비평하면서, 결론에 이르러서는 "끝내는 이들과 같이 손잡고 요·순─주공─공자의 문하에 들어갈 수 없다."[6]고 선언하고, 이러한 학문전통과 단절을 선언한다. 여기서 우리는 문장학·과거학·술수학 등은 다산의 학문의 특성을 논하는데 상대적으로 큰 비중을 차지하지 않기 때문에, 훈고학과 성리학에 대한 다산의 비평만을 살펴보기로 하자.

다산은 "훈고학은 경전의 자의를 밝혀 도학道學과 명교名教의 지취旨趣를 알게 하는 것이다"고 규정하면서, "그러나 그 전수된 훈고가 모두 본래의 뜻이라고 기필할 수 없다. 또 본래의 뜻을 터득한 것이라 해도 글자의 뜻만 밝히고 구·절만 바로잡는 데 지나지 않았다. 따라서 이것만 가지고는 선왕先王·선성先聖의 도학과 명교의 근원에 대해 그 깊은 뜻을 엿보거나 규명할 수 없다."고 비평한다. 그런데 여기서 우리가 주목할 것은 다음 구절이다.

주자朱子가 우려한 것이 바로 이 점이었다. 그래서 한漢·위魏 때의 훈고 이외에도 별도로 정의正義를 찾아서 집전集傳·본의本義·집주集注·장구章句 등을 만들어 사도斯道(유교儒教)를 중흥시켰으니, 그 위대하고 성대한 공열은 한나라의 학자에 견줄 바가 아니었다. 지금의 학자는, 한나라 학자들의 주해注解를 고증하여 훈고를 찾고, 주자의 집전集傳으로 의리義理를 찾아야 한다. …… 지금에 이른바 훈고학은 한·송나라의 것을 절충한다는 명분은 내세우고 있지만, 실상은 한나라의 것만을 존숭하고 있을 뿐이다. 또 궁실宮室과 충어蟲魚에 대한 훈고를 달아

---

6. 『전서』I-11, 19~24, 「오학론」 "終不可以携手同歸於堯舜周孔之門者 今之性理之學也… 斯所謂訓詁學也. … 文章之學也 … 科擧之學也 … 術數之學 非學也 惑也."

글자의 뜻은 통하게 하였지만, 글귀의 뜻은 끊어지게 했을 따름이다. 따라서 성명性命의 이치와 효제의 가르침과 예악·형정의 법문法文에 대해서는 진실로 깜깜하기만 하다. 송나라 때의 주해가 반드시 다 옳다고는 할 수 없지만, 기필코 심신心身으로 이를 체득하여 시행하려고 했던 자세는 옳다. 지금은 장구章句만을 해석하여 이동異同에 대한 연혁沿革만 고찰할 뿐 시비를 변별하고 정正·부정不正을 구별하여 몸소 행하는 방법을 찾으려 하지 않으니, 이것은 또 무슨 법이란 말인가?[7]

여기서 다산은 성리학과 주자에 대한 일견 우호적인 비평을 가하고 있다. 그럼 이제 다산의 성리학에 대한 비평을 본격적으로 살펴보자. 그는 우선 "성리학은 도를 알고 자신을 알아서 올바른 도리를 실천하는데 그 의의가 있다"고 규정하고, 성리학의 연원과 근본입장에 대해 긍정적 비평을 하지만, 당시 성리학자들에 대해 통렬하게 비판한다.

지금 성리학을 하는 사람들은 리理니 기氣니 性이니 정情이니 體니 用이니 하는가 하면, 본연本然이니 기질氣質이니, 리발理發이니 기발氣發이니, 이발已發이니 미발未發이니, 단지單指니 겸지兼指니, 리동기이理同

---

7. 『전서』 I-11, 20, 「오학론2」. "詁訓之學 所以發明經傳之字義 以達乎道敎之旨者也. …然其詁訓之所傳受者 未必皆本旨 雖其得本旨者 不過字義明而句絶正而已 于先王 先聖道敎之源 未嘗窺其奧而溯之也 朱子爲是之憂之 於是就漢魏詁訓之外 別求正義 以爲集傳本義集注章句之等 以中興斯道 其豐功盛烈 又非漢儒之比 今之學者 考漢 注以求其詁訓 執朱傳以求其義理 … 今之所謂詁訓之學 名之曰折衷漢宋 而其實宗 漢而已 詁宮室訓蟲魚 以之通其字絶其句而已 于性命之理 孝弟之敎 禮樂刑政之文 固昧昧也 宋未必盡是 而其必欲體行於心與身則是矣 今也唯詁訓章句其異同沿革 是 考是察 曾不欲辨是非別邪正 以求其體行之術 斯 又何法也."

氣異니 기동리이氣同理異니, 심선무악心善無惡이니 심유선악心有善惡이니
하면서, 줄기와 가지와 잎 새가 수천·수만 가지로 갈라졌다. 이렇게
터럭 끝까지 세밀히 분석하면서 서로 자기의 주장이 옳다고 기세를 올
리며 남의 주장을 배척하는가 하면, 묵묵히 마음을 가다듬어 연구에 몰
두하기도 한다. 그런 끝에 대단한 것을 깨달은 것처럼 목에 핏대를 세
우며, 스스로 천하의 고묘高妙한 이치를 다 터득했다고 떠든다. 그러나
한쪽에는 맞지만 다른 한쪽에는 틀리고, 아래는 맞지만 위가 틀리기 일
쑤다. 그렇건만 저마다 하나의 주장을 내세우고 보루를 구축하여, 한
세대가 끝나도록 시비를 판결할 수가 없음은 물론이고 대대로 전해가
면서도 서로의 원망을 풀 수가 없게 된다. 그리하여 자기의 주장에 찬
동하는 사람은 존대하고 반대하는 사람은 천시하며, 의견을 같이하는
사람은 떠받들고 달리하는 사람은 공격하였다. 이러면서 스스로 자신
의 주장이 지극히 올바른 것이라 여기고 있으니, 어찌 엉성한 짓이 아
니겠는가?[8]

이렇게 다산은 기존의 오학(성리학, 훈고학, 문장학, 과거학, 술수
학)을 비판하고, 요·순 - 주공 - 공자의 도라는 본원유학이 표방한
'소사상제지학昭事上帝之學'을 회복하는 것을 목표로 삼는다. 소사상제

---

8. 『전서』 I-11, 19, 「오학론1」. "性理之學 所以知道 認己以自勉 其所以踐形之義也.
　… 今之爲性理之學者 曰理曰氣曰性曰情曰體曰用 曰本然氣質 理發氣發 已發未發
　單指兼指 理同氣異 氣同理異 心善無惡 心善有惡 三幹五椏 千條萬葉 毫分縷析 交
　嘖互嚷 冥心默硏 盛氣赤頸 自以爲極天下之高妙 而東振西觸 捉尾脫頭 門立一幟家
　築一壘 畢世而不能決其訟 傳世而不能解其怨 入者主之 出者奴之 同者戴之 殊者伐
　之 竊自以爲所據者極正 豈不疎哉."

지학은 '신독으로 하늘을 섬기고(신독이사천愼獨以事天), 서恕에 힘써 인仁을 구함(강서이구인強恕以求仁)이 항구적으로 오래하여 쉬지 않고 (항구이불식恒久而不息) 자연스럽게 사천事天과 인仁을 행하는 성인聖人을 표방한다.[9]

소사상제지학昭事上帝之學의 회복

다산이 말한 철학적 인식이란 우선 상제(천天)를 올바르게 통찰하고, 신독愼獨으로 상제를 섬기고, 서恕에 힘써 인仁을 구하기를 끊임없이 추구하여 성인에 이르는 데에서 완성된다. 다산은 당시 상제에 대한 그릇된 인식(태극, 리, 음양, 오행)을 차례로 비판하고, 자신이 재생한 상제관을 피력한다. 먼저 그는 당시에 태극을 궁극자로 인식하는 것을 비판한다.

태극은 천지가 아직 분화되기 이전의 혼돈 상태이며, 음양의 배태이고, 만물의 태초이다. 그 이름은 도가道家에서 겨우 나타날 뿐 주공과 공자의 글에서는 말하지 않았다. 감히 천지보다 앞서 이 태극이 없다고 말할 수는 없다. 다만 이른바 태극은 유형의 시초인데, 그것을 무형의 리라고 말하는 것은 이해할 수 없다. 염계 선생이 일찍이 이것을

---

9. 『전서』II-2. 40, 『심경밀험』, "今人欲聖而不能者 厥有三端 一認天爲理 一認爲生物之理 一認庸爲平常 若愼獨以事天 強恕以求仁 又能恒久而不息 斯聖人矣.

그림으로 그렸는데, 무른 형체가 없는 것은 그릴 수가 없다. 리를 그릴 수 있겠는가?[10]

다산은 '태극'이란 첫째, 만물의 시원으로 천지가 분화되기 이전의 혼돈상태로서 '유형의 시초'이기 때문에 무형의 리라고 말할 수 없고, 둘째로 전통 유학에서 유래한 것이 아니라 도가에서 유래한 것이기 때문에 유가의 궁극 근원이 될 수 없다고 주장한다. 그렇다면 '유형의 시초'와 연관하여 다산은 음양오행을 어떻게 규정하고 있는지 살펴보자.

'음양'의 이름은 햇빛의 비침과 가림에서 비롯된 것이다. 해가 숨으면 '음陰'이라 하고 해가 비치면 '양陽'이라 하니, 본래 형체 · 형질이 없고 단지 명암明暗만 있을 뿐이니, 원래 만물의 부모로 여길 수 없다. …… 선철先哲은 여기서 가볍고 맑은 것은 양이라 하고, 무겁고 탁한 것은 음으로 여겼으니 이는 가차한 이름이지 본실은 아니다.[11]

'오행五行'이란 만물 중의 다섯 사물에 불과한 같은 구체적 사물이니, 이것으로 만물을 생성한다는 것은 또한 어려운 일이 아니겠는가? 『예

---

10. 『전시』 II-47, 1, 「역선서언」3, "太極者 天地未分之先 渾敦有形之始 陰陽之胚胎 萬物之太初也 其名僅見於道家 而周公孔子之書 偶未之言 非敢曰天地之先 無此太極 但所謂太極者 是有形之始 其謂之無形之理者 所未敢省悟也 濂溪周先生嘗繪之 爲圖 夫無形則無所爲圖也 理可繪之乎."

11. 『전서』 II-4, 1b-2. 「중용강의보」, "今案陰陽之名 起於日光之照掩 日所隱曰陰 日所映曰陽 本無體質 只有明闇原不可以爲萬物之父母 先哲於此 又以輕淸者爲陽 重濁者爲陰 原是借名 非其本實."

기』「예운」에서 '사람은 오행의 빼어난 기운이다'라고 했으니, 선유先儒들
이 중시했던 것은 모두 이 한마디의 말이었다. 지금 혈기를 지닌 동물들
을 해부해 보아도 금속 혹은 나무와 같은 사물들은 보이지 않으니, 장차
어디에서 이런 이치를 증험할 수 있겠는가?[12]

주자는 유가의 종지인『중용』「수장」의 "천명지위성天命之謂性"을 "성
性은 곧 리理다. 천天이 음양오행으로 만물을 화생化生할 때에 기氣가
형상을 이루고, 리理 또한 부여되니 명령命令과 같다. 이렇게 사람과
만물이 생겨남에 각각 부여받은 리理로 건순오상의 덕으로 삼으니 이
른바 성性이다."[13]고 해석하였다. 즉 음양오행의 기가 만물을 화생하
는 질료라는 것이다. 그런데 다산은 본체와 형질이 없이 단순히 햇빛
의 비치고 가려진 상태를 가리키는 '음양'과 만물과 같은 부류(나무,
불, 흙, 쇠, 물)일 뿐인 '오행'이 어떻게 만물의 궁극원인이 될 수 있는
가? 하고 반문한다. 그렇다면 다산은 주자학의 전가보도인 리를 어떻
게 보고 있는지 살펴보자.

이정二程은 "우리의 학문은 비록 전수 받은 바가 있으나, '천리天理'
라는 두 글자는 우리들이 체득한 것이다"[14]고 말했을 정도로 리는 정
주학程朱學의 이론적 중추이다. 다산은 우선 '리理'의 자의字義를 해석

12.『전서』II-4, 3.「중용강의보」. "況五行不過萬物中五物 則同是物也 而以五生萬 不
　亦難乎. 禮運曰人者 五行之秀氣 先儒所宗 皆此一言 今夫血氣之倫 剖而視之 不見
　金木等物 將於何驗得此理."
13.『中庸章句』1장에 대한 주자주. "性卽理也 天以陰陽五行化生萬物 氣以成形而理亦
　賦言 猶命令 於是人物之生 因各得所賦之理 以爲健順五常之德 所謂性也."
14.『二程全書』「外書」11. "吾學雖有所受 天理二字 却是自家體貼出來"

324

하여, "리는 본래 옥과 돌의 결을 가리킨다. …… 고요히 그 뜻을 고찰하면 모두 결이나 다스림, 법이라는 뜻을 빌려다 사용한 의미이다"[15]고 말하여 리의 실체성을 부정한다. 즉 그는 "기는 스스로 존재하는 것이며 리는 의착하는 것이다. 의착하는 것은 스스로 존재하는 것에 의지해야만 한다. 그러므로 기가 발하면 곧 리가 있게 된다."[16]고 말하여, 리의 선재 독립성 및 주재성 또한 부정한다.

천하에 영성이 없는 물건은 주재가 될 수 없다. 그러므로 한 집안의 가장이 어둡고 어리석어 지혜롭지 못하면 집안의 모든 일이 다스려지지 않는다. 한 고을의 우두머리가 어둡고 어리석어 지혜롭지 못하면 한 고을의 모든 일이 다스려지지 않게 된다. 하물며 텅 비고 허탕한 태허의 일리—理가 천지만물의 주재가 된다면 천지간의 일이 다스려지겠는가?[17]

대저 리는 어떤 것인가? 리는 애증도 없고 희로도 없고, 텅 비고 막막하여 이름도 없고 형체도 없는데, '우리들이 리에서 품부된 성을 받았다'

---

15. 『전서』II-1386, 36, 「맹자요의」. "理者本是玉石之脈理… 靜究字義 皆脈理治理法理之假借爲文者."

16. 『전서』II-1, 65, 「중용강의보」. "蓋氣是自有之物 理是依附之品 而依附者必依於自有者 故纔有氣發 便有是理."

17. 『전서』II-6, 38, 「맹자요의」2. "凡天下無靈之物 不能爲主宰 故一家之長 昏愚不慧 則家中萬事不理 一縣之長 昏愚不慧 則縣中萬事不理 況以空蕩蕩之太虛一理 爲天地萬物主宰根本 天地間事 其有濟乎."

고 한다면, 그것은 도가 되기 어렵다.[18]

다산은 이렇게 성리학적 리가 만물의 근원인 궁극 존재가 될 수 없다고 주장하지만, "한번 음하고 한번 양하는 것의 상위에는 분명히 '재제宰制하는 천天'이 있다. 지금 한번 음하고 한번 양하는 것으로 도체道體의 근본을 삼는 것은 잘못되었다"[19]고 말하여 리가 아니라, 본래의 천天을 일음일양—陰—陽의 재제宰制로 삼고 있다. 다산은 "천의 주재가 상제가 되니 그것을 천이라고 하는 것은 국군國君을 국國이라고 하는 것과 같으니, 감히 함부로 지칭하지 못한 것이다. 저 푸르고 형체가 있는 하늘은 우리에게 마치 집이나 천막과 같은 것으로 등급이 토지·물·불과 같으니, 어찌 인간의 본성과 도의 근본이 될 수 있겠는가?"[20]라고 말하여, 궁극 존재를 천보다 상제라고 지칭하는 것을 선호한다. 즉 다산은 "선유가 말한 천에는 본래 두 종류가 있다. 그 하나는 땅의 위에 있는 것을 천이라고 하는 것이며, 다른 하나는 푸르고 거대한 환圜을 천이라 한다. 푸른 하늘에 대해 논한다면, 그 바탕은 비록 청명하여 음양의 두 기운을 갖추고 있다. …… 위와 아래의 하늘, 물·불·흙·돌, 그리고 해·달·별자리는 만물의 서열에 속한

---

18. 『전서』 II-6, 37, 「맹자요의」 2. "夫理者何物 理無愛憎 理無喜怒 空空漠漠 無名無體 而謂吾人稟於此而受性 亦難乎其爲道矣."

19. 『전서』 II-46, 「역학서언」 2, 「한강백현담고」, "一陰一陽之上 明有宰制之天 而今遂以一陰一陽 爲道體之本可乎."

20. 『전서』 II-6, 38, 「맹자요의」, "鏞案天之主宰爲上帝 其謂之天者 猶國君之稱國 不敢斥言之意也 彼蒼蒼有形之天 在吾人不過爲屋宇帡幪 其品級不過與土地水火 平爲一等 豈吾人性道之本乎."

다"[21]고 말하고 있다. 요컨대, 다산은 당시 천 개념이 일반적으로 만물 중의 하나인 자연천으로 인식되어 만물의 궁극 근원으로 정립될 수 없기 때문에 상제라는 말을 사용하여 우주의 궁극자는 모든 사물적인 표상을 초월한 영명靈明한 것이며, 나아가 우주 만물의 주재자主宰者라는 것을 명확히 하려 했다. 그래서 그는 '천' 개념을 다음과 같이 구별하여 사용한다.

천·지는 함께 말하면서 천명天命은 홀로 말하였습니다. 신臣은 '고명배천高明配天(높고 밝아 하늘을 짝한다)'이라 했을 때의 천은 푸르고 푸른 형상이 있는 천이며, '유천오목維天於穆(유천지명維天之命 오목불이於穆不已: 하늘의 명이, 아 그윽하여 그치지 않는다)'이라 했을 때의 천은 영명하여 주재하는 천을 말한다고 생각합니다.[22]

다산은 "상제의 본체는 형체나 형질도 없어 귀신과 그 덕이 같다. 그것이 감통하여 이르고, 하나하나 비추어 주는 것으로 말하기 때문에 귀신이라고 한다."[23] 혹은 "보이지 않는 것은 무엇인가? 천의 체이다. 들리지 않는 것은 무엇인가? 천의 소리이다. …… 보이지도 들리

---

21. 『전서』 II-4, 2, 「중용강의」1, "況先儒言天原有二種 其一以自地以上謂之天 其一以蒼蒼大圜謂之天 若論蒼蒼之天 其質雖皆淸明 亦具陰陽二氣 …上天下天 水火土石 日月星辰 猶在萬物之列."

22. 『전서』 I-8, 3, 「중용책」, "言天地而獨言天命者 臣以爲高明配天之天 是蒼蒼有形之天 維天於穆之天 是靈明主宰之天."

23. 『전서』 II-3, 1 「중용자잠」, "上帝之體 無形無質 與鬼神同德 故曰鬼神也 以其感格臨照而言之 故謂之鬼神."

지도 않는 것은 천이 아니라면 무엇인가?"[24]라고 말하여, 궁극 존재인 상제는 모든 물적 표상을 초월한 영명한 주재자라고 말한다. 바로 이런 이유에서 그는 성리학적인 태극, 리기, 음양오행 등이 만물의 근원이 될 수 없다고 말하였다. 나아가 이러한 만물의 근원은 모든 상대성을 단절한 그야말로 문자 그대로 '절대絶對'이며 완전하며 보편적이다. 그러므로 "황천의 상제는 절대적으로 하나이지 둘일 수 없으며, 지극히 존귀하여 짝이 없으며"[25] "지극히 공평하며 사사로움이 없다."[26] 그렇다면 이러한 궁극 존재는 어떠한 역할을 하는 것인가? 다산은 상제의 역할을 다음과 같이 정의한다.

　　상제란 누구인가? 상제란 천지 · 귀신 · 인간의 밖에서, 천지 · 귀신 · 인간 · 만물 따위를 조화造化시키면서 재제宰制 · 안육安育하는 자이다.[27]

다산의 이 말은, 공자의 "천天이 무슨 말을 하던가? 사시四時를 운행하고 온갖 만물을 생장시키면서, 하늘이 무슨 말을 하던가?"[28]라고 한 말의 부연설명으로, 그의 상제관上帝觀을 대표한다. 나아가 "위대한 상제는 형질形質이 없으면서 나날이 여기서 감시하며 천지를 통어한다.

---

24. 『전서』 II-3, 4, 「중용자잠」, "蔵曰所不睹者何也 天之體也 所不聞者何也 天之聲也 何以知其然也 …不睹不聞者 非天而何."

25. 『전서』 II-27, 26b, 「상서고훈」 6. "皇天上帝 至一而無二 至尊而無匹."

26. 『전서』 II-15, 15, 「논어고금주」 15. "天至公無私."

27. 『전서』 II-36, 24. 「춘추고징」 4. "上帝者何 是於天地神人之外 造化天地神人萬物之類 而宰制安養之者也"

28. 『論語』 17:19. "子曰 天何言哉 四時行焉 百物生焉 天何言哉."

만물의 조상이고 뭇 귀신들의 조종이며 위험과 빛나는 지혜로 위에 임해 계신다"[29]고 말하여 영명한 상제의 임재성臨在性 · 항상성恒常性 · 최고성最高性을 표현한다. 이렇게 다산은 만물이 한번 음하고 한번 양하는 가운데 규칙성과 법칙성이 있음을 보고, 그 상위에 재제宰制하는 궁극 존재가 있다고 단정하고, 그 궁극 존재를 성리학적 태극, 리기, 음양, 오행 등과 같은 개념으로는 지칭하는 것은 부족하기 때문에, 고경古經의 상제 개념을 부활시켜 궁극 존재를 재정립하려고 했다.

다산의 상제관에 대한 비판

다산의 이러한 문제제기는 옳았으며, 그 시도는 성공적이었는가? 우리는 다산의 성리학의 주요 개념에 대한 비판은 일방적이며, 외현적 타당성만을 지닌다고 판단한다. 먼저 '태극' 개념과 연관하여 다산은 이 개념이 도가에서 유래하기 때문에 유가의 근원이 될 수 없다고 말하고 있지만, 주지하듯이 이 개념은 『노자』가 아니라(노자에는 무극無極이란 용어가 등장한다: 복귀어무극復歸於無極, 28장), 『주역』 「계사전」에 등장한다.[30] 물론 다산이 지적한 대로 물리적인 자연천과 실체성을 결여한 음양, 그리고 만물의 한 종류로서 형질을 지닌 오행 등은 영

---

29. 『전서』 II-33, 15, 「춘추고징」1, "惟其皇皇上帝 無形無質 日監在玆 統御天地 爲萬物之祖 爲百神之宗 赫赫明明 臨之在上 故聖人於此 小心昭事 此郊祭之所由起也 於是明神受命 或司日月星辰風雲雷雨."

30. 『易經』繫辭傳, "易有太極 是生兩儀 兩儀生四象 四象生八卦 八卦定吉凶 吉凶生大業."

명靈明하지 못하기 때문에 궁극 존재가 될 수 없다. 그러나 문제는 진정 성리학자들이 천·음양·오행 등을 과연 다산이 해석하듯이 형질形質을 지닌 자연적 존재자로 이해하였는가 하는 점은 문제로 남는다.

성리학자들은 음양오행을 하나의 상징으로 기氣의 세계를 이해하기 위한 범주로 이해했지, 결코 만물 중의 한 종류로 제시하지 않았을 뿐만 아니라 이 음양오행이 만물의 궁극 근원이라고 말하지도 않았다. 이러한 개념해석의 문제는 차치하면 결국 성리학과 다산의 체계는 다음과 같은 하나의 질문으로 귀결된다. 즉 일음일양一陰一陽을 재제宰制하는 것이 리理(태극太極)인가, 아니면 상제上帝(천天)인가? 성리학자들은 리(태극)와 상제(천)를 동일자의 다른 이름異名으로 보았고, 다산은 리(태극) 개념으로서는 궁극 존재를 지칭할 수 없기 때문에, 고경古經의 상제 개념을 재생시켜야 한다고 주장한다. 즉 다산의 관점에서 리理란 옥과 돌의 결(맥락脈絡)에서 유래한 의부지품依附之品에 불과하고, 주재성과 영명성을 결여하고 있기 때문에 궁극자가 될 수 없으며, 따라서 고경古經의 상제 개념을 다시 부활시켜야만 온전히 궁극존재를 지칭할 수 있다는 것이다. 그렇다면 과연 성리학의 리理가 한갓 의부지품依附之品에 불과한 것인가? 이에 대한 많은 논의가 있어야 하겠지만 성리학의 '리理=태극太極' 또한 영명성, 주재성, 유일성(절대성), 초월성, 항상성, 임재성, 보편성 등을 지닌다고 생각한다.

정자程子는 "상천上天의 일은 소리도 냄새도 없는 바, 그 체를 역易이라 하고, 그 리理는 도道라고 하며, 작용을 신神이라 하며, 사람에게 명

命해져 있다는 점에서 성性이라고 한다."³¹ 혹은 "대저 천天을 전적으로 말하면 도道다. …… 나누어서 말한다면, 형체로서는 천天이라고 하며, 주재主宰한다는 점에서는 제帝라고 한다."³²고 규정했다. 주자는 이를 다음과 같이 좀 더 분명히 한다.

> 대저 천天이란 리理의 자연으로서 사람이 말미암아 생겨나는 바이고, 성性이란 리理의 온전한 본체(전체全體)로서 사람이 얻어서 생겨나는 바이다. 심心이란 사람 몸을 주재하면서 이 리理를 갖추고 있다.³³

주자에 따르면, 형이하자에 적용되는 소리나 냄새 등과 같은 범주를 넘어서는 천은 다양한 명칭으로 지칭할 수 있는데, 명·도·리·성 등이다. 이런 명칭들은 모두 동일자의 다른 이름이다. 즉 "천이란 그 자연의 생생불이生生不已한 측면에서, 명이란 유행하여 물物에 품부되었다는 측면에서, 성이란 그 온전한 본체로서 만물이 태어나는 근거라는 측면에서, 리란 모든 사물과 사태가 각각 법칙을 지니고 있다는 측면에서 말했으니, 종합하여 말하면 천天은 곧 리理며, 명命은 곧 성性이며, 성性은 곧 리理이다."³⁴

---

31. 『二程全書』「遺書」1. "蓋上天之載 無聲無臭 其體則謂之易 其理則謂之道 其用則謂之身 其命於人.
32. 『周易傳義』1:1. 朱子小註. "大天 專言則道也 … 分而言之 則以形體謂之天 以主宰謂之帝."
33. 『朱子大全』67:15. "蓋天者 理之自然 而人之所由以生者也 性者 理之全體 而人之所得以生者也 心則人之所以主於身 而具是理者也."
34. 『朱子語類』5:9. "天則就其自然者言之 命則就其流行而賦於物者言之 性則就其全

이와 연관하여 신오현 교수는 유가에서 천인天人관계는 명命·성性의 관계로 규정된다고 전제하고 나서, 장재와 정명도, 정이천, 주자, 양명의 천天에 대한 결정적인 구절을 인용한 한 후 다음과 같이 지적하고 있다.

"적어도 신유가新儒家의 경우에는 천天이 인격적 신인가 아니면 자연조화의 '로고스'인가 하는 문제를 제기하지 않아도 될 것 같다. 인간 정신이 신체의 작용 혹은 적어도 신체를 매개로 한 작용이면서 동시에 신체의 주재자일 수 있듯이, 천天도 우주 내 삼라만상의 로고스이면서 일종의 우주적 영혼, 즉 천제天帝로 이해될 수 있기 때문이다."[35]

이 해석이 옳다면 궁극 존재와 연관한 다산의 성리학 비판은 일반인들의 통상적인 천, 음양, 오행, 리기에 관한 것일 뿐, 성리학의 체계 자체에 대한 정확한 비판이라고 할 수 없을 것이다.

體而萬物之所以爲生者言之 理則就其事事物物各有則者言之 合而言之則 天則理也 命則性也 性卽理也."

35. 신오현, 「유가적 인간 이해 : 초인 이념으로서 君子의 개념」, 『자아의 철학』, 문학과지성, 1987, 233-238쪽.

3. 절대 존재와 인간

　'지혜사랑'이란 그 자체 완전자인 신神에게는 무의미하고, 의식을 결여한 존재자에게는 불가능한 것으로 오직 인간만의 고유한 삶의 방식으로, '완전한 정신을 향한 불완전한 정신의 자기초월적 귀향편력이다'고 할 수 있다. 앞에서 데카르트와 다산은 이전 및 당대의 기성관념이 근거가 없음을 자각하고, 태도전환을 통해 궁극 존재 및 진리에 대한 통찰을 시도함을 살펴보았다. 이제 이들은 궁극 존재(진리)와 인간의 관계를 어떻게 설정하고 있는지를 살펴보도록 하자.

데카르트의 진리관

　먼저, 데카르트는『제일철학에 관한 성찰』에서 첫 번째로 기존의 진리로 인정되어온 것들이 그 근거를 결여하고 있음을 자각하고(성찰1),

두 번째로 방법론적 회의를 통해 먼저 사유하는 자아의 절대 확실성을 논증하고(성찰2), 세 번째 유한한 존재의 자기 자각을 통해 완전한 선한 신을 논증하고(성찰3), 네 번째 진위眞僞의 정체와 유래를 설명하여 유한한 정신이 완전한 정신으로 비약할 토대를 마련하고(성찰4), 다섯 번째 절대 존재(진리)의 본성과 존재를 증명하고(성찰5), 여섯 번째 절대 존재의 신실함에 근거하여 "자연이 우리에게 가르쳐 주는 모든 것에는 어떤 진리가 들어 있음에 틀림없다"고 말하면서, 과장된 가설(몽상 및 악신의 존재)을 풀고 일상으로 복귀하고 있다. 여기서 관심은 「성찰4」의 완전한 신神과 인간의 관계, 그리고 신이 창조한 이 세계에 어떻게 오류나 허위가 존재하는가 하는 점이다. 우리는 오류나 허위가 무엇이며 어디에서 유래하였는지를 알았을 때, 비로소 완전한 정신으로 비약할 토대를 갖게 된다.

데카르트에 따르면, "오류 그 자체는 신에 의존하는 어떤 실재성이 아니라 단지 하나의 결여일 뿐이며, 따라서 내가 신으로부터 오류를 범하는 능력을 받았기 때문이 아니라, 참과 거짓을 구별하기 위해 신이 나에게 부여한 능력이 무한하지 않기 때문에 잘못을 범하는 것이다. …… 즉 오류는 어떤 순수한 부정이 아니라 결여로서 내 속에 원래 있어야할 인식의 결핍이다." 그렇다면 이러한 오류는 어떻게 발생하는 것인가? "나의 오류란 – 이것만이 내 안에 있는 어떤 불완전성을 증명하고 있기 때문에 – 동시에 작용하는 두 가지 원인에, 즉 내 안에 있는 인식 능력과 선택 능력(즉 자유 의지), 즉 오성과 의지의 결합에 의지하여 발생한다."[1] 내가 완전한 신으로부터 물려받은 의지력이나 판단력 그 자체에 오류의 근거가 발견되는 것이 아니라, 나의 의지가 나의 오성이 이해하는 것을 넘어 그 이상을 긍정하거나 부정할 때에 우리는 오류는 범하게 된다. 예컨대 데카르트에 따르면, 오류의 원인은 전적으로 '자유의지의 오용(남용)'에 기인한다. 문제는 유한한 인간인 우리에게 신의 형상과 신과의 유사성을 인식시켜주는 것으로는 자유의지 이상의 것은 없다는 사실이다.

　　의지만큼 완전하고 큰 것은 내 안에 없으며, 그래서 나는 의지를 지금 있는 것보다 더 완전하고 더 큰 것으로 생각할 수 없다. …… 그리고 내가 이런 능력의 관념을 형성할 수 있다는 사실로부터 이 능력이 신에게 속한다는 것을 분명히 인식한다. …… 내 안에서 그 보다 더 큰 것의 관념을 포착할 수 없을 정도로 큰 것은 오직 의지, 즉 자유의지뿐이다. 그러므로 내가 이른바 신의 형상과 유사한 모습을 지니고 있다는 것을 알게 되는 것도 주로 의지이다. …… 신神 속에 있는 의지는 형상적으로 그리고 엄밀히 보아 내 안에 있는 의지보다 더 큰 것으로 보이지 않는다. …… 신으로부터 받은 내 의지력 그 자체는 오류의 원인일 수 없다. …… 오성의 지각이 의지의 결정보다 언제나 앞서야 한다는 것은 자연의 빛에 의해 명백하다. 그리고 이런 자유의지의 그릇된 사용 속에 오류의 형상을 구성하는 결여가 있는 것이다.[2]

---

1. 르네 데카르트(이현복 역), 같은 책, 82-4쪽.
2. 르네 데카르트(이현복 역), 같은 책, 84-8쪽.

데카르트에 따르면, "의지의 행동을 형성할 때 신이 나에게 동의한다"는 것은 나의 판단이 신의 판단에 의지하는 것이며, 신의 판단에 동의하는 것은 나의 판단 속에 명석·판명하지 않는 것이 아무것도 없다는 뜻이다. 오류는 인간 오성의 유한성에 기인하는 것이 아니라, 오성을 월권으로 잘못 사용하도록 의지를 작용하는 데에서 유래한다. "신이 내 오성 속에 명석·판명한 지각을 넣어 주지 않은 것에 대해 동의하거나 동의하지 않는 자유를 나에게 주었다는 것은 신의 불완전성이 아니다. 오히려 내가 이 자유를 제대로 사용하지 않고, 올바로 이해하고 있지 않은 것에 대해 판단을 내리는 것은 의심할 여지없이 나의 불완전성인 것이다. …… 오성이 명석·판명하게 보여주는 것만 판단하도록 의지를 묶어 둔다면 오류를 범하는 일은 결코 없을 것인데, 명석·판명한 지각은 …… 그 작자는 반드시 신, 말하자면 기만성을 지니지 않는 최고 완전한 신이어야 하고, 그래서 명석·판명하게 인식된 것은 참임은 의심의 여기가 없다. …… 내가 완전하게 인식한 것에 충분한 주의를 기울이고, 이것을 애매모호하게 파악한 것과 분리시키기만 한다면, 틀림없이 진리에 도달한다."[3]

데카르트는 이러한 진술을 통해, 첫째 완전한 절대 존재와 연관하여 인간은 그 존재의 형상을 부여받고 태어났다는 것, 둘째 인간이 완전한 절대 존재의 형상을 지니고 태어났다는 것을 알려주는 것으로는 '자유의지'보다 더 확실한 것은 없다는 것, 셋째 완전한 존재가 창조한 이 세계에서 오류나 허위는 그 자체 실성實性이 있는 것이 아니라, 진

---

3. 르네 데카르트(이현복 역), 같은 책, 88-90쪽.

리의 결여일 따름이며, 넷째 오류나 허위는 완전한 신이 아니라, 인간이 자유의지를 월권적으로 사용(혹은 남용)함에 있으며, 다섯째 불완전한 존재인 인간은 자유의지를 남용하지 않고 충분히 주의를 기울이기만 한다면 진리에 도달할 수 있다고 말하고 있다. 데카르트의 이 진술들은 다산의 경우에도 적용할 수 있다.

다산의 진리관

먼저 다산의 인간 규정을 살펴보자. 다산은 초목, 금수, 그리고 인간을 대체大體의 관점에서 구분한다.

"무릇 천하에 생명이 있거나 죽어 있는 만물은 삼등급三等級으로 구별된다. 초목草木은 생명(생生)은 있으나 지각(지知)이 없다. 금수는 지각은 있으나 영명靈明함은 없다. 인간의 대체는 이미 생명이 있고, 지각이 있으며, 또한 영명하고 신묘한 작용이 있다. 그러므로 만물을 포함하여 빠뜨리지 않고 온갖 이치를 유추하여 깨달을 수 있고, 덕을 좋아하고 악을 부끄러워함이 양지에서 나오니, 이것이 금수와 뚜렷이 변별되는 점이다."[4]

---

4. 『전서』 II-15, 11, 「논어고금주」, "凡天下有生有死之物 止有三等 草木有生而無知 禽獸有知而無靈 人之大體 旣生旣知 復有靈明神妙之用 故含萬物而不漏 推萬理而 盡悟 好德恥惡 出於良知 此其逈別於禽獸者也."

그렇다면 이 대체大體의 유래와 연관하여, 다산은 "하늘의 영명함은 사람 마음과 직통直通하고 있다"[5]고 말한다. 따라서 인간의 대체는 절대 존재인 상제의 영명을 공유하며, 이 영명한 대체를 지니는 한에서 인간은 절대 존재인 상제의 형상을 지니고 상제와 합일할 수 있다. 그런데 인간을 형성하는 생명-지각-영명함은 따로 떨어져 정립鼎立하는 것이 아니라, 오묘하게 결합하여 분리될 수 없다.[6] 생명-지각-영명함을 통일적으로 함께 지닌다는 점에서 인간은 생명과 지각만을 지닌 단순한 식물 및 동물과 구별되며, 영명함만을 지닌 상제와도 변별된다. 나아가 인간은 영명함을 잃을 경우 금수로 전락할 가능성을, 그리고 영명함을 고양할 때 상제와 합일할 가능성을 동시에 함께 지니고 있는 중간존재이다. 그런데 다산은 옛 경전을 토대로 "허령함의 본체를 대체大體, 대체가 발현하는 것을 도심道心, 그리고 대체의 기호를 성性이다"[7]고 말하여, 대체-도심-성으로 설명한다. 그리고 그는 인간의 동물적 상태의 초월 가능성을 설명한다.

---

5. 『전서』II-3, 4, 「중용자잠」1, "天之靈明 直通人心."

6. 『전서』II-15, 11, 「논어고금주」, "皆大體小體 相須相關 妙合而不能離之明驗也 雖然若論其體 只是一體 惟一大體之中 含生如草木 知覺如禽獸 又能窮易象算曆數而神妙靈通 不可曰一體之中 三性鼎立也 若一體之中 三性鼎立 則人必有靈妙已絶而猶能觸覺者 觸覺已絶而猶能生活者 何世之人 活則全活 死則全死 不如是之差池也 其妙合而不能離 居可知矣 夫旣妙合而不能離."

7. 『전서』II-15, 10, 「논어고금주」, "其在古經 以虛靈之本體而言之則謂之大體 見孟子 以大體之所發而言之則謂之道心 見道經 以大體之所好惡而言之則謂之性 天命之謂性者 謂天於生人之初 賦之以好德恥惡之性於虛靈本體之中 非謂性可以名本體也 性也者 以嗜好厭惡而立名."

"대저 사람이 지각능력과 활동능력, 음식과 성에 대한 욕망은 금수와 조금도 다를 바가 없다. 오직 도심의 발현은 형체나 형질이 없으면서, 영명·통달한 지혜가 기질에 깃들여 육신의 주재자가 된다."[8]

이런 맥락에서 다산은 "우리 인간은 만물 중 가장 신령스럽다. 일월 성신과 산천초목은 모두가 사람의 사물이 아님이 없다. 천天은 우리의 집이고, 지地는 우리의 음식이다. 일월성신은 우리를 밝혀주는 것이고, 산천초목은 우리를 길러주는 것이다. 이들은 모두 기질氣質이 있으며 감정과 신령스러움이 없으니, 어찌 우리가 섬길 것이겠는가?"[9] 라고 말한다. 나아가 동물적 상태를 초월하여 오직 인간만의 고유한 삶의 방식인 지혜사랑, 즉 완전한 정신을 향한 불완전한 정신의 자기 비상의 가능성을 성인의 소사지학昭事之學의 이념으로 제시한다.

하늘이 생명을 부여하자마자 이 명命도 있게 마련이며, 또 살아가는 동안에는 이 명은 시시각각 계속되고 있는데, 곡진하게 명령하지는 않지만, 할 수가 없어서 그러한 것은 아니다. 하늘의 말은 도심道心에 깃들어 있으니, 도심이 경고하는 것은 황천이 명하신 경계나 다를 바 없다. 남은 듣지 못하더라도 나만은 홀로 똑똑히 들으니 이보다 자세하고

---

8. 『전서』 II-6, 20, 「맹자요의」2, "大抵人之所以知覺運動 趨於食色者 與禽獸毫無所異 惟其道心所發 無形無質 靈明通慧者 寓於氣質 以爲主宰."
9. 『전서』 II-32, 283 「춘추고징」1, 「郊九」, "噫吾人者 萬物之靈 彼穹天厚地 日月星辰 山川草木 無一而非吾人之物 天吾屋也 地吾食也 日月星辰 吾所明也 山川草木 吾所養也 彼皆有氣有質 無情無靈 豈吾人所能事哉."

이보다 엄할 데 없는데 가르치듯 깨우쳐주듯 하니, 어찌 곡진하게 명령할 따름이겠는가? 만약 일이 잘못되어 가면 도심이 부끄럽게 여기는데 부끄러움이 나오는 것은 천명에 곡진함이며, 행실이 착하지 못하면 도심이 후회하는데 후회하게 되는 것은 도심에 곡진함이다. 『시경』에 '하늘이 백성을 인도하되 질나팔 불듯, 피리를 불듯이 한다'고 하였으니, 이를 두고 말한 것이 아니겠는가? '상제를 대하되 오직 마음속에 있을 뿐'이라고 한 것도 바로 이 때문이다. 천명을 도록圖錄에서 구하는 것은 허황된 이단 사술이요, 천명을 본심에서 구하는 것은 성인이 상제를 밝게 섬기는 학문이다.[10]

다산이 파악은 인간은 식물의 생명, 동물의 생명과 지각, 그리고 상제의 영명함을 통일적으로 함께 지니고 있는 중간자이다. 여기서 인간은 동·식물로 전락하느냐, 아니면 완전자인 신으로 비상하는가 하는 것은 오직 인간의 선택, 즉 자주적 권형의 문제이다.

단지 선하지 않을 수 없다면, 사람에게는 아무런 공이 없다. 이에 선할 수도 악할 수도 있는 권형權衡을 부여하였다. 그 스스로의 주장(자주自主)을 들어서 선을 향하고자 하면 들어주고, 악을 따르고자 하면 들어

---

10. 『전서』II-3, 2「중용자잠」1, "天於賦生之初 有此命 又於生居之日 時時刻刻 續有此命 天不能諄諄然命之 非不能也 天之喉舌 寄在道心 道心之所儆告 皇天之所命戒也 人所不聞而己獨詳聽 莫詳莫嚴 如詔如誨 奚但諄諄已乎 事之不善 道心愧之 愧怍之發 諄諄乎天命也 行有不善 道心悔之 悔恨之發 諄諄乎天命也 詩云天之牖民 如塤如篪非是之謂乎 對越上帝之只 在方寸 正亦以是 求天命於圖錄者 異端荒誕之術也 求天命於本心者 聖人昭事之學也."

주니, 이것이 공과 죄가 일어나는 까닭이다. 하늘이 이미 덕을 좋아하고 악을 부끄러워하는 성性을 부여해 놓고, 그 선을 행하거나 악을 행함은 흐름에 따라 그 하는 바에 맡겨 두니, 이것이 신권묘지神權妙旨로 엄숙하고 두려워할 일이다. 왜냐하면 덕을 좋아하고 악을 부끄러워하는 것은 이미 분명하니, 이로부터 선을 향하는 것은 너의 공이며 악을 따르는 것 또한 너의 죄이니 두려워하지 않을 수 있겠는가?[11]

이와 같이 다산에게서도 "완전한 정신을 향한 불완전한 정신의 자기초월적 귀향 편력"인 철학의 가능성은 결국 데카르트와 마찬가지로 인간의 '자유의지', 즉 '자주적 권형'으로 귀결된다. 그런데 자유의지를 통해 인간의 주체성을 정립한 서양의 근세는 '인간 원자론'과 결합하여 사회계약설에 기초한 개인주의와 자유주의 사회를 출현시켰다. 그러나 다산은 인간을 오직 관계적 존재로 제시한다. 다산은 인간을 관계적 존재로 파악하였기 때문에, '완전한 존재를 향한 불완전한 인간의 귀향 편력'으로서 지혜사랑은 오직 인간의 · 인간에 의해 · 인간을 위해 · 인륜 속에서 실현될 따름이다.

다산은 경학經學을 공부하는 목적을 "체득하여 실행하고, 실행하여 증험하여, 아래로는 몸을 닦고 집을 다스려 국가와 천하까지 다스리

---

11. 『전서』 II-15, 12 「논어고금주」, "但不得不善 人則無功 於是又賦之以可善可惡之權 聽其自主 欲向善則聽 欲趨惡則聽 此功罪之所以起也 天旣賦之以好德恥惡之性 而若其行善行惡 令可游移 任其所爲 此其神權妙旨之凜然可畏者也 何則好德恥惡 旣分明矣 自此以往 其向善汝功也 其趨惡汝罪也 不可畏乎."

고, 위로는 천덕天德에 통달하여 천명天命을 되돌리는 것"[12]에 두었다. 그런데 다산에 따르면, 아래로는 '수신제가'하는 일에서 위로 '천덕에 통달하고 천명을 복명復命'하는 일은 모두가 인仁을 실행하는 한 일에 지나지 않는다. 그래서 "우리 인간의 일생 동안 행하는 일은 '인'이라는 한 글자를 벗어나지 않는다. 왜냐하면 '인'이란 인륜을 사랑하는 일인데, 천하의 일 가운데 인륜을 벗어나는 것이 있겠는가?"[13]라고 말한다. 그리고 이 인은 서恕를 힘써 실천함으로서 이루어진다.

"옛 성인이 하늘을 섬기는 학문이란 인륜을 벗어나지 않고, 곧 이 '서恕'자가 사람을 섬길 수 있고, 하늘을 섬길 수 있는 것이다."[14]

"유가의 도는 인도로서 인륜을 벗어나지 않으며," 인륜에 처하는 모든 것, 즉 "오교五敎, 구경九經, 경례經禮 삼백과 곡례曲禮 삼천에 이르기까지 모두 하나의 '서恕'자로 행한다."[15]

다산의 상제를 밝게 섬기는 성인의 학문이 인륜에서 '서恕'를 실천하

---

12. 『전서』 I-11, 19, 「오학론1」. "夫然後體而行之 行而驗之 下之可以修身齊家爲天下國家 上之可以達天德而反天命 斯之謂學也."

13. 『전서』 II-12, 5, 「논어고금주」. "吾人之一生行事 不外乎仁一字 何則仁者人倫之愛也 天下之事 有外於人倫者乎 父子兄弟君臣朋友 以至天下萬民 皆倫類也."

14. 『전서』 II-13, 44, 「논어고금주」. "由是言之 古聖人事天之學 不外乎人倫 卽此一恕字 可以事人可以事天."

15. 『전서』 II-8, 19, 「논어고금주」. "吾道 不外乎人倫 凡所以處人倫者 若五敎九經 以至經禮三百曲禮三千 皆行之以一恕字."

는 하나의 방법으로 요약되는 것은, 데카르트가 "자연이 우리에게 가르쳐 주는 모든 것에는 어떤 진리가 들어 있음에 틀림없다"고 말하면서 신체와 영혼은 양자의 결합을 통해서만 '온전한 인간' '참된 자아'가 될 수 있으며, "내가 육체와 혼합되어 있어 육체와 더불어 하나의 전체를 이루고 있는데, 만일 이것이 사실이 아니라면 나의 육체가 상처를 입는다 할지라도 오직 사고하는 존재일 뿐인 나는 전혀 고통을 느끼지 않을 것이다"[16]고 말하여, 방법론적 회의과정에서 실체 이원론에서 일상의 생활세계로 회귀한 것을 연상시키기에 충분하다. 이것이 바로 지혜사랑의 마지막 관문인 바, 절대적인 철학적 통찰을 수행한 철학자가 생활세계로 회귀하여 자비심에서 대중교화에 절대적으로 헌신하는 것이라고 할 수 있다. 다산은 『자찬묘지명自撰墓誌銘』(61세)에서 "육경사서六經四書로 수기修己를 이루고, 일표이서一表二書로 천하국가를 다스림으로써 본말을 갖추었다."[17]고 자부하였는데, 여기서 일표이서의 모든 언명들은 모두 이 세 번째 관문의 구체적 표현이라고 하겠다.

---

16. 르네 데카르트(이현복 역), 같은 책, 112쪽.

17. 『전서』 II-16, 18, 「자찬묘지명」(집중본), "六經 四書以之修己 一表二書以之天下 國家 所以備本末也."

4. 다산의 철학 이념

한대漢代 이래 경학자들 가운데 가장 많은 창견創見과 신설新說을 제시한 학자 중 한 사람으로 간주되는[1] 다산의 학문은 주자朱子를 위시한 송학宋學에 의해 왜곡된 유학의 본원을 회복하려는 시도로서 탈성리학적脫性理學的,[2] 반주자학적反朱子學的[3] '개신유학改新儒學' 혹은 수사학洙泗學[4] 등으로 규정된다. 다른 한편으로 다산학은 "단순히 원시유학으로 복고적인 회귀가 아니라, 궁극적으로 근대지향 의식"을 지닌,[5]

1. 김언종, 「육경사서에 대한 다산의 기본 인식」, 『다산의 경학세계』, 2002, 5.

2. 정일균, 「다산 정약용 경학의 배경」, 『다산사서경학연구』, 일지사, 2000, 67쪽.

3. 박완식, 「대학해설」, 『대학 대학혹문 대학강화』, 이론과실천, 1993, 25-29쪽 참조.

4. 이을호, 『이을호전집II : 다산학총론』, 예문서원, 2000, 17쪽.

5. 오종일, 「다산의 大學中庸에 대하여」, 『국역여유당전서: 經集 I』, 전주대출판부, 986, 437쪽. 李篪衡, 「머리말」, 『역주다산맹자요의』, 1994, 현대실학사, 3-4쪽 참조.

근대지향의 실학實學이라고 한다.[6] 나아가 다산학은 그 강조점에서는 차이가 나지만 ① 퇴계철학과 연관성을 지니며,[7] ② 성호星湖 이익李瀷과 그 문하에서 형성되어, ③『천주실의』등 서학의 영향을 받고[8] 정립되었다고 평가되고 있다. 다산학에 대한 이러한 성격규정들은 모두가 나름대로 일리가 있다. 그런데 다산학의 핵심은 철학에 있고, 소사상제지학으로 표현된 유학이념은 동서고금에서 제시된 전형적인 지혜사랑의 철학 이념과 상통한다고 판단하고 그 일단을 제시했다. 지혜사랑은 '완전한 신'과 '의식적 사유가 불가능한 존재자'의 중간자인 인간만의 고유한 삶의 방식으로 불완전한 정신이 그 불완전성을 자각하고 완정한 정신을 향해 끊임없이 비상해 나가는 데에서 성립한다.

플라톤은 인간 정신을 상징하는 에로스를 '풍요의 신'과 '가난의 신'의 아들로 묘사한다. 즉 인간 정신을 상징하는 "에로스란 결핍해 있는 진·선·미에 대한 사랑이다."[9] 에로스는 궁핍 속에서 풍요를, 유한 속에서 무한을, 가사적 운명 속에서 불사를 희구하는 우리 영혼이다. 다산이 제창한 성인의 소사상제지학은 바로 이런 지혜사랑의 이념을 제시하고 있는 고전철학의 전형에 속한다. 데카르트는『제일철학에 관한 성찰』에서 현시한 '제일철학'을 다음과 같은 비유로 설명한 바 있다.

---

6. 장승구,『정약용과 실전의 철학』, 서광사, 2001.

7. 이광호「동서융합의 측면에서 본 정약용의 사상」,『다산 정약용』, 예문서원, 2005, 1165-203쪽 참조.

8. 송영배,「다산철학과『천주실의』의 철학적 패러다임의 유사성」,『다산 정약용』, 85-134쪽 참조.

9. Symposion 200b.

"이리하여 학문 전체는 한 그루의 나무에 비유할 수 있으니, 그 뿌리는 형이상학(제일학문)이고, 그 둥치는 물리학(자연학)이며, 이 둥치에서 뻗어 나온 가지들은 여타 학문 전체(실천학)이다. …… 열매를 거두는 것은 나무의 뿌리에서나 줄기에서가 아니라, 그 가지의 끝이다."[10]

여기서 데카르트가 말하는 학문의 나무에서 뿌리에 해당하는 형이상학(제일학문)은 바로 다산의 소사상제의 학과 같은 것이다. 이 뿌리의 영역을 다루면서 이들은 공히 기존 및 당대 일상적인 존재(진리) 개념을 의심하고, 태도전환을 통해 궁진적 인식을 추구하여 마침내 궁극 존재(신, 상제)를 통찰하고, 궁극 존재와 인간의 관계를 문제시하였다.

이들이 제시한 인간의 지혜사랑은 곧 불완전한 인간 정신이 완전한 존재를 향해 끊임없이 비상하는 데에서 성립한다. 나아가 데카르트가 "열매를 거두는 것은 나무의 뿌리에서나 줄기에서가 아니라, 그 가지의 끝이다."라고 말하고 있듯이, 다산 또한 "육경사서六經四書로 수기修己를, 일표이서一表二書로 천하국가를 다스리는 본말을 갖추고", 기존의 성리학자들과 구별되게 다양한 실용학문에 많은 관심을 두어 후생厚生에 진력했다는 사실을 알고 있다. 선행 연구에서 다산학은 (특히 상제학 및 리기의 비판에서) 전통사상 내에서 본다면 리발理發 및 리理의 지존무대至尊無待을 주장한 퇴계학과 그 문하의 영향을, 그리고 외

---

10. R. Descartes, The Philosophical Works of Descartes, trans. E. S. Handane & G. R. T. Ross, Cambridge Univ Press, 1979, p. 211-2.

재적으로는 『천주실의』의 많은 영향을 받고 형성되었다고 말해지고 있다.[11] 나아가 다산학은 "한형조, 유초화 등의 연구업적 이래 성리학의 철학적 패러다임에서 근본적으로 전환된 다산의 창조적 패러다임이다."라는 것이 정설이 되고 있다고 말하기도 한다.[12]

고전철학의 일반 이념과 다산의 제일학문(소사상제지학昭事上帝之學)의 이념을 살펴본 결론은, 다산학은 그 뿌리 및 전개양식에 있어 동서고금의 전형적인 철학 및 학문이념, 특히 데카르트(데카르트의 학문분류는 근대판 아리스토텔레스의 학문분류이다)[13]와 비교했을 때 그 근본대체에서는 상당한 유사성을 지닌다는 것이다. 나아가 다산이 비록 성리학의 주요개념 및 세계관을 근본적인 수준에서 해체하고 있지만, 그것은 단순한 외현적 비판일 뿐 그 궁극적인 지시체와 근본이념은 변하지 않았다고 생각한다. 왜냐하면 형이상자는 무시無始·무종無終이며, 불생不生·불멸不滅이며, 따라서 시대는 변할지라도 형이상자는 오직 동일자의 영겁회귀일 뿐이기 때문이다. 철학은 오직 이 형이상자를 가동하는 데에서 성립한다. 그러므로 철학은 항상 동일자(인간의 본래면목)를 지시하며, 그 지시방법은 시대와 문제에 따라 외양만 바꿀 뿐 그 근본정신은 그 언제나 변하지 않고 동일한 것으로 남아 영원히 반복될 따름이다.

---

11. 앞에 제세한 이광호 및 송영배의 논문 참조.

12. 송영배, 앞의 논문, 85쪽.

13. 김상환, 「데카르트의 형이상학」, 『고전형이상학의 전개』, 철학과현실사. 1995, 160-201쪽 참조.

9장

심신관계론과
한국철학의 연구 방향

1. 서양 철학사의 심신관계론

여기서 우리는 서양 철학사에서 나타났던 전형적인 심신관계론을 유형별로 개관·분석하고, 거기에서 도출된 결과 및 교훈을 한국철학(사) 연구에 어떻게 원용할 것인가 하는 것을 논의하고자 한다. 그런데 우리는 지면과 능력상 서양 철학사에서 출몰했던 수많은 심신관계의 유형을 최소한으로 일별할 여유와 능력을 지니고 있지 않다. 그래서 현재 상황에서 서양철학에서 가장 전형적이고 대표적인 두 가지 심신관계론만을 살펴보려고 한다. 그것은 바로 '실체 이원론'과 '과학주의 물리 일원론적 심리철학'이다.

서구의 '실체론'은 플라톤−아리스토텔레스에서 시작하여 중세 및 근세의 합리주의자들에 의해 주장된 이론이다. 실체론에서 그 어떤 '무엇x'이란 그것이 지닌 속성 그 '이상'의 무엇이다. 즉 이들은 '변화로부터의 논증'argument from changes에 근거를 두고, 어떤 무엇의 속성이 변화함에도 불구하고 그 변화과정과 독립적으로 존재하는 불변적인 실체가 그 무엇을 결정짓는다고 주장한다. 이 입장을 인간에게 적용하면 거시적으로 볼 때 주로 이원론적 인간관으로 귀결되며, 여기서는 마음(정신, 영혼, 심령, 의식)이란 사유를 본성으로 불변(불멸)의 실체로서 확인된다.

실체 이원론의 난점을 비판하고, 근현대 과학의 성과를 배경으로 마음의 정체를 해명하려고 성립된 것이 바로 현대 '심리철학'philosophy of mind이다. 여기서는 현대 과학의 눈부신 발전에 힘입어 인간 마음을 인간의 신체와 분리시키지 않고 최소한 원리적으로 온전히 해명할 수 있다고 자부한다. 즉 현대 심리철학은 고전적인 심성론에서 동물과 인간을 대비시키면서 마음(영혼, 정신, 심령, 의식)의 고유한 본질을 형이상학적으로 정의하려던 시도에서 벗어나, 심적 '현상'과 신체 '현상'의 관계를 묻는 심리 철학으로 전환되었다. 심리철학에서는 기본적으로 하나의 문제, 이른바 '심신관계'mind—body relation를 어떻게 이해하는가에 모든 문제가 달려 있다고 주장한다. 이 심리철학은 실재에 대한 탐구가 오직 대상적인 것을 제3자적으로 탐구하는 과학의 방식으로만 추구되어야 된다고 주장한다는 점에서 '과학주의'라고 할 수 있으며, 그리고 형상을 지니고 있으면서 현대 물리과학에 의해 지지되고 인과적인 효력을 발휘하는 피지시체만을 실재로 인정한다는 점에서 물리주의(자연주의) 일원론을 견지한다고 할 수 있다.

이 두 유형에서 제시된 심신관계론을 개관·분석하고, 거기서 도출된 성과를 우리의 입장에서 어떻게 주체적으로 원용할 것인지에 대해 간단히 살펴보도록 하겠다.

2. 실체 이원론

플라톤에서 근대의 데카르트까지 인간을 이원론적으로 이해하는 것은 서양철학의 오랜 전통을 형성하고 있다. 이 전통에서는 인간의 이데아로서 불멸하는 정신(영혼·마음·의식)을 신체(육체·몸)에 선재하는 것으로 이해하고, 개념(차원)상 구별하여 형이상학적으로 정립하려고 시도했다. 이성과 지혜의 원천으로서 영혼이 물질적인 불투명한 육체 속에 유폐됨으로써 무명과 충동의 지배를 받게 되고, 따라서 인간은 무지와 가상의 세계를 방황한다. 인간에게 발견되는 불완전성과 오류, 그로 인한 인간의 방황과 고뇌 모두는 인간의 육체성에서 비롯된 것으로 파악된다.

우리 자신을 두고 볼 때, 그 일부는 육체이고, 또 다른 일부는 영혼이 아닌가? …… 즉 영혼은 신神적인 것과 가장 흡사하고, 불멸하며, 예지적이고, 한결같은 모습으로서 분해될 수 없으며, 불변하는 것인데, 이에 반하여 육체는 …… 썩어 없어질 성질의 것이요 또 가변적인 것이라고 하는 것일세. …… 여기에 대해 다른 이론을 내세울 수 있을까? …… 영혼이 지각의 수단으로서 신체를 사용할 때 …… 영혼은 신체에 이끌리어 변화하는 것들의 세계로 휩쓸려 들어가 방황하며, 혼미에 빠지는 것이 아닐까? …… 이 육체적 요소는 무겁고 둔하고 땅의 성질을 띠고 있으며 가시적인 것이네. 그리하여 보이지 않는 저 세상 즉 하데스를 두려워하는 까닭에, 그러한 영혼은 그 무게로 다시 이 가시적 세계로 끌려 내려와 이 세계에 얽매이게 되는 거야.[1]

영혼은 날개달린 두 마리 말(마馬 : 기개와 욕망을 상징)과 날개 달린 마부馬夫(이성을 상징)가 긴밀하게 결합된 힘과 유사하다고 하게. 그런데 신들이나 말이나 마부는 선하고 또 선한 태생이지만, 다른 존재들에게서는 전적으로 그렇지 않다네. 우리 인간들의 경우에는 먼저 마부가 조종하는 한 쌍의 말들로 되어 있네. 그 중 하나(기개)는 고귀하고 선하며 선한 태생인데 반해, 다른 하나(욕망)는 반대 성격이고 태생도 반대이네. 따라서 마부(이성)의 일이 어렵고 성가시다네.[2]

이러한 플라톤의 인간관은 신플라톤주의를 거쳐, 특히 토마스 아퀴나스[3]-어거스틴의 탁월한 공적에 힘입어 기독교에 수용되었다. 영혼

---

1. 플라톤(최명관 역), 『파이돈』, 을유문화사, 1994, 143-6쪽(79b, 80a-b, 79c, 81c).
2. Plato, Phaedrus, 246a-b.
3. 영혼과 신체에 대해 토마스는 다음과 같이 정의했다. "살아있다는 것은 두 가지 방

선재설, 영혼불멸설, 현세 부정적 · 내세 동경적인 소극적 태도, 육신에 대한 경시 및 초감각세계의 숭배 등은 모두가 플라톤의 인간해석과 연관성이 깊다.[4]

근대 철학을 개척했다고 주장되는 데카르트[1596~1650]는 모든 학문의 절대 확실한 출발점을 "나는 생각한다. 그러므로 나는 존재한다 cogito, ergo sum"는 것에서 확보했다. 이는 인간의 자아를 '사유하는 정신'으로 규정한 것이다. 이러한 사유란 "의심하고, 이해하며, 긍정하고 부정하며, 의욕하고 의욕을 억제하며, 또한 상상하고 감각하며" "약간의 사물에 관해서 알고 있지만 많은 것에 무지하고, 때로는 사랑하고 때로는 미워하는" 의식 활동 전체를 통칭한다.[5] 그리고 데카르트는 사고하는 존재로서의 자아를 '영혼anima' 혹은 '정신mens'이라고 부르고, 이를 신체와 독립된 존재로 파악한다. 즉 그는 비록 신체(물질)의 독립성을 인정했다는 점에서 상당히 진전된 입장을 개진했지만, 넓게 보면 플라톤주의를 충실히 계승한 인물이다. 데카르트적인 이러한 인간관을 일반적으로 '사유를 본성으로 하는 정신mens'과 '연장을 갖는 신체(물체)'를 구분하는 이른바 '실체 이원론substance dualism'이라고 부른

식으로 말한다. 첫째, 그것은 생명체의 존재 자체인데, 신체에 〈실체적〉 형상으로 결합되는 영혼에서 기인한다. 둘째, 살아있다는 것은 생명의 작용을 나타낸다. …… 생명의 원인인 영혼은 불멸할지라도, 영혼에게서 생명을 부여받는 신체는 변화에 종속된다. 이런 이유로 인해 신체는 생명을 수용하기에 적합하도록 하는 성향을 상실하게 된다." T. Aquinas, 『영혼에 대한 토론문제』, Leonine(ed), vol 44, 1, 1996, 13.4 ad2 및 13.ad.20. 이재경, 「인간의 죽음, 뇌사, 그리고 토마스 아퀴나스」, 『철학논총』 50, 2007-4, 318 및 321쪽에서 재인용.

4. 신오현, 「인간의 이념성과 역사성」, 『자아의 철학』, 1987, 35-6쪽.

5. 신오현, 「자기 동일성의 문제」, 『자아의 철학』, 1987, 102-3쪽 참조.

다. 이에 대한 전거로는 그의 다음과 같은 언명을 들 수 있다.

　　한편으로 나는 사유하지만 연장延長적이지 않는 존재인 한, 나 자신에 관하여 명석 · 판명한 관념을 지니고 있다. 다른 한편으로 나는 연장성을 지니지만 사유하지 못하는 존재인 한에서 신체에 대한 판명한 관념을 가지고 있다. 따라서 나는 나의 신체와 실제로 구별되며, 신체 없이도 존재할 수 있다는 것은 확실하다.[6]

　　즉 "신의 존재와 영혼의 불멸"을 증명하려고 한 데카르트의 『제일철학에 관한 성찰』의 기술에 따르면, 인간은 정신과 신체로 구성되어 있지만 개체적 인간의 실존은 그의 정신에 있고, 신성神性에 속하는 그의 정신은 신체의 존재와는 독립적으로 존재할 수 있기 때문에 비록 신체가 소멸된 이후에도 정신의 존재는 존속할 수 있다. 그런데 이러한 데카르트의 원리에 따른다면, 정신과 신체라는 두 요소 사이에 어떤 내적 상호관계가 존재한다고 말하기는 쉽지 않다. 즉 나의 본성은 사유하는 실체이며, 연장을 본성으로 하는 신체는 '사유하는 존재로서의 나 자신'에 대한 명석 · 판명한 관념 안에 포함되지 않는다, 따라서 신체는 사유하는 실체로서 나의 본성에 속하지 않는다는 결론이 도출될 수 있다. 따라서 『성찰』의 네 번째 유형의 「반박」에서 등장하는 아르노의 다음 지적은 이해하기 어렵지 않다. 즉 그에 따르면, 내가

---

6. R. Descartes, 「Meditation on First Philosophy」, The Philosophical work of Descartes, vol. I, trans. by E. S. Haldane and G. R. T Ross, Cambridge Univ Press, 1911, p. 105.

명석·판명하게 지각하는 '나' 자신은 오직 '사고하는 존재'이므로 이러한 주장으로부터 "물질적인 어떤 것도 인간의 본질에 속하지 않으며, 따라서 인간은 전적으로 정신적인 존재이며 인간의 신체는 단지 정신의 표현수단에 불과하다. 따라서 인간이란 신체를 사용하는 정신적인 존재라는 정의가 도출된다."는 것이다.[7]

경험론의 시조에 속하는 홉스T. Hobbes는 '사유하는 자아cogito'로서의 정신에 대해 데카르트의 명제인 "나는 생각한다. 그러므로 나는 존재한다"에 대한 대안으로 "나는 걷는다. 그러므로 존재한다."를 제시하였다. 즉 "나는 사유하는 존재이다"에서부터 "나는 사유·정신·마음·지성·이성이다"는 추론이 가능하다면, 같은 논리에 의해 "나는 걷는 존재이다"에서부터 "나는 걸음이다"는 추론도 가능하다는 것이다.[8] 사유하는 주체와 사유의 기능이 다른 것은, 걸음걸이의 기능과 걷는 주체가 다른 것과 같은 이치에서 이해될 수 있다는 것이다. 따라서 사유의 주체를 정신으로 규정할 것이 아니라, 일반적인 활동의 주체를 물체적인 양식으로 이해하는 관례에 따라 물리적인 것, 즉 신체로 보는 것이 타당성이 있다고 홉스는 결론짓는 셈이다.[9] 그리고 이와 유비해서 현대 물리주의자들 가운에 인간 마음을 '컴퓨터의 소프트 웨어'에 유비하는 사람들은 데카르트의 명제를 "컴퓨터는 작용한다. 그

7. 코플스콘(김성호 역), 『합리론』, 1996, 189−90쪽.

8. R. Descaretes, 「Replies to Objections」, The Philosophical Works of Descaretes, Vol. II, trans. E. S. Haldane & G. R. T. Ross. Cambridge Univ Press, 1911, Vol II, p. 61.

9. 신오현, 「절대와 지신 :데카르트에 있어서 신의 문제」, 『절대의 철학』, 1993, 338쪽.

러므로 컴퓨터는 존재한다."로 대치하기도 한다. 즉 이들은 인간 마음이란 무엇인가(본체)?"라고 질문하는 대신에, 오히려 "무엇을 수행하는가(작용)"라는 문제를 제기한다는 점에서 인간 마음을 '사고 혹은 지각기능'에만 국한시켜 데카르트의 명제를 원용하고 있는 셈이다. 여기에 대해 우리는 어떻게 답해야 할까? 이런 논법을 제기한 장본인이 데카르트인 만큼 우리는 데카르트로 돌아가서 그 해답을 찾아보도록 하자.

내가 마음·정신·지성 또는 이성이라고 말했을 때, 나는 이들 명칭에 의해서 단순히 (사고) 기능만을 의미한 것이 아니라 오히려 사고 기능을 부여하는 '존재'를 지칭한 것이다. …… 나아가 걷는 것과 사고하는 것 사이에는 어떠한 등가성도 성립되지 않는다. 왜냐하면 걷는 것은 통상 걷는 '행동 자체'만을 지시하는 것으로 간주되는 반면에, 사고하는 것은 '사고하는 행위'에 적용되기도 하고, '사고하는 기능'에 적용되기도 하고, 나아가서 이 사고 기능에 내재하는 '주체'에 적용되기도 하기 때문이다.[10]

여기서 데카르트는 사고에는 사고 행위·작용·'주체'가 공속하고 있음을 지적하고 있다. 바로 이점을 홉스와 같은 실증주의자들은 통찰하지 못했다는 것이다. 따라서 데카르트의 지적처럼, 우리 또한 현

---

10. R. Descaretes, 「Replies to Objections」, The Philosophical Works of Descaretes, trans. E. S. Haldane & G. R. T. Ross. Cambridge Univ Press, 1911, Vol II, p. 62.

대 기능론자들은 데카르트적으로 말하면 사고 기능만을 보았지 그 기능을 부여하는 존재(본체)를 보지 못했음을 지적하고자 한다. 다시 말하면, 컴퓨터가 아무리 정교하게 고안되어 사고 기능을 수행한다고 하더라도 데카르트가 수행한 '방법론적 회의'의 첫 번째 관문 즉 "꿈의 가설"을 넘어서지 못한다. 왜냐하면 꿈의 가설에 의해 우리가 인식하는 컴퓨터는 환상에 지나지 않을 가능성을 배제할 수 없기 때문이다. "컴퓨터는 작동한다. 그러므로 컴퓨터는 존재한다"는 명제는 모든 대상적 인식과 마찬가지로 절대 확실성을 추구하는 방법적 회의를 면제받을 수 없다. 다시 말하면 "컴퓨터는 작동한다. 그러므로 컴퓨터는 존재한다"는 주장이나, "나는 걷는다. 그러므로 나는 존재한다"는 주장은 다 같이 대상적인 인식의 양식으로 "나는 사고한다. 그러므로 나는 존재한다"는 주장과는 그 논리적 성격을 달리한다는 것이 데카르트의 주장이다. 방법론적 회의에 따르면, 컴퓨터의 존재와 기능은 의심의 대상일 수 있다. 나의 걸음걸이와 나의 신체는 의심이 대상일 수 있다. 그러나 나는 사유하는 한에서 사유하는 자로서, 의심하는 한에서 의심하는 자로서 존재하지 않으면 안 된다는 것이다. 어쨌든 데카르트는 "의심하고 이해하며, 긍정하고 부정하며, 의욕하고 의욕을 억제하며, 또한 상상하고 감각하며" "약간의 사물에 관해서 알고 있지만 많은 것에 무지하고, 때로는 사랑하고 때로는 미워하는" '사유'에는 사유하는 주체를 함축한다. 이렇게 주체를 함축하기에 그의 존재론은 '실체 이원론'이라고 부르는 것이다.

그러나 데카르트적인 '실체 이원론'에서는 독립적 실체로서 '정신'과 '신체'가 어떻게 상호 결합하여 인간을 형성하며, 나아가 정신과 신체의 상호작용이 난제로 제기된다. 그래서 데카르트 생전에 이미 보헤미아의 엘리자베스 공주는 "사람의 마음이란 오로지 사유하는 실체라고 한다면, 자발적인 행위를 산출할 때 어떻게 마음이 신체의 정령들(즉 신경, 근육 등에 있는 유동체)을 결정할 수 있는가?"라고 질문했다.[11] 그래서 다음과 같은 대표적인 비평이 있어 왔다.

데카르트의 원칙대로 하자면, '연장성이 없지만 사유하는 실체(정신)'가 '연장성은 있지만 사유하지 못하는 실체(신체)' 안에서 어떻게 운동을 일으킬 수 있는지, 그리고 '연장성은 있지만 사유하지 못하는 실체'가 '연장성은 없지만 사유하는 실체' 안에서 어떻게 감각을 일으킬 수 있는지를 알기 어렵다. 그 두 종류의 실체들은 각자가 갖는 속성들로 인해 서로 다른 범주에 속하게 되어 그 실체들 간의 상호 작용이 아예 불가능해지는 것처럼 보인다.[12]

이에 대한 해결책으로 데카르트가 제시한 것이 바로 '송과선pineal grand'이다. 그는 말한다.

마음은 신체의 모든 부분에 의해서 직접 영향을 받지는 않고, 두뇌에 의해서, 아니면 두뇌의 작은 부분에 의해서만 영향을 받는다. …… 두

---

11. 김재권(하종호 역), 「비물질적인 마음 을 거부하기 위한 인과적 논변」, 『물리주의』, 아카넷, 2007, 116-7쪽.

12. A. Kenny, Descartes, Random House, 1968, pp. 222-3. 김재권 위의 책, 117쪽에서 재인용.

뇌의 이 부분이 일정한 상태에 있을 때마다, 비록 신체의 다른 부분들은 그 순간에 상이한 조건에 처해 있을지라도 그 부분은 동일한 신호를 준다.[13]

영혼의 활동은, 영혼이 무언가를 의도함으로써 그것이 밀접하게 연결되어 있는 그 작은 선이 이 욕구에 상응하는 결과를 산출할 수 있도록 움직이게 한다는 사실에 있다.[14]

이처럼 데카르트는 두뇌에 송과선이라는 미묘한 기관이 있어 여기서 실체인 정신과 신체가 상호작용한다고 주장하고 만다. 그런데 여기서 송과선의 도입은 데카르트 체계의 커다란 위협이 된다. 왜냐하면 데카르트의 실체 이원론의 체계에서 송과선 또한 '심적 실체'이거나, 아니면 '물리적 실체'이어야 한다. 그런데 만일 ① 송과선이 심적 실체라면 이질적인 심적 실체로서 '송과선'과 물리적 신체 간에 어떻게 상호작용이 일어나는가 하는 문제가 또다시 발생한다. 그리고 ② 송과선이 물리적 실체라고 한다면, 이제는 심적 실체가 물리적인 송과선과 어떻게 결합하는가? 하는 문제가 또다시 제기된다. 그래서 송과선의 도입은 독립적인 심적 실체와 물리적 실체가 어떻게 상호작용

13. R. Descartes, The Philosophical work of Descartes, vol. I, eds. John Cottingham, Cambridge Univ Press, 1985, pp. 56–60. 김재권(하종호 · 김선희 역), 『심리철학』, 철학과현실사, 1997, 225쪽에서 재인용.
14. R. Descartes, The Philosophical work of Descartes, vol. I, eds. John Cottingham, Cambridge Univ Press, 1985, pp. 56–60. 김재권(하종호 · 김선희 역), 『심리철학』, 철학과현실사, 1997, 226쪽에서 재인용.

할 수 있는가 하는 문제를 해결하는 데에 전혀 도움을 주지 못한다.[15]

바로 이러한 데카르트적인 실체 이원론의 난제를 해결하기 위하여 이후에 말브랑슈Malebranche는 모든 유한 실체들 간의 인과관계를 부정하고 오직 신神만이 인과력을 보유한 작인作因으로 간주하고, 양자 간의 간헐적인 관계만을 주장하는 기회원인론occasionalism을 내세웠다. 그리고 '일실체이양상론—實體二樣相論'을 주장한 스피노자는 "인간 정신의 형상적 존재를 구성하는 관념은 신체에 대한 관념이다. …… 왜냐하면 인간정신은 인간신체의 관념이나 인식이기 때문이다. …… 만일 인간 신체가 어떤 방식으로도 어떤 외부물체의 자극을 받지 않는다면, 인간 신체의 관념도 즉 인간정신도 어떤 방식에 의해서도 외부물체의 존재의 관념에 자극받지 않는다."[16]고 주장함으로써 심신간의 동일한 구조·존재·법칙·형식이 존재한다고 하는 심신평행론psychophysical parallelism을 주장하였다. 그리고 라이프니츠는 다양한 실체들 간의 인과적 관계를 부정하고, 모나드간의 예정조화를 주장하는 모나드론을 피력하였다. 그러나 이러한 이론들은 오늘날 심신의 문제를 신비적인 영역으로 도피한 것으로 취급되고 설득력 있는 해결책을 제시한 것으로 고려되지 않고 있다. 어쨌든 데카르트적인 심신 실체 이원론은 현대에 라일G. Ryle 등에 의해 '기계 속의 유령ghost in the machine에 관한 도그마', '범주착오', '의지의 신화', '사이비 기계론' 등과

---

15. Samuel Guttenplan, 「An Essay on Mind」, Samuel Guttenplan(ed), A. Company to the Philosophy of Mind, Blackwell, 1994, p. 88.

16. 박삼열, 「스피노자 표상론의 문제해결 가능성 탐구」, 『철학논총』 50, 2007-4, 165쪽에서 재인용.

같은 조소를 받으며 실패한 모델로 간주되지만, 반성과 논의의 출발점을 제공해 주고 있다.

그런데 신오현 교수는 이러한 데카르트의 심신관계론에 대한 전통적인 해석을 정면으로 반박하고 있다. 그에 따르면, 데카르트가 '코기토'를 '사고하는 실체'로 파악하고 있음은 분명하지만, 그 사고하는 실체의 존재방식과 연관하여 데카르트는 분명 당음과 같이 정의를 내리고 있다는 것이다.

"내가 존재한다는 사실, 그리고 나의 본성 즉 나의 본질은 사고하는 것이라는 사실보다 더 분명한 것은 아무 것도 없다는 것을 내가 알고 있다는 이 단순한 사실에서부터 나는 마땅히 다음과 같은 결론을 내리는 바이다. 즉 내가 사고하는 자(즉 실체)라는 것, 그리고 이 사고하는 자의 본성이나 본질은 사고하는 활동 자체에 있다는 이 한 가지 사실에서만 성립한다."(pp. 236-7)

즉 데카르트는 "사고하는 실체의 본질은 바로 그 사고 활동 자체"라고 주장했다는 점에서 데카르트에게서 본질은 실존에 선행하는 것이 아니라, 실존하는 본질 혹은 실존과 공생하는 본질이 사고의 특수성이라는 것이다. 사고하는 자의 본질은 바로 그 사고 작용에 있기 때문에 "나는 사고한다"는 사실 속에 "나는 존재한다"는 사실이 포함되어 있다는 것이다.[17] 요컨대 그는 말한다.

---

17. 신오현, 『자유와 비극』, 문학과지성사, 1979, 22쪽. 앞의 인용문 또한 같은 곳임.

"이러한 데카르트의 견해는 철학 전문가들로부터 엄청나게 왜곡되고 부당하게 비판을 받아 왔다. 논리 실증주의 전통에서 …… 가시 돋친 평가가 전혀 근거 없는 것이 아니라 하더라도, 인간 존재와 정신 현상에 관한 데카르트의 참으로 놀라운 통찰을 너무나 과소평가하고 있다는 점에서 …… 평형을 잃은 것이라고 생각하지 않을 수 없다. 예컨대 방법론적 관점에서 문제를 단계적으로 해명해 가는 방편으로 먼저 의심의 여지없이 확신한 자기의식의 핵심을 구축하고(p.182), 그 다음에 차례로 신의 존재, 물질의 존재를 증명하면서, 마지막으로 신체와 정신의 통일을 '전체적 자아'(p.240), '인간의 본성'(p. 250), '진정한 본성'(p. 128) 등으로 제시하고 있다. …… 데카르트의 정신적 실체나 심신이원론에 대하여 맹목적이고 표피적인 반응을 보이는 것을 삼갈 필요가 있다."[18]

신 교수의 주장에서 "방법론적 관점에서 문제를 단계적으로 해명해 가는 방편"이라는 말에 주의를 기울일 필요가 있다. 데카르트의 『성찰』의 구조를 살펴보면, 데카르트는 제2성찰에서 "사유하는 존재의 절대 확실성을 연역"하고, 제3성찰에서는 "신의 존재를 사유하는 자아 존재로부터 연역"하고, 제4성찰에서는 "오류가 생기는 근원"을 밝힌 다음, 제5성찰에서는 다시 신의 개념 자체로부터 신의 존재를 연역하는 것으로 신의 존재를 증명한다. 그리고 제6성찰에서는 그 전의 꿈과 악마의 가설 등과 같은 '방법론적 회의'가 확실성을 찾아가는 가운데 '과장'되었다고 말하면서, 과장된 회의가 "사물이 우리가 지각하

---

18. 신오현, 「자기 동일성의 문제」, 『자아의 철학』, 1987, 104−5쪽 참조.

는 것과 정확히 동일하다는 결론을 유보"하도록 만들었지만, "나는 이제 과거에 내가 지니고 있었던 과장되고 터무니없는 모든 회의들, 특히 잠자고 있는 상태에 대한 매우 일반적인 불확실성, 즉 잠자고 있는 상태를 깨어 있는 구별할 수 없다는 등의 회의를 도외시해야만 한다."고 말한다. 그러면서 그는 "자연이 우리에게 가르쳐 주는 모든 것에는 어떤 진리가 들어 있음에 틀림없다"고 말하면서 정신과 육체의 현존을 확신한다. 그런 다음 그는 인간 존재에 대한 분석을 마무리 하면서, 인간의 신체가 다른 물체와는 달리 반드시 영혼과 결합되어야 하며, '신체와 영혼의 결합'은 '선박 안에서 선박을 조종하는 선장'의 경우와는 달리 밀접하게 상호작용하고 있기 때문에 이 양자의 결합을 통해서만 '온전한 인간' '참된 자아'가 될 수 있음을 분명히 한다.

"자연은 또한 고통, 배고픔, 목마름 등의 이러한 감각을 통해서 내가 마치 조타수가 배에 타고 있듯이 육체에 머무는 것이 아니라 육체와 매우 밀접하게 연결되어 있음을, 즉 내가 육체와 혼합되어 있어서 육체와 더불어 하나의 전체를 이루는 듯이 보인다는 점을 가르쳐 준다. 만일 이 것이 사실이 아니라면 나의 육체가 상처를 입는다 할지라도 오직 사고하는 존재일 뿐인 아는 전혀 고통을 느끼지 않을 것이다. 왜냐하면 나는 이 상처를, 마치 조타수가 자신의 배에서 무엇이 망가진 것을 보고 그러한 사실을 지각하게 되듯이, 오직 지성을 통해서만 지각할 것이기 때문이다."

여기서 우리는 데카르트가 신체와 영혼의 결합이 선박 안에서 선박을 조종하는 선장의 경우와는 달리 밀접하게 상호작용하고 있기에, 이 양자의 결합을 통해서만 '온전한 인간' '참된 자아'가 될 수 있다고 주장한 것에 주의를 기울여야 한다. 왜냐하면 영육관계靈肉關係를 조타수와 배의 관계에 비유한 것은 실체론적 스콜라철학의 전형이기 때문이다. 즉 인간은 두 가지의 서로 분리된 실체로 구성되어 있으며, 정신과 육체의 관계는 조타수와 배의 관계로 비유하는 것은 스콜라철학적인 아리스토텔레스주의 전통인데,[19] 데카르트는 이러한 비유를 명시적으로 거부했다.

그리고 만일 우리가 데카르트의 진술 자체를 논의의 최후 보류로 삼는다면 이러한 지적은 충분한 근거가 있다. 즉 데카르트는 제2성철에서 자신은 어떤 물질적 사물도 사고할 수 없다는 점을 가정한 적이 없으며, 자신이 주장하려고 한 것은 단지 "나는 생각한다. 그러므로 존재한다."라는 말을 통해서 그 현존이 확인된 '나'는 사고하는 존재라는 점일 뿐이라고 강하게 주장한다. 그리고 "나는 사고하는 존재다." 라는 언급은 정신과 육체가 존재론적으로 구별된다는, 즉 정신은 비물질적이지만 육체는 물질적이라는 말과 다르다고 한다. 바꾸어 말하면, "나는 사고하는 존재다"라는 진술은 인식론적인 관점에서 이해되어야 하며, 따라서 이 진술이 정신과 육체의 존재론적 관계에 대한 어떤 함의를 지니지 않는다는 것이다. 이것이 바로 데카르트가 자신에 대한 반박들에 답하면서, 정신과 육체의 엄밀한 관계에 대한 자신의 주장은 훨씬 더 이후의 단계, 즉 제2성찰이 아니라, 제6성찰을 통해서

---

19. 코플스톤(김성호 역), 위의 책, 190쪽.

확립된다고 주장하는 이유이다.

그 외에도 당신은 여기서 어떻게 내가 육체는 사고할 수 없다는 점을 증명하였는가를 묻고 있다. 하지만 여기서 나는 아직 그런 의문이 생겨날 만한 근거를 제시하지 않았다고 밖에 답할 수 없는 것을 양해하기 바란다. 왜냐하면 내가 그 문제를 처음으로 다룬 것은 제6성찰에 이르러서이기 때문이다.[20]

여기서 데카르트가 말하는 제6성찰은 바로 신체와 영혼의 결합은 선박 안에서 선박을 조종하는 선장의 경우와는 달리 밀접하게 상호작용하고 있기 때문에, 이 양자의 결합을 통해서만 '온전한 인간' '참된 자아'가 될 수 있다고 주장한 바로 그것을 말한다. 그러나 일반적으로 데카르는 신체와 마음을 두 개의 독립된 근원으로 보고 있고 마음만이 인간의 본성을 이루고 신체는 다만 마음을 떠받치고 있는 부속장치에 불과하다고 주장한 것처럼 해석되고 있는 것이 현실이다.

20. R. Descaretes, 「Replies to Objections」 2, 1. 코플스톤(김성호 역) 위의 책, 149쪽에서 재인용. 그리고 3, 2 및 4, 1 그리고 7, 5에서도 데카르트는 같은 주장을 반복하고 있다.

3. 현대 물리주의 일원론

데카르트적인 '실체 이원론'적 모델이 심신의 상호작용을 설명하는 데에 난점이 있다는 것을 목도한 현대 철학자들은 마음과 신체를 독립된 실체가 아니라, 어느 정도 연결·협력하는 것으로 보는 관점을 모색하여 심신관계를 정립하려고 한다. 바로 이런 관점에서 현대 과학의 성과를 배경으로 등장한 것이 현대 물리주의적 심리철학이다. 그런데 '물리주의적' 심리철학은 어디까지나 '물리주의'를 견지하는 만큼, '물리적인 것'만으로 혹은 '물리적인 것'에 우선성과 토대를 두며 심신관계를 해결(해소)하려고 한다. 그런데 물리주의는 현대 심리철학의 논의의 귀결이 아니라, 차라리 출발점이라고 하는 것이 올바른 표현이라고 하겠다.

현대 심리철학에서 '실체 이원론'은 다양한 이유로 거의 기각되어 왔다. 시·공간의 틀 밖에, 그리고 물리적 과정들과의 인과적 상호작용 안에 물리적이지 않은 실체들이 존재한다는 생각은, 많은 사상사들에게는 매우 당혹스럽고 신비하며, 궁극적으로는 일관성을 지니지 못한 것으로 보였다. 그래서 '존재론적 물리주의'ontological physicalism, 즉 시·공간 내에는 물리적 소립자들과 그 집합들 이외에는 그 어떤 구체적 존재나 실체들도 없다는 견해가 심신문제에서 지배적인 입장이 되어 왔다. 가장 현대적인 논쟁들에서 '존재론적 물리주의'는 정립시켜야 할 필요가 있는 결론이라기보다는 논의의 출발점을 이룬다.[1]

다시 말하면 현대 심리철학자들은 ① 이 세계에는 물리적이지 않은 실재나 실체가 독립적으로 존재한다고 가정해야할 필요 충분한 근거가 있는가? 그리고 ② 비록 비물리적인 것이 독립적으로 존재한다고 할지라도, 물리적인 공간 밖에 존재하는 비물리적인 실체가 엄밀한 물리적 법칙'의 지배를 받는 물리적인 물체의 운동에 영향을 끼칠 수 있는가? 하는 질문을 제기한다. 여기에 대해 부정적인 답변을 하면서, 현대 심리철학자들은 '존재론적 물리주의'를 심신관계에 대한 논의의 출발점으로 삼았다. 이러한 현대 심리철학의 전개과정은 우선 크게 두 가지, 즉 '환원주의'와 '비환원주의'로 구분할 수 있다. 여기서 '환원주의'란 심적인 것을 물리적인 것으로 논리적인 정의를 통해 언어·논리적으로 환원하거나, 혹은 교량법칙을 이용하여 '심적인 것'을 '물리적인 것'으로 확인함으로써 존재론적으로 환원하거나(심물 유형 동일론), 혹은 궁극적으로는 '심적인 것' 자체를 아예 해소·제거(제거

---

1. 김재권(하종호·김선희 역), 『심리철학』, 철학과현실사, 1997, 357-8쪽.

주의)하려고 하는 입장을 말한다. 우리는 이러한 입장들에 대해 간단히 살펴보기로 하자.

환원 물리주의

행동주의behaviorism는 가장 단순하게 정의하면 "정신과 신체의 관계를 관찰 가능한 행동으로 통일"하는 입장이라고 하겠다. 심리학에서 행동주의는 왓슨에 의해 정립되었는데, 그는 심리학의 주제는 '의식'이며 그 방법은 내성introspection이라고 주장한 당시의 내성심리학론을 비판하고, 과학으로서의 심리학의 대상은 오직 관찰 가능한 행동에 국한해야 한다고 주장한다.[2] 이러한 심리학의 탐구 방법으로서의 행동주의를 우리는 통상 '방법론적 행동주의'라고 부른다.

그런데 심리철학에서 문제가 되는 행동주의는 '논리적' 혹은 '언어 분석적'이다. 여기서 논리적 · 언어 분석적 행동주의란 심리 현상의 존재에 관여하는 것이 아니라, 과학으로서 심리학의 성과를 이차적 · 메타적인 입장에서 언어 논리적으로 분석한다는 뜻이다. 통상 논리적 · 언어 분석적 행동주의는 논리 실증주의적 통일 과학을 역설한 비엔나학파에 의해 제창되었다. 카르납R. Carnap으로 대표되는 이들은 "검증가능성의 원리"에 따라 관찰 가능한 대상 · 속성 · 사건에 대

---

2. John B. Watson, 「Psychology as the Behaviorist view it」, W. Lyons(ed), Modern Philosophy of Mind, The Guernsey Press, 1995, pp.24-42 참조.

한 용어로 구성된 언어만이 진정 보편적·객관적일 수 있으며, 따라서 과학적이라고 할 수 있기 때문에 모든 참된 과학은 궁극적으로 물리적 언어로 표현될 수 있어야 한다고 주장한다. 따라서 "의미 있는, 다시 말하여 원칙적으로 검증 가능한 모든 심리학적 진술은 심리학적 개념을 동반하지 않고, 단지 물리학의 개념만을 포함하는 진술로 번역될 수 있다. 심리학의 진술은 필경 물리학의 진술이다. 심리학은 물리학에 통합되는 부분이다."[3] 이러한 논리적·언어 분석적 행동주의는 심리적인 것을 물리적인 자극-반응의 행동체계로 환원한다는 의미에서 '환원적 행동주의', 혹은 마음의 존재론적 위치는 도외시하고 순수 언어적인 차원에서 심리학적 용어의 의미를 검증한다는 뜻에서 '언어 분석적 행동주의'라고 할 수 있다. 따라서 "모든 유의미한 심리적인 표현은 행동적이고 물리적인 표현들, 즉 행동적인 현상과 물리적인 현상을 지시하는 표현들에 의해서만 정의될 수 있다는 입장"[4]이라고 정의할 수 있다.

심신동일론the Identity theory은 발전하는 현대 과학적 세계관을 배경으로 출현하였다. 과학사를 보면 충분히 설명이 되어 이론이 정립되기 이전에는 신비적인 것으로 남아 있던 것(영역)이 그것의 참된 본성을 인식하게 됨에 따라 '동일同一'한 것으로 파악되는 경우가 종종 있다.

---

3. C. G. Hempel, 「The Logical Analysis of Psychology」, Ned Block(ed), Reading in Philosophy of Psychology, Vol. I, Harvard Univ Press, 1980, p.18.
4. 김재권(하종호·김선희역), 『심리철학』, 59쪽.

과학에서 발견의 논리에 따라 심적 현상과 물리적 현상으로 확인했다고 주장하면서, 심신을 직접 합체하는 것이 바로 심신동일론이다. 유형동일론은 플레이스Place와 이에 동조하여 이론의 확립에 크게 기여한 스마트Smart 등에 힘입어 "심적 속성은 신체의 속성에 지나지 않는다", "감각은 두뇌-과정이다", "심리적 사태(x)는 신경-물리적 상태(y)와 동일하다", "M이라는 심적 상태에 있다는 것은 N이라는 신경-물리적 상태에 있다는 것과 동일하다" 등으로 정식화되었다. 그리고 이후 루이스Lewis와 암스트롱Armstrong 등에 의해 인과이론으로 정교화되었다. 즉 '심적 현상' 또한 인과적 특성을 지니며, 이 인과성은 물리 현상의 전형적인 특성이므로 심적 현상 또한 '교량-법칙'bridge-law에 의해 넓은 의미의 물리 현상의 범주로 설명할 수 있다는 것이다. 어쨌든 심신에 대한 '유형 동일론'은 과학적 심리학의 진정한 과제는 심적 용어의 진정한 지시체인 두뇌의 상태와 과정을 발견하는 것이라고 주장하는 '환원주의'라고 할 수 있다.

다음으로 제거유물론eliminativism, eliminative materialism이 있다. 소거주의는 가장 엄격하고 정직한 의미의 물리주의로서 심적 현상의 존재 자체를 부정하는 극단적 물리주의(유물론)이다. 여기서 소거와 환원還元은 한편 구분되는 것이기도 하다. 우리는 열의 실체라고 일컬어지던 플로지스톤, 마녀 등과 같은 것은 제거除去되었다고 말하지 결코 환원되었다고 말하지 않는다. 물은 H_2O로, 열은 분자운동으로, 빛은 전자기의 방사로, 유전자는 DNA 등으로 환원되었지 결코 제거된 것은 아니다.[5] 그렇다면 이제 우리의 의식(정신, 마음) 등과 같은 심성적 현상이 과연 플로지스톤이나, 마녀와 같이 해소·제거되어야 운명에 처해 있는가? 현대 과학을 배경으로 태동하였다고 주장하는 제거적 유물론자들은 자칭 영웅적·모험적 위치에서 철저한 유물론을 표방하면서 위 질문에 대해 단연코 긍정적인 답을 내놓는다. 즉 그들이 말하기를 이른바 '심적 현상(상태)'라고 하는 것들은 이 세상에서 유일한 실재인 물리적인 어떤 것이 아니기 때문에, 그 존재 자체가 마땅히 처음부터 부정되었어야 한다는 논리를 편다. 이러한 소거적 유물론은 인간 현실이나 심리 현상을 물리과학의 언어로 남김없이 완벽하게 설명할 수 있다는 가장 극단적인 형태의 유물론 혹은 어떤 의미에서 가장 정직한 형태의 엄격한 물리주의이다. 즉 이론에 따르면, 정신(심리, 의식)의 실체·현상·사건·과정 등은 실재하지 않고, 이 세계에는 오직 물리적인 것, 혹은 적어도 물리과학에 의해 요청되고 지지되는 실재·사건·성질·상태·개념·법칙 이외에 다른 모든 것은 비존재로 제거되어져야 한다는 것이다.

이러한 행동주의behaviorism, 심신동일론the Identity theory, 제거주의 eliminativism 등과 같은 환원 물리주의자들은 논리적인 정의와 교량법칙을 이용하여 '심적인 것'을 '물리적인 것'으로 언어 논리적으로 환원하거나, 심적인 존재 자체를 물리적인 현상으로 확인함으로써 존재론적으로 환원하고(동일론), 궁극적으로는 '심적인 것'이라고 주장된 것을 제거(제거주의)하려고 한다. 그런데 여기에는 우선 논리적인 문제

---

5. Kim, Jaegwon(하종호 역), 『물리주의』, 243-4쪽 참조.

로 심적인 것을 물리적인 것으로 환원하여 심적인 것이 제거한다면, 동시에 약간의 물리적인 것 또한 제거되었다고 점에서 이론이 지녀야 할 '완전성'의 이념을 위반하고 있다는 사실을 지적해야 할 것이다. 나아가 이러한 환원 물리주의에는 심적인 것이 지니는 고유 특성이라고 간주되는 개인적 · 1인칭적 특권, 직접적 인식, 자기반성, 그리고 특히 지향성intentionality과 감각질Qualia의 문제를 해명하지 못하고 있다.

비환원 물리주의

환원 물리주의가 지닌 이러한 난점을 벗어나기 위하여 제안된 비환원적 물리주의로는 심신수반supervenience이론, 데이비슨에 의해 제안된 '무법칙적 일원론', 그리고 기능주의functionalism 등이 있다.

비환원주의적 물리주의 가운데 하나인 심신수반이론은 이 세상의 모든 존재가 '물리적인 것'에 의해 설명되어져야 한다고 하는 '물리주의'가 지니는 최소 전제를 충족시키면서, 환원주의의 여러 난제를 벗어나기 위하여 비환원주의적 입장을 취한다. 이 개념의 형성에 공헌한 것으로 알려진 김재권은 한 언론과의 인터뷰에서 "심신수반이론"을 다음과 같이 정의했다.

X가 Y에 수반된다는 것의 의미는 Y가 고정되면 X가 달라질 수 없다는 뜻이다. 마음과 뇌의 관계가 바로 '수반'관계다. 뇌의 물리적인 속성이 고정돼 있다면 정신적인 속성(의식, 무의식)도 고정된다.

그리고 이러한 수반관계는 "신체와 정신과의 관계는 뇌손상 환자에 대한 관찰에서 파악할 수 있다. 이런 증거들은 정신이 신체에 의존하고 있다는 사실을 충분하게 보여준다. 전통적인 믿음들이 경험적인 증거가 발견됨에 따라 부인되고 개선된 사례는 많다. 뇌와 같은 물리적 기반이 없이 존재하는 정신을 믿는 일은 '마술'을 믿는 것과 다름없다."[6]고 주장하고 있다.

초기 물리주의자들은 앞서 말한 '존재론적 물리주의'를 토대로 하여 '심적 속성'을 '물리적 속성'으로 환원(행동주의, 심신 유형 동일론)을 시도하였다. 그러나 이른바 명제 태도propositional attitude 등에서 나타나는 지향성과 감각질과 같은 심적인 것이 지니고 있는 고유성으로 말미암아 심적 속성들을 물리적인 속성으로 환원시키는 데에 어려움이 있게 되자, 심신수반이론은 '비환원 물리주의'의 하나로서 등장하게 되었다. 이 심신수반이론이 매력적인 것은 이 세계에 존재하는 모든 것을 물리적인 것으로 설명하려고 하는 '물리주의의 최소전제'를 충족시키면서도(물리주의) 심적 속성을 물리적 속성으로 환원시키지 않고 (비환원주의) 그 고유성을 인정한다는 점에 있다.

'존재론적 물리주의'를 최소 충족시키면서 '속성 이원론'을 결합시킨 이 수반이론은 심신에 대해 ① 속성 공변property covariation(어떤 것의 토대 속성이 구분되지 않는다면 수반속성도 구분되지 않는다), ② 의존성dependency(수반되는 속성은 수반하는 토대에 의존한다), ③ 불가환

---

6. 한국일보, 2008년 08월 01일자.

원성(수반되는 속성을 수반하는 토대로 환원할 수 없다⁷)는 주장을 함축한다. 여기서 수반되는 속성이란 심적 속성을 수반하는 토대란 물리적인 신체를 말한다. 그리고 이 수반이론은 토대 속성(물리적 속성)이 구분되지 않는다면 수반속성(심적 속성)도 구분되지 않는다고 주장함으로써 물리주의가 성립하기 위한 최소 요건을 충족시키지만, 수반되는 속성(심적 속성)을 수반하는 토대(물리적인 것)로 환원할 수 없다고 주장함으로써 속성 이원론을 유지한다. 이러한 이론의 한 사례가 데이비슨의 '무법칙적 일원론'anomalous monism이다. 여기서 '무법칙적'이란 "심적 사건 및 상태에 대한 우리의 언설을 어떤 사람의 두뇌에 있는 물리적 사건 및 상태에 관한 진술과 결부시킬 일반적인 법칙은 없다"는 뜻이다. 그리고 '일원론'이란 우리가 과학 법칙이나 혹은 과학적 기술에서 어떤 역할을 담당하는 인간의 상태와 과정이 있다면, 오직 신경 물리적인 두뇌의 상태와 과정만이 있다는 뜻이다.

데이비슨의 관점에서 본다면, 심적 사건은 물리적 사건으로도 확인된다. 더 정확히 말해서, 심리학적 이론에 의해 기술된 사건은 물리적 이론에 의해서 또한 기술될 수 있다. 그러나 심적인 것과 물리적인 것을 연관시키는 엄격한 인과 법칙, 즉 심리주의적 기술과 물리주의적 기술 간의 인과 관계를 규정하는 교량-법칙이란 없다. 그러면 심적 속성과 물리 속성간의 관계는 이른바 의존 혹은 수반의 관계를 형성한다. 유형동일론이 엄밀한 일원론으로 심적 상태를 신경 물리적 과

---

7. Kim, Jeagwon, 「Supervenience」, S. Guttenplan(ed.), A Companion to the Philosophy of Mind(CPM), Blackwell, 1994, pp. 575-583.

정으로 환원을 주장하는 반면에, 무법칙적 일원론(개별자 동일론)은 환원을 거부하고 의존 혹은 수반(개별자 동일성)을 주장한다.

그런데 바로 이 점에서 김재권은 데이비슨에게서 성립하는 이러한 수반은 심신관계에 대해 아무 것도 말해주는 것이 없다[8]고 하면서 최종적으로 다음과 같이 결론을 내린다.

심사숙고하지 않더라도 …… 심신수반 자체는 심신 관계에 대한 이론을 제공해주지 않는다. 그 이유로는 ….. 실제로 상호 배타적인 심신 이론들 중 상당수가 심신수반을 받아들이고 있다는 것이다. 일종의 이원론인 창발론 …… 일원적 물리주의인 물리적 실현주의 …… 환원론인 유형 물리주의 …… 심신동일론의 주요 적수로서 간주되어온 부수현상론도 명백하게 심신 수반에 관여되어 있다. …… 심신 문제에 대한 이처럼 다양하고 상충되는 접근법들이 모든 심신 수반을 인정한다면 심신수반론은 이러한 고전적인 이론들과 대등한 자리에 놓일 수 있는 심신 이론이 되기 어렵다. 이상의 논의에 비추어볼 때, 심신 수반에 대한 단순한 주장만으로는 그것의 근거가 무엇인지, 또는 그것을 설명해주는 것이 무엇인지 - 왜, 수반 관계가 심적인 것과 물리적인 것에 대해서 성립하는지 - 에 대해서 말해주는 바가 없다.[9]

그런데 비환원주의적 물리주의의 최신판으로 기능주의functionalism가

---

8. 김재권(하종호 역), 앞의 책, 21면 참조.

9. Kim, Jaegwon(하종호 역), 『물리계 안에서의 마음』, 철학과현실사, 1999, 29-39쪽.

있는데, 이 입장은 심성에 관해 나름으로의 설명을 제시한다. 즉 '물리주의적 기능주의'는 "세계는 모두 '물리적인 것'으로 구성되어 있고, 모든 물리적인 것은 '인과적'으로 영향을 미치고 있다는 물리주의적 세계관에 입각하여 존재를 인과관계에서의 역할에 의해 정의하는 방법"이다. 기능주의는 최근의 컴퓨터에 착안하여 "심적 속성이란 두뇌 과정 이외에 다른 것이 아니다"고 주장하는 '유형동일론'을 거부하고, "심적 속성과 두뇌의 관계는 컴퓨터에서 소프트웨어와 하드웨어의 관계와 같다"고 주장한다. 즉 컴퓨터에서 소프트웨어에 대한 진술을 제거하거나 전기적인 하드웨어로 전적으로 환원할 수 없듯이, 인간 마음에 대한 진술 또한 신체 행동으로 제거하거나 신경 물질로 환원할 수 없다는 입장이 바로 기능주의이다. 따라서 기능주의는 심적 속성의 실재성을 인정하면서도 신비주의에 빠지지 않는다는 장점을 지니며, 이러한 기능주의적 입장에서 본다면 심리학은 신경물리학 혹은 생물학으로 환원되지 않고 독립된 영역을 구성할 수 있다. 그래서 퍼트남적 기능주의에서 "어떤 심적 상태(M)에 있음"은 "연관된 컴퓨터 프로그램에서 어떤 역할(R)을 수행하는 이런 저런 심리적 상태에 있음"을 의미한다.

사실 심적 상태에 대한 기능주의적 이해는 심리학에서 인지주의와 컴퓨터 과학자, 그리고 인공지능 연구자들의 입장과 유사성을 띠면서 그들의 동의를 얻어 광범위하게 응용되어 이제는 일반화되어 기는 추세에 있다. 그런데 이는 ① 컴퓨터가 지적知的인 과제를 수행할 수 있는가?, ② 컴퓨터가 어떤 지적 과제를 수행한다면, 이는 인간과 같은 방식으로 이루어지는가?, ③ ①~②의 조건이 충족된다면, 그것이 실제의 지성 · 사유 · 의식 · 감정 · 감각 등으로 대표되는 인간의 심리적 · 정신적 속성을 지니는가? 하는 문제를 지니고 있는데, 여기서 ①의 문제는 엔지니어링의 문제이며, ②의 문제는 인지 심리학의 문제이며, ③의 문제는 철학적 개념 정의의 문제이다. 현재 인공지능이 약한 의미에서 첫 번째 조건은 충족하였다고 할 수 있으나, 두 번째 및 세 번째 문제에 대한 대해서는 부정적인 대답과 긍정적인 대답이 교차하고 있다.

그러나 이러한 기능주의는 기호를 통해 진행되는 '통사론'에 그치는 것으로서, 형식적 관계 이상의 즉 심적 작용의 의미론을 제시할 수 없기 때문에 결코 성공할 수 없다는 것이 우리의 판단이다. 이와 같은 입장에 서서 마음을 컴퓨터의 프로그램에 비유하는 기능주의를 근자에 가장 설득력 있게 비판한 것이 현대 영미 철학의 주도적인 위치에 있는 서얼의 이른바 '중국어− 방'chinese−room 논변이다.[10] 이 논변에서 서얼은 기능주의의 마음에 대한 정의는 마음을 형식적 · 통사론적으로 해석하지만, 우리 인간 마음은 구문론 이상의, 즉 의미론을 요구한다는 것을 말했다. 다시 말하면 인간의 지성 · 사유 · 의식 · 감정 · 감각 등은 컴퓨터의 프로그램 이상의 의미론적인 차원을 지니고 있기 때문에, 결코 기능에 의해서는 온전히 설명할 수 없다는 것이다. 그래서 김재권은 '마음/심성'의 위치와 연관하여, 실로 '물리주의'는 전통적으로 "정신(마음, 의식)이란 비물리적이고 공간을 점유하지 않으

---

10. John. R. Searle, The Rediscovery of the Mind, MIT Press, 1995. 9장 "The Critique of Congnitive Reason"

면서, 사고를 본성으로 한다"고 인식해 온 우리들에게 '그런 비물리적 실체'란 ① 비존재로 제거시키거나(제거주의), 혹은 ② 감각질과 같은 심적 특성은 보존하되 물리계에 아무런 인과력을 행사할 수 없는 무기력한 것으로 간주할 것을 요구한다고 주장한다. 그렇다면 왜 우리는 마음을 상실하는 이런 값비싼 대가를 치르면서 물리주의를 받아들여야 할까? 어떤 논리와 어떤 근거에서? 여기에 대해 물리주의자들은 물론 현행 발전한 과학에 그 논리와 근거가 있다고 말할 것이다. 그래서 김재권은 "당신의 이론은 과학에 대한 무한신뢰에 기반하고 있다. 하지만 과학의 객관성에 대한 회의가 일고 있다. 당신의 이론적 뿌리는 여전히 튼튼한가?"라는 기자의 질문에 "왜 의심을 하는가? 과학자들도 사람이라 주관이 개입할 수도 있지만, 인간의 이성은 그 오류를 찾아내고 개선할 수 있다."[11]라는 대답을 하고 있다. 그러나 이 문제는 그렇게 간단하지 않다. 우리는 물리주의에 대한 다음과 같은 통렬한 비판은 그 언제나 타당하다고 판단한다.

결국 물리주의는 표준상 선천적인 진리가 아니라, 경험적인 연접인 것으로 가정된다. 이런 방식으로 이해한다면, 물리주의는 물리과학이 어떤 존재론적 권위를 갖는 주장이다. …… 문제는 '물리과학'이란 무엇인가? 하는 점이다. 명백히 물리과학은 현재 생각되는 것과 같은 많은 다양한 분과학을 포함한다 : 기계역학, 전자기학, 열역학, 중력, 소립자 물리학 등. 그러나 어떤 물리주의자들도 이것이 물리과학의 모든 범위

---

11. 한국일보, 2008년 8월 1일자.

를 포괄한다고 생각하지 않는다. 우선 화학과 분자 생물학이 일반적으로 문제없이 물리적인 것으로 일반적으로 고려되어 진다. 다른 한편 어떤 사람도 고유한 물리학이 현재 완결되었다고 믿지 않는다 : 물리학은 실재를 충전적으로 설명하기 위하여 많은 새로운 실재와 법칙들을 발견할 수 있다. …… 미래 물리학의 발전은 어떤가? 만일 현행 물리학이 예견할 수 없는 방식으로 발전한다면, 물리주의는 심적인 것으로 배제하는 방식으로 어떻게 정의될 수 있을까? …… 그러므로 물리주의자들이 내놓아야 하는 '물리적인 것'을 정의하는 대에 실제적인 난점들이 있다. …… 잠정적으로 대략 '물리적인 것'은 다음과 같이 모호하게 정의한다 : "그 피설명체가 논쟁의 여지없이 물리적인 참된 완전한 과학에 의해 지지되는 실재"[12]

요컨대 '물리적인 것'이란 그 자체 선천적으로 정의할 수 있는 절대적인 개념이 아니라, 이론 부가적이며, 나아가 역사 · 사회 상대적이다. 그리고 '물리적인 것'이 이렇게 역사 · 사회 상대적이라면, 이 물리적인 것을 이론화하는 '물리주의' 또한 그 자체 절대적인 것이 아니라, 역사 · 사회 상대적인 것일 뿐이다. 왜냐하면 물리과학이 역사 · 사회 상대적이기 때문이다. 그렇다면 물리주의적 심신관계론 또한 역사 · 상대적인 것일 따름이다.

---

12. Tim Crane, 「Phycicalism(2) : against phycalism」, Guttenplan(ed.), A Companion to Philosophy of Mind(CPM), Blackwell, 1994, pp. 479-480.

4. 결론과 제언

　지금까지 서양 철학사에서 제시되었던 두 가지 대표적인 심신관계론인 실체 이원론과 과학주의 물리일원론을 살펴보았다. '변화로부터의 논증'에서 나온 플라톤-데카르트식의 실체 이원론은 그것과 가족 유사성을 지니는 다양한 종교적 인간관과 함께 인류 역사를 통해 가장 지배적인 위치를 점해왔다고 할 수 있다. 그러나 마음(정신, 영혼, 심령)과 분리된 신체는 시체이거나 기껏해야 육체flesh일 뿐이며, 신체와 분리된 심령은 '귀신'이라고 해야 할 것이다. 인공지능의 발달로 인해 인간과 비슷한 정신능력과 동작 및 외형을 지니고 있지만 인간의 신체를 지니지 못한 것은 로봇, 인간의 신체와 심령을 갖고 있지만 신체와 결부된 정신을 상실한 정신병자, 인간의 신체와 정신은 갖고 있지만 인간적 신체의 모습을 갖지 않는 괴형은 인간인 우리를 슬프게 한다. 이는 인간의 몸과 마음이 함께 불가분 연계되었을 때 전일적인 인간이 된다는 현실을 말해준다.

우리는 마음과 신체를 '대상적·반성적인 관점'에서 실체화하고 그 다음에 이 두 실체간의 관계를 외면적 관점에서 해석하려는 것이 아니라, 양자가 존재 연관 속에서 하나의 통일적인 현실임을 인정하는 데에서 출발해야 한다. 앞서 우리는 데카르트의 심신관계론을 소상히 다루면서, 데카르트가 결국에서 "자연이 우리에게 가르쳐 주는 모든 것에는 어떤 진리가 들어 있음에 틀림없다"고 말하면서 신체와 영혼은 양자의 결합을 통해서만 '온전한 인간', '참된 자아'가 될 수 있으며, "내가 육체와 혼합되어 있어서 육체와 더불어 하나의 전체를 이루고 있는데, 만일 이것이 사실이 아니라면 나의 육체가 상처를 입는다 할지라도 오직 사고하는 존재일 뿐인 아는 전혀 고통을 느끼지 않을 것이다."라고 말하고 있다. 우리는 이러한 데카르트의 교훈을 망각하지 말아야 할 것이다.

그리고 '변화로부터의 논증'에서 나온 실체 이원론이 불변(멸)의 정신을 형이상학적으로 정립하려고 한 데에서 인간 현실을 제대로 파악하지 못했다면, '과학주의적 물리일원론' 또한 "실증적·대상적·제$_3$자적인 관점에서 형상을 지니면서 인과적인 역할을 하는 것만을 실재로 인정한다"는 전제에서 출발하였기 때문에 인간 현실을 제대로 파악하지 못하고 있다고 하겠다. 즉 그것이 비록 현대 과학의 발전을 배경으로 태동하였다고 주장하지만, 처음부터 형적 없는 마음psyche 혹은 그 본성을 ① 시·공간상의 위치를 점유하는 '물리적인 것'이 아니라는 점에서, 나아가 ② 물리법칙에 종속되는 '물리적인 것'의 운동에 인과적 영향을 발휘할 수 없다는 논거를 가지고 배제하고 있는데, 그렇다면 이제 남는 것은 'physis(물物)'의 영역, 즉 물리계뿐이며, 따라서 물리 일원론만이 유일한 진리로 인정된다. 그렇다면 물리주의적 심신관계론은 이미 '마음psycho(심心)'을 배제한 다음, '물리적인 신체'와 '허수아비 마음'간의 관계를 탐구하는 것에 지나지 않는다. 이미 비물리적인 마음을 존재의 영역에서 배제한 다음, 존재의 영역에서 배제된 마음과 물리적인 신체의 관계를 논하는 것은 어불성설이라고 하겠다. 우리는 실체론의 '형이상학적 전제'나 혹은 과학주의자들이 파악하고자 하는 '과학적 이론의 세계' 이전에 우리가 마음을 쓰고 생활하는 인간의 직접 체험의 실존의 장이 우리 인간의 현실을 온전히 드러내고 있으며, 나아가 이론적 도식에 의해 마음과 신체를 나누기 이전의 본래의 근원적–통일적 인간이 '실체적 정신'이나 '물리적으로 환원되는 정신' 이전의 온전한 인간 존재라고 판단한다. 심신의 문제에 있어 우리가 근원적으로 돌아갈 곳은 바로 '형이상학적 전제'나 '과학적 이론' 이전의 생생한 사태 자체로서의 심신의 통일이다. 왜냐하면 우리는 "마음이 없으면 보아도 보이지 않고, 들어도 들리지 않으며, 먹어도 그 맛을 모르고",[1] 또한 그 역으로 "시각視覺(안식眼識)의 양식으로 존재하는 우리 마음은 신체의 눈을 떠나서는 생각할 수 없고, 촉각은 손을 떠나서는 생각할 수 없기" 때문이다. 우리가 보고 듣고 만져 보는 것은 눈이나 손을 가지고 행하는 것이 아니다. 즉 망원경이나 지팡이나 보청기를 사용하듯 눈이나 귀나 손을 하나의 도구로 사용해서 보고 듣고 감촉하는 것이 아니다. 그것은 나의 신체이자 나의 마음이며, 곧 나 자신으로 마음과 신체는 인식론적, 대상적인 태도를 취하지 않

---

1. 『孟子』 7:2. 心不在焉 視而不見 聽而不聞 食而不知其味 此謂修身 在正其心.

는 한 결코 분리될 수 없는 하나의 통일적 현실이다. 바로 이것이 동양의 유가와 불가, 그리고 도가의 전형적인 심신관계론, 전일적 인간관이라고 우리는 생각한다.

이제 우리는 현 시대(탈형이상학, 과학주의시대)를 살고 있는 우리에게 물리주의적 심신관계론의 논리가 오늘날 한국철학사를 연구하는 우리에게 주는 몇 가지 교훈을 탐색해 보고 논의를 종결지으려고 한다. 여기서 우리의 질문은 이것이다.

　"물리주의가 주도적인 학문이념이 됨에 따라 고유한 마음이 상실된 현재의 학문 상황에서 '마음의 재생'을 기획하기 위해서 우리는 어떻게 해야 할 것인가?"

여기서는 두 가지 시도가 있어야 한다고 생각하는데, 그 하나는 앞서 우리가 제시했던 것처럼 존재론적 토대이념으로서 '물리주의'가 단지 추상적인 학문이념일 따름이라는 것을 드러내는 것이며, 다른 하나는 마음의 전모(본체)를 제시하여 그것은 물리적인 것으로 환원되거나 해소될 수 없다는 것을 제시하는 것이다. '물리주의'란 그 자체 자명한 진리가 아니라, 생생하는 본래적 자연에 물리주의적 추상의 이념의 옷을 입혀 그 이념에 합당한 것만을 수량화·계량화시켜 인과적으로 자연을 파악하고자 하는 근·현대 역사적·상대적 입장이며, 따라서 우리는 물리주의라는 이론적 추상화 이전의 생생하는 본래 자연(사태 자체)으로 되돌아 가야한다. 이와 더불어 제기될 수 있는 것이 바로 본래 자연에는 결코 물리적인 것으로 환원될 수 없는 말하자면 '비물리적'인 고유한 마음이 있음을 드러내어 제시하는 것이다.

실체론적인 '형이상학적 전제'나 혹은 과학주의자들이 파악하고자 하는 '과학적 이론의 세계' 이전에 우리가 마음을 쓰고 생활하는 인간의 직접 경험의 실존의 장이 우리 현실을 온전히 드러내며, 나아가 이론적 도식을 통하여 마음과 신체를 분리하기 이전의 본래의 근원적 통일적 인간이야 말로 '실체적 정신'이나 '물리적으로 환원된 마음' 그 이전의 온전한 인간의 실상이라고 할 수 없는가? 심신 문제에서 우리의 궁극적 귀의처는 바로 '형이상학적 전제'나 '자연과학적 이론화' 이전의 생생한 사태 자체로서 통일된 심신이 아닐까?

이미 아리스토텔레스에서부터 물리주의자(유물론)에 대한 전형적인 반론이 있다. 아리스토텔레스는 데모크리토스적인 유물론을 비판하면서, 이 입장에서는 영혼을 신체 속의 신체로 간주하고 있는데, 이는 "마치 다이달로스가 아프로디테의 나무 조각에 수은을 넣음으로서 그것을 움직이게 한 것처럼" 신체를 움직이게 한 것과 같다고 말하였다.[2] 심신관계에 대한 데카르트주의적 이원론의 모델이 실증주의자들로부터 '기계 속의 유령ghost in the machine'으로 비판받아 왔다면, 영혼(마음)을 미세한 입자 등과 같은 물질적인 신체로 보는 것은 '신체 속의 신체'로 비판받아왔다. 유물론에 대한 이러한 비판은 곧 다음과 같은 현대적 질문과 맥락을 같이 한다.

2. Aristoteles, De Anima, 406b18-9. 손병석, 「아리스토텔레스의 질료형상설에 대한 심신가치론적 고찰」, 『철학』 87, 2006, 36~7쪽 참조.

우리가 단지 한 다발의 신경세포들에 의해 조정되는 세포덩어리에 불과하다면, 또한 우리가 '사물이 아닌', 어쨌든 '우리'가 아닌 원자와 입자로 구성되었다면 행동하는 것이 무슨 소용이 있겠는가?[3]

그렇다면 이제 우리는 다음과 같은 논제 중 하나를 선택해야 할 처지에 놓여 있다. .

우리들은 우리들의 결정이 의식(마음)에서 이루어지는지, …… (아니면) 의식이란 단지 뇌에서 기록원 역할을 하는 것에 지나지 않으며, …… (따라서) 결정과 감정은 우리가 그 움직임을 의식할 수도 없으며, 의식의 메커니즘에 의하여 통제할 수도 없는 신경세포에 의하여 계산되는 것인지?[4]

여기서 후자를 선택하면 물리주의에로, 전자를 선택하면 유교의 (성리학적) 심신관계론으로 나아갈 수 있다. "뇌라고 하는 물리적 기반이 없다면 마음(의식)이 신체를 움직이지 못한다는 것", 그리고 "뇌가 손상된 환자를 보면 정신이 신체에 의존한다는 사실을 알 수 있다."는 것 등은 물리주의자들이 자신들의 주장을 정당화해 주는 근거라고 생각하겠지만, 유교(주자)의 입장에서도 이 점을 인정할 수 있다. 현실

---

3. 장프랑슈아 르벨, 마티유 리카르(이용철 역), 『승려와 철학자』, 이끌리오, 2004, 211쪽.
4. 장프랑슈아 르벨, 마티유 리카르(이용철 역), 같은 책, 99쪽.

적으로 분명 인간의 의식(정신)은 물리적인 뇌에 의존하여 출현한다. 그러나 비록 "의식이 뇌에 의존하여 출현다고 할지라도", 우리의 의식은 자율성을 지니고 뇌를, 혹은 신체를 통어通御할 수 없는 것일까? 한국철학사, 특히 리기론 등은 바로 이러한 과제를 성공적으로 수행하게 해 줄 풍부한 소재가 있다고 생각한다. 한 가지 덧붙이자면 김재권 교수는 심리철학 분야에 선도적인 역할을 자신의 업적에 대해 "혹시 동양전통 사상인 리기론에 영향을 받았나?"라는 질문에 대하여 다음과 같이 대답하고 있다.

> "몇몇 학자들이 리·기의 문제를 심신의 문제와 결부시키려고 시도했다. 내가 보기에 리와 기는 모두 정신적인 것의 다른 측면이다. 심신의 문제와 리·기의 문제는 전혀 다르다."[5]

서양철학에 고질적인 정신·물질의 이원론적 도식에 의한 선입견에서 나왔다고 판단되는 김재권 교수의 이 대답은 아마도 현재 물리주의적 입장을 취하고 있는 주류 심리철학자들이 동양의 존재론, 혹은 우주론의 토대인 리기론에 대한 전형적인 이해를 대변한다고 할 수 있을 것이다. 한국철학사를 연구한다는 우리는 여기에 대해 무엇이라고 답할 것인가? 나아가 김재권 교수는 또한 "뇌를 가진 동물과 뇌를 가진 인간의 차이점이 무엇인가?"라는 질문에 이렇게 대답한다.

---

5. 한국일보, 2008년 8월 1일자.

"뇌의 능력에 차이가 있는 것일 뿐"이다. 침팬지가 인간과 같은 능력의 뇌를 가졌다면 정신적 능력도 인간과 같았을 것이라는 설명이었다.[6]

이 대답에 대해서 우리는 또한 어떤 대답을 할 수 있을 것인가? 일찍이 맹자는 "인간과 금수의 차이는 아주 드물다. (그러기에 그 드문 것을) 대부분의 사람들은 버리고, 군자만이 보존한다."[7]고 갈파한 바 있다. 여기서 보존하는 것은 분명 단순히 뇌의 능력만은 아닐 것이다. 물리주의가 전횡을 행세하는 지금의 시대에서 우리는 어떻게 군자만이 보존하는 그 드문 것을 설득력 있게 재구성하여 보여줄 것인가? 이것이 바로 현재적 상황에서 한국철학에서 심성론을 연구하는 우리들의 과제가 아닐까 한다.

분명 개별적인 한국철학 연구자 외에 집단적 한국철학 연구자가 별개로 존재하는 것은 아니지만, 우리의 현실에서 한국철학을 연구하는 사람들이 그 공동체를 형성하고 연구를 수행 중에 있다는 것은 엄연한 사실이다. 따라서 한국철학 연구를 수행하는 주체는 단순히 중립적 익명적 주체성이 아니라, 그 삶의 모태인 공동체의 생활양식으로부터 많은 영향을 받는다. 바로 이 점에서 철학연구는 '문화적 대화'로 규정할 수도 있겠으며, 한국철학 공동체의 철학풍토와 수준은 개별적인 연구자의 그것에 심대한 영향을 끼친다. 위대한 철학자는 하늘에서 떨어지거나 누가 인위적으로 양성하는 것이 아니라, 풍요로운 철

---

6. 동아일보, 2008년 8월 1일자, 21쪽.

7. 『孟子』4하:19. 孟子曰 人之所以異於禽獸者 幾希 庶民去之 君子存之.

학 풍토를 자양분으로 하여 서로 경쟁적으로 자라난다. 그리고 단순히 경쟁에서 승리하여 위대한 철학자로 군림하는 것이 아니라 주변의 철학자들로부터 자양을 공급받아 남들보다 더 크게 자라는 것일 뿐이다.[8] 바로 이 점에서 우리는 현재 우리의 한국철학 읽기의 풍토를 점검해 볼 필요를 느낀다.

상대적으로 이전 시기에 비해 풍요성과 서광을 드리우고 있는 오늘날 이 땅의 한국철학 연구에 있어서 필자는 발전적인 창조적 재구성의 관점에서 몇 가지 반성할 점을 지적하고자 한다.

먼저 보편학으로서 한국철학의 학적 정립이 시급하다는 것이다. 기실 상당히 개선되긴 했지만 아직까지 한국철학 연구자들의 글쓰기는 언어의 역사성을 무시하고 한문식 용어와 문장이 상투적으로 등장하고, 연구 또한 즉자적 해설 수준을 벗어나지 못함으로써 다른 영역에 종사하는 학자들의 접근을 방해하고 있다. 즉 박제된 박물관의 언어에서 벗어나고 학문의 대자화對自化와 객관화를 추구하여 진정 학문으로서의 한국철학을 정립하는 것이 우리의 현실에서 가장 시급하게 요구되는 과제라고 아니할 수 없다.

둘째, 주요 자료들에 대한 현대적 번역과 주석이 이루어져야 한다. 일부 고전들에 대해서는 여러 권의 번역본이 나오긴 했지만, 아직도 수많은 주요 전적들이 우리 연구자들의 손길을 기다리고 있다. 그런데 이 작업은 개별 연구자들의 노력만으로는 힘들고 국가적인 사업으

---

8. 신오현, "한국 철학연구의 반성과 전망 – 철학의 개념 규정과 관련하여", 『철학의 철학』, 문학과 지성, 1988, 419-20쪽 참조.

로 주도면밀하게 추진되어야 효율적으로 이루어질 것이다.

셋째, 중요한 한국철학자들에 대한 개별적인 심층연구를 수행한 단행본들이 양산되어 각 영역에 대한 기본 토양을 닦아야 한다고 생각한다. 비록 오늘날과 같은 국제화시대에 반드시 우리의 연구자가 수행한 기본 연구서기 필요한 것은 아니라고 할 수 있지만, 현행 단행본 간행상태를 살펴보면 현행 우리의 한국철학 연구의 토양이 얼마나 척박한 지를 곧바로 감지할 수 있다. 기실 몇 년이 걸린 논저가 논문 한 편과 같은 업적으로 치부되고, 집필했다고 하더라도 출간할 출판사마저 구하기 힘든 우리의 현실에서 이 또한 그렇게 쉬운 일만은 아니지만 사명을 지닌 연구자에게 결코 무리한 요구라도 할 수만은 없을 것이다.

그런데 필자는 이러한 세 가지 요구 조건이 충족된다고 하더라도 그것으로 한국철학 연구가 종결되는 것은 아니라고 생각한다. 즉 필자는 이런 기본 연구를 바탕으로 현대적인 창의적 재구성이 있을 때에 비로 진정 생산성 있는 한국철학 읽기가 이루어진다고 생각한다. 이론의 재구성은 우선 주어진 이론의 근본정신과 본래 목적에 대한 정확한 인식과 해석을 선결조건으로 요구한다. 다음으로 '재구성'이란 말은 연구 중인 이론이 현대적인 입장에서 보면 미발달된 개념을 지니고 있음을 전제하고, 다양한 현대 철학과의 대화를 통하여 우리에게 적실하게 응용될 수 있도록 변용하여 재구성해야 한다는 뜻이다. 그리고 마지막으로 이런 변용을 통해 우리는 그 이론을 해체하고, 재창조하여 위기의 현대를 주체적으로 극복하는 체계적인 이론으로 재구성해야 한다. 바로 여기에 지금 우리가 전통 한국철학사를 연구하는 우리의 궁극 목표가 놓여 있다고 하겠다. 따라서 만일 우리가 전통 한국 철학의 심학心學을 연구한다고 한다면 먼저 ① 전통 한국철학에서 나타났던 마음에 관한 이론들의 근본정신과 본래 목적에 대한 정확한 인식과 해석을 해야 하며, ② 다음으로 그 이론들이 지녔던 근본정신을 오늘의 현실에 비추어 선명하게 재인식함으로써 정당한 역사적 평가를 내리고, 이를 통하여 전통과 현대의 진정한 대면을 시도하고, ③ 마침내 우리에게 적실하게 응용될 수 있도록 변용하여 재구성하여 오늘의 위기의 주체적―자각적으로 극복하는 체계적인 이론을 창출해야 한다는 것이다.